世界に学ぶ 自転車都市のつくりかた

宮田浩介 編著
小畑和香子・南村多津恵・早川洋平 著

人と暮らしが
中心の
まちとみちの
デザイン

学芸出版社

まえがき

世界では今、自転車都市を目指す動きが加速している。車中心の100年で失われた人のための街路を甦らせるため、社会に関わる機会の格差解消のため、また気候危機対策として、あらゆる年齢・能力の人に徒歩や公共交通とともに自転車が選ばれる環境づくりが進んでいるのだ。

表題から窺える通り、本書では欧米の先進・新興自転車都市をめぐり、「ニーズ」「デザイン」「都市戦略」の3つの観点から、それぞれの土地の暮らしと自転車の関係、インフラ整備の重要性と進行度、世界の共通課題と結びついた政策の位置づけと展望を読み解く。

コペンハーゲン（1章）からは生活に溶け込んだ日常自転車文化の価値とユーザー目線の環境デザインの基本を、自転車利用度トップのオランダ（2章）からはその「ママチャリ文化」を育んだ市民の働きかけ・高度なインフラ・仕組みづくりを学び取れるだろう。北米のストリート改革を牽引してきたニューヨーク（3章）、19世紀末に世界的な自転車ブームを生んだ国の首都ロンドン（4章）、近年の街路再編のスピードが突出しているパリ（5章）は、これから日常自転車文化を（再）獲得しようとしている都市がインクルーシブなデザインを重視し奮闘する姿をありありと見せてくれる。市民の盛んな訴えかけが続く自転車中堅国ドイツの今（6章）は、車大国の硬直性と男性中心の交通という根本問題を突きつけてくる。

2部構成の後半では、まず滋賀を例に国内地方部の自転車まちづくりの現場を覗き（7章）、先進的で普遍的な日本の日常自転車文化と、それを環境整備で支えてこなかったゆえの現状、世界とともに未来へ歩むための道を論じる（8章）。締めくくりは、世界の知見を凝縮した自転車通行空間デザインの図解だ（9章）。

多くの人の明日を変える一冊になっていれば嬉しい。

目次

本書中の直接引用・翻訳引用と一部の図版については、各章の注に出典を記載しております。また、他の記述の根拠も合わせた詳細な資料リストを弊社ウェブサイトの本書ページでご覧頂けます。

楽な姿勢で話しながら自転車道をゆくロッテルダムの若者たち。年齢や能力、服装を問わないママチャリ的な車種の流通と誰でも快適に走れる空間が、開かれた自転車利用を支える両輪だ

© Melissa & Chris Bruntlett

1部　世界の先進／新興自転車都市

沢山の人が行き交うコペンハーゲンの自転車道を、カーゴバイクを含む3台で走る親子。多様なユーザーと車種を想定した環境デザインがこのような光景を当たり前のものにする

© Kristoffer Trolle kristoffertrolle.com

1章

COPENHAGEN, DANMARK

コペンハーゲン
世界の日常自転車ルネッサンスを刺激する街

宮田浩介

ニーズ

自転車が暮らしに溶け込んだ「ライフ・サイズの街」

家の中を歩くように自転車で街をゆく

「コペンハーゲンには、自分のため、自分だけのためにデザインされたみたいに感じられる一角がいくつもある」(1)。世界各地の自転車環境整備に携わるコペンハーゲナイズ・デザイン社の創設者マイケル・コルヴィル

＝アンダーセンが著書*Copenhagenize*で語っている言葉だ。そんな街と自転車との関係を、彼はこう描く。[2] 自転車に乗った人々は、時計塔に目をやり、ウィンドウショッピングを楽しみ、友達に手を振り、あるいは足を止めてお喋りをする。歩くのと同じで、少し速いだけだ。信号待ちは、人類が昔から火の周りに集まって過ごしたように、他者とその場を共有し、互いの存在を受け止める時間。コペンハーゲンはまるで、人々がコミュニケーションをとりながら部屋から部屋へ自転車で移動する、ひとつの大きな家である。自転車が広く普及してから1940〜1950年代くらいまでは、世界中の多くの都市がこんな風であった［図1］。

成熟した「自転車文化」は意識すらされないもの

コペンハーゲンの人々にとって、自転車はごく普通の生活の一部だ。当人たちはまず自分のことを「サイクリスト」とは思っていないし、自転車利用を「文化」として意識することもない。このことは、マイケルがたびたび口にする「私はサイクリストではない。（中略）たまたま移動に自転車を使っているだけの、現代のいち都市住民だ」との言葉[3]にも表れている。彼はまた、誰もが日常的に掃除機を使っていてもそれを「掃除機文化」とは呼ばないだろう、とのたとえ話を出し、「自転車文化」という物言いを皮肉る。[4]

だがモータリゼーションの加速とともに自転車が当たり前の日用品ではなくなり、趣味やスポーツといった特殊化された「文化」のアイテムとしてのみ生き残っている多くの国の人々からすれば、コペンハーゲンやオランダ、日本でみられるものは、特筆すべき日常自転車「文化」なのだ。これをまちに取り戻そうとする21世紀の世界的な潮流を生み出したひとりが、他ならぬマイケル自身であった。

▲**図1**　1940〜45年頃のコペンハーゲン。かつて世界各地でみられたこうした光景は、モータリゼーションの奔流に飲み込まれ失われていった。いかにその波を押し返したかで、人間的な街路の復権に大きな差が生まれた（© National Museum of Denmark）

▲**図2**　並んでコミュニケーションをとりながら自転車道を走る2人
（FlickrのCycle Chic: The Original from Copenhagenアルバムより｜© Mikael Colville-Andersen）

自転車はスタイリッシュな都市の日用品

２００６年、マイケルが撮った街角の自転車利用者のスナップがネットで反響を呼び、これを受けてそうしたコペンハーゲンの日常を発信するために開設されたブログCycle Chicは、２０１０年の英ガーディアン紙の記事でトップ10ファッションブログのひとつに選ばれた。スタイリッシュな服装で出かける人々の乗り物が自転車であることは、自転車＝玩具またはスポーツ器具、との認識が支配的な国のオーディエンスに衝撃を与え、類似のブログがあちこちで立ち上げられた（総数は２５０にのぼったという）。「99％の人向けの都市内自転車利用」をキャッチフレーズとするCycle Chic[5]［**図2**］は、誰にとっても自分に合った服のように感じられる「ライフ・サイズの街[6]」を追究するコペンハーゲナイズ・デザインの出発点だった。

デザイン

デザイン思考＝ユーザー目線の「バイシクル・アーバニズム」

車偏重の交通工学に侵食されるまで、7000年にわたって人の移動、商い、交流、議論、遊びの場として栄えてきた街路、この民主的空間の歴史を念頭に、コペンハーゲナイズは自転車を「都市を改善するための最良のツール」と位置づけ、「デザイン思考によるバイシクル・アーバニズム」を世界に提唱している[7]。19世紀末から20世紀の初頭にかけて女性や労働者の自由を拡大した「最も民主的な発明品」である自転車、それを使って誰もが容易に、戸惑うことなく、そして気持ち良く動き回れるまちを、スマートフォンや椅子と同じようにユーザー目線でデザインすべきだというのだ[8]。

自転車都市の格付け「コペンハーゲナイズ・インデックス」

民主的空間としての街路を立脚点とするコペンハーゲナイズのバイシクル・アーバニズムは、2011年に立ち上げられた世界の自転車都市ランキング「コペンハーゲナイズ・インデックス」により、その認知を確固たるものとした。隔年のインデックスは国際的な対抗意識を刺激してきただけでなく、各都市のデータ収集体勢の底上げにもつながっているという。自転車を（再び）まちに溶け込ませるための取り組みを評価するインデックスの指標には、コペンハーゲナイズの目指すものが凝縮されている［**表1**］。

9. カーゴバイクの活用

・個人や物流業のカーゴバイク利用が定着しており、市街地での人や物の輸送手段として当たり前になっている。
・カーゴバイクが市街地で当たり前の存在として受容されている。
・自転車を用いた物流が盛んで、一般家庭でも様々なタイプのカーゴバイクを利用できる。
・カーゴバイクを想定した駐輪施設や幅の広い自転車道が一般的である。
・物流業のラストワンマイル輸送に自転車が使われている。

志はどうか

10. 市民団体

・自転車団体がキャンペーンを行ったり地元の政策決定に関わったりして、普通の人の自転車利用を積極的に後押ししている。

11. 政治

・ほぼ全ての政治家が高品質な自転車インフラ整備に賛成している。
・自転車交通とインフラ整備を伸ばすための政治プロセスが円滑化されている。
・多くの政治家が自転車で通勤している。

12. シェアサイクル

・十分な台数とポート数で広範囲をカバーする自転車シェアリングサービスが確立されており、一年を通して幅広い層の人に使われている。
・利用度が全体として高い。
・ドックレス式のシェアサイクルが導入されている場合、運営主体と地元の関係機関が駐輪場所やメンテナンスについての明確なルールを策定しており、運営主体は費用の支払いやデータの提供で市に貢献している。

13. 都市計画

・計画担当者は自転車を第一に考えている。
・包括的な自転車ネットワークが整備されており、さらなる充実が計画されている。
・革新的なアイデアの試行錯誤がなされている。
・市に自転車インフラ専門の部署があり、その勧告は真摯に受け止められている。

▲**表1**　コペンハーゲナイズ・インデックスの評価指標 (9)

道路はどうなっているか

1. 自転車走行空間

・車からしっかりと分離・保護された自転車走行空間が高品質で管理の行き届いたネットワークを形成し、ほぼ全域をカバーしている。
・車との混走になる低速道路は自転車優先である。
・自転車専用の幹線が市の中心部と周辺を結んでいる。

---

2. 自転車用の施設

・自転車利用が全体として容易で、駐輪設備が大体どこにでもある。
・各種サービスが行き届いている。
・統一的かつ優れたデザインの標識・看板が、目立つ形で設置されている。

---

3. 静穏化

・自転車や徒歩で移動する人が車の流れより優先されており、これらの人の身の安全が最も重視されている。
・速度上限が低く、車の流入と速度を抑える施策およびドライバー向けの啓発キャンペーンがしっかり定着している。

自転車はどんな風に使われているか

4. 男女比

・自転車利用者の男女比が均等に近いか、女性の方が多い。

---

5. 交通分担率

・自転車の交通分担率（移動に自転車が選ばれる割合）はどのくらい高いか。

---

6. 交通分担率の増加

・過去10年間で自転車の交通分担率がどれだけ増えたか。

---

7. 安全だと感じられる環境

・ヘルメットを被っている人の姿がほとんどみられず、数値としては20%を下回っている。
・ヘルメットを推奨する動きはごくわずかで、自転車利用を推進する団体はヘルメット強制の弊害をよく把握している。
・自転車に乗っていた人が事故で亡くなった場合には原則として相手の車のドライバーが責任を負う法規になっており、交通弱者が守られている。

---

8. 自転車のイメージ

・自転車の交通分担率が高く、ごく当たり前の交通手段として自転車が尊重・受容されている。
・多くの子どもが自転車で通学しており、年齢や能力を問わずあらゆる人が自転車を利用している。
・車のドライバーは自転車利用者の存在を念頭に置いて運転している。

コペンハーゲナイズ流ストリートデザインの原則

コペンハーゲナイズ・インデックスのトップ常連は、（もちろん）オランダのアムステルダムやユトレヒト、そしてコペンハーゲンである。だが、ありふれた生活用具としての自転車の存在は、コペンハーゲンでもずっと安泰だったわけではない。1950〜1960年代における車の爆発的普及と車中心の都市計画の蔓延［図3］に伴い、自転車を使う人の割合は1949〜1969年の間に55%から20%まで激減していた。そんな中で起きた石油危機が転換点となり、市民の声とそれを聞き入れる政治が良好なインフラの整備をもたらした結果、自転車は再び日常のスタンダードとなったのだ。

今なお途上にある、自転車が暮らしに溶け込んだ街コペンハーゲンの再生と発展——その経験と哲学、方法論を世界に向けた手引きとしてまとめたのが、2018年刊行の *Copenhagenize: The Definitive Guide to Global Bicycle Urbanism*（コペンハーゲナイズ：グローバルなバイシクル・アーバニズムへの決定版ガイド）である。

自転車インフラ［図4］の実装という点でいえば、コペンハーゲンのそれはオランダのものと比べてしまうと質でも量でも見劣りするところがある。にもかかわらずこの章を本書のトップに置いたのは、コペンハーゲナイズが発信してきたバイシクル・アーバニズムのデザイン思考＝ユーザー目線＝民主主義が、21世紀の世界各地の動きの底流となっているからだ。具体的な空間設計については2章のオランダの例や9章のカタログを参照してもらうこととして、ここでは *Copenhagenize* で使われているエッジの効いた画像をいくつか並べ(10)［図5〜10］、同書が示す街路デザインの原則を概観してみよう。

▲**図3**　1970年のコペンハーゲン中心部。貴重な都市空間の大半が車の通行と保管のために費やされてしまっている（© Roger W）

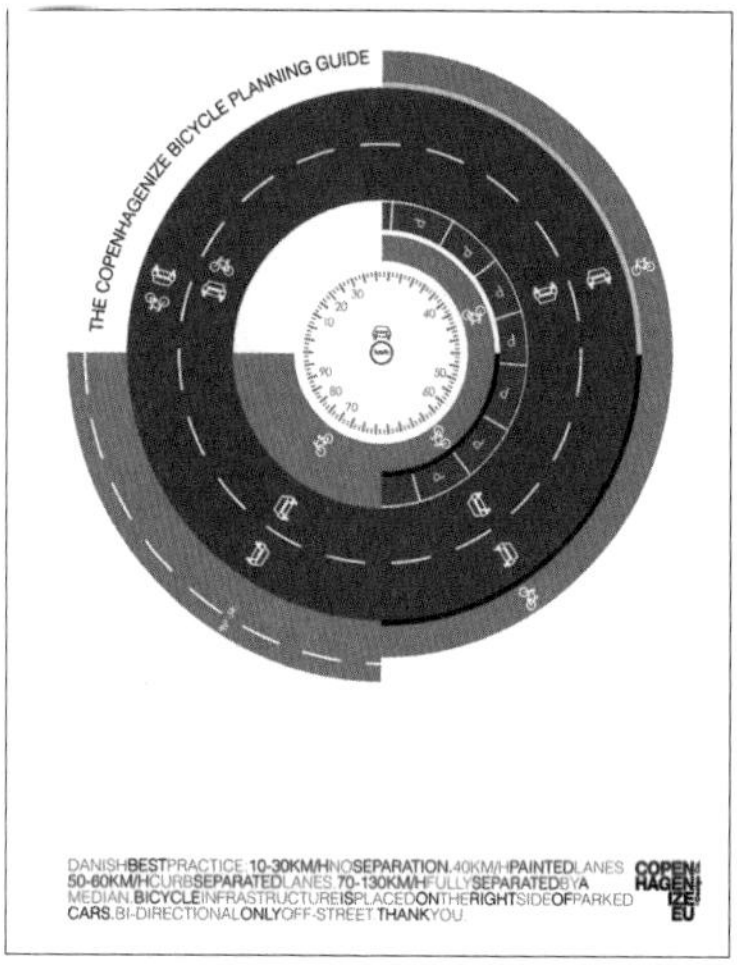

◀**図4**　車の速度に応じた自転車走行空間の形態の使い分けの略図。混在が許容できるのは30km/hまでで、ペイントによる区分のみで済ませるのは40km/h台まで、50～60km/h台では縁石で分離し、さらに上の速度域では緩衝帯を挟む。路上駐車スペースは車道と自転車走行空間の間に（パーキング・プロテクテッド方式）。対面通行はデンマークでは独立した自転車道にのみ採用。
※実際の形態選定では車の交通量や大型車の数なども考慮する必要がある（© Mikael Colville-Andersen）

車ばかりが最短ルートとなる交通網を逆転する

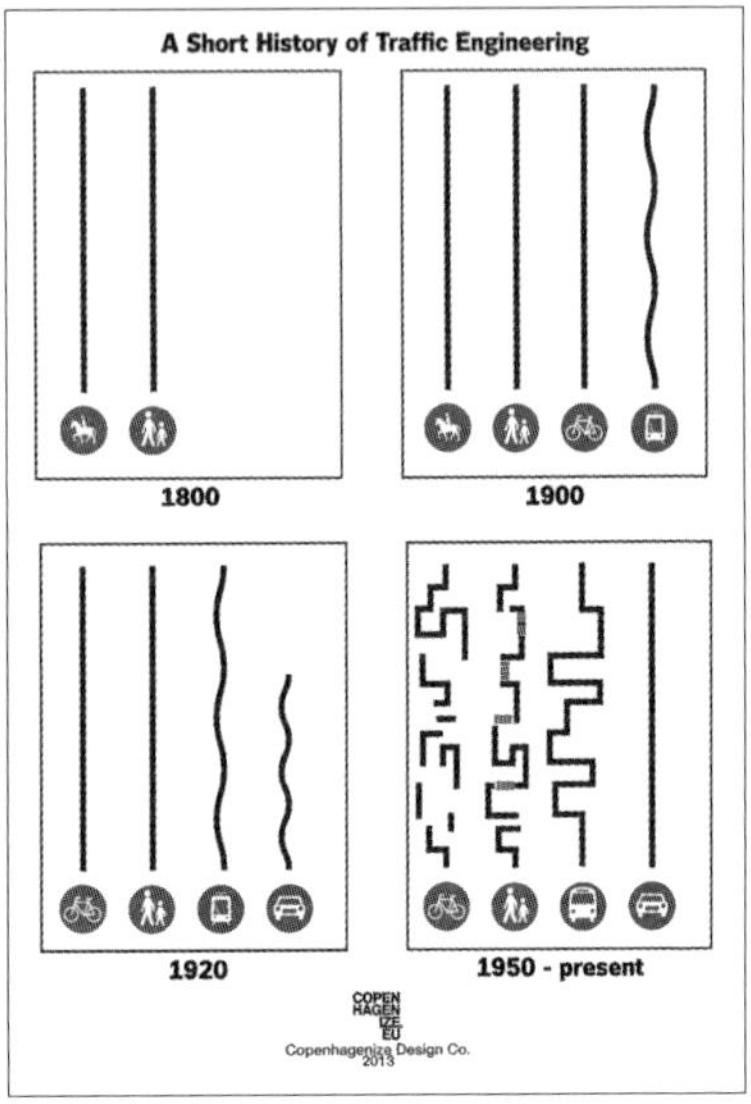

▶**図5** 「交通工学略史」。1950年頃には車での移動に最短ルートが優先的に割り当てられ、他の手段では遠回りを強いられるようになった。自転車に関しては経路の連続性さえも失われた（© Mikael Colville-Andersen）

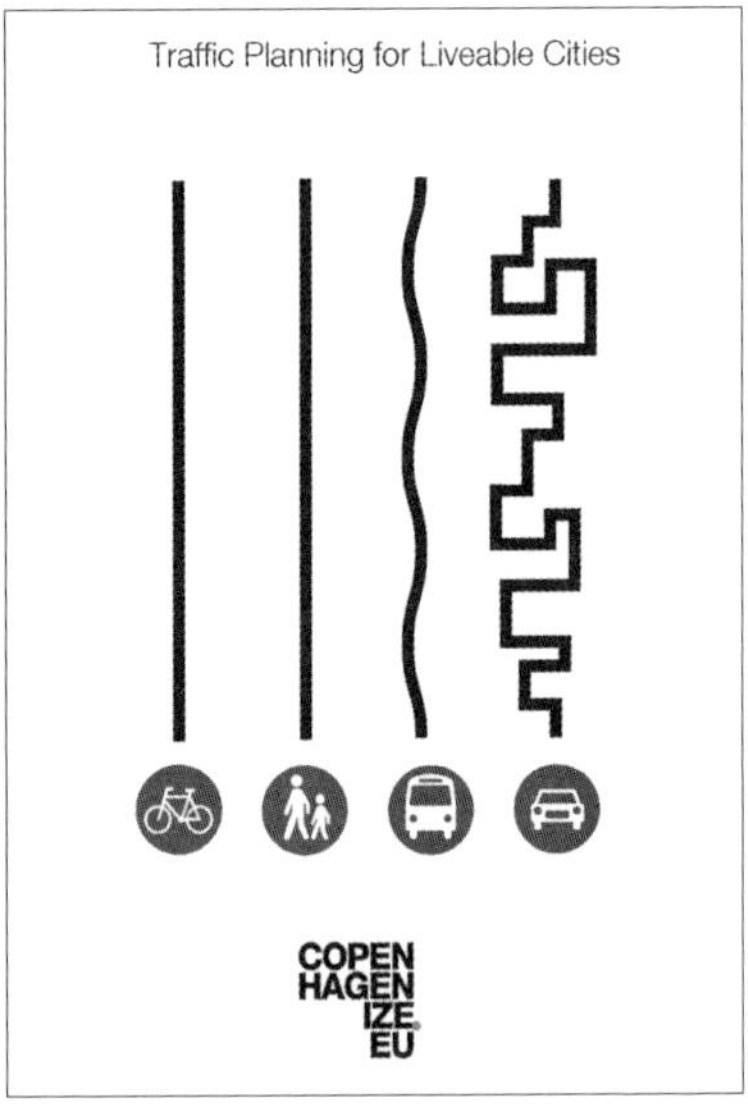

▶**図6** 「住み易い都市のための交通計画」。自転車、徒歩、公共交通に最短ルートを割り当てる。車は不便でハイコスト、所要時間も余計にかかる移動手段となるようにする（そうしなければ、いくら自転車利用を呼びかけてもモビリティシフトは起きない）。なおコペンハーゲンの人々が移動に自転車を選ぶ理由は「早いから」が56%、「ついでに運動になるから」が19%、「費用が安いから」が6%、「環境のため」が1%（© Mikael Colville-Andersen）

「人」がどれだけ通れるかを基準に空間を配分する

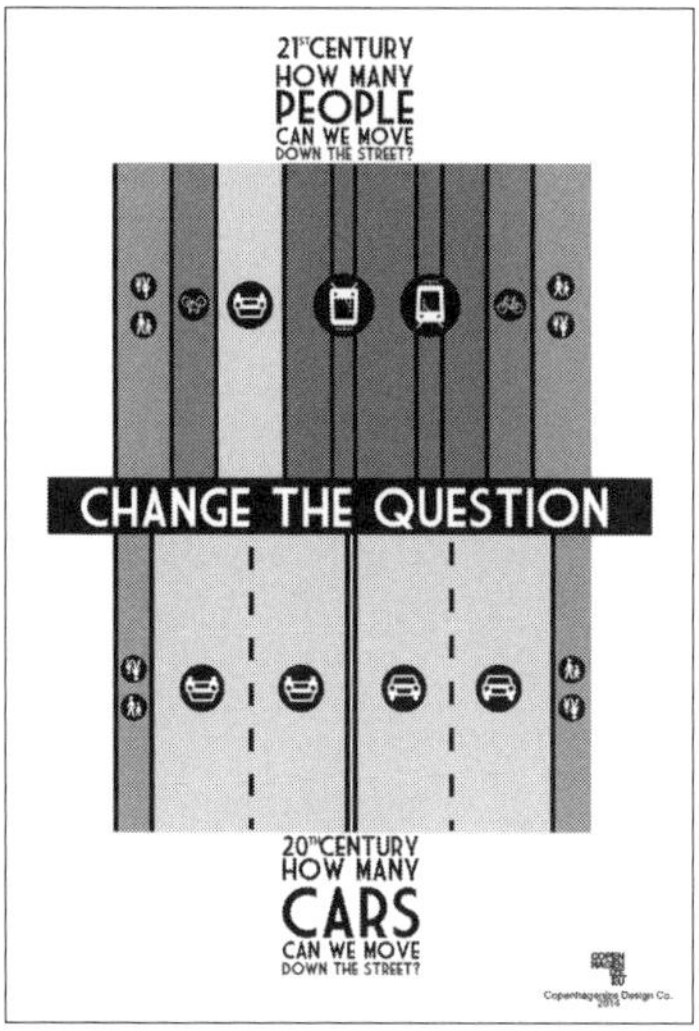

◀**図7**　「問題設定を変えよう」。「何台の車を通せるか？」を基準とする20世紀型の空間配分から「どれだけの人が通れるか？」を基準とする21世紀型へ（© Mikael Colville-Andersen）

▲**図8**　朝のラッシュアワーの信号待ち。車ではなく人の流れを基準に考えれば、自転車や公共交通での移動にそれぞれ十分な空間を配分するのが当然だと分かるだろう（© Mikael Colville-Andersen）

ユーザーが望む動線を理解する

▲**図9**　ユーザーが望む動線＝「デザイア・ライン」上に自然と形成された細い自転車通路（ダブリン）。行政の意図と異なる「民主主義」が顔を出した時、必要なのは「お役所仕事」を固持するのではなく、観察と分析に基づいてデザインを改善することだ（© Mikael Colville-Andersen）

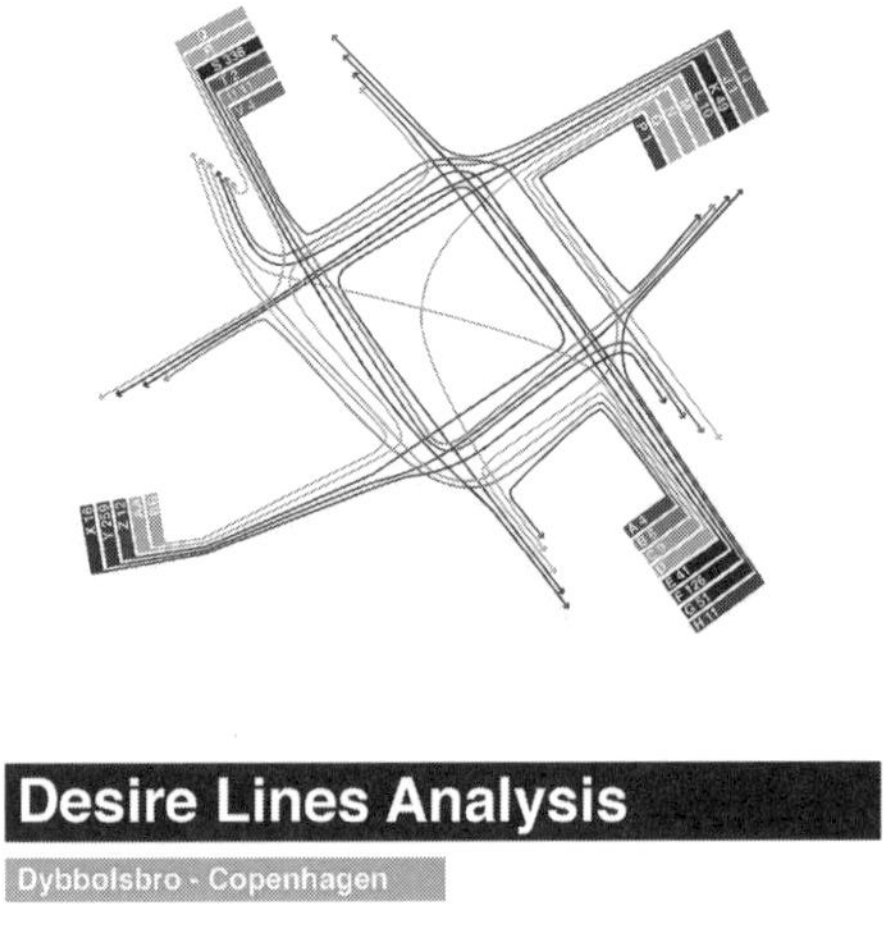

◀**図10**　直接の観察に基づく、交差点を通る自転車利用者のデザイア・ライン分析。動線を分類してアルファベットを割り当て、それぞれの該当数を記録。ユーザーのニーズを最も率直な形で知ることができるアプローチだ
（© Mikael Colville-Andersen）

たゆみなき自転車環境整備は民主的な都市のため

再生と進化を続けるライフ・サイズの街

コペンハーゲン中心部に流入する自転車の数は2016年、ついに車の数を上回った【図11】。市は2025年までに自転車による移動を全体の38％に引き上げて車を25％以下に抑えること、ビジョン・ゼロ（交通死亡重傷ゼロ）を実現することなどを目標に、ユーザーに満足してもらえる自転車走行空間（広域の幹線自転車道を含む）や駐輪施設のさらなる整備を進めている。これは気候危機対策でもあり、移動の自由と公平性を高め、様々なバックグラウンドを持つ誰もがより幸福に暮らせる都市を築いていくためでもある。

自転車を使い易くする政策とはすなわち、より人間的で民主的な街路、そして社会のための政策だ。コペンハーゲ

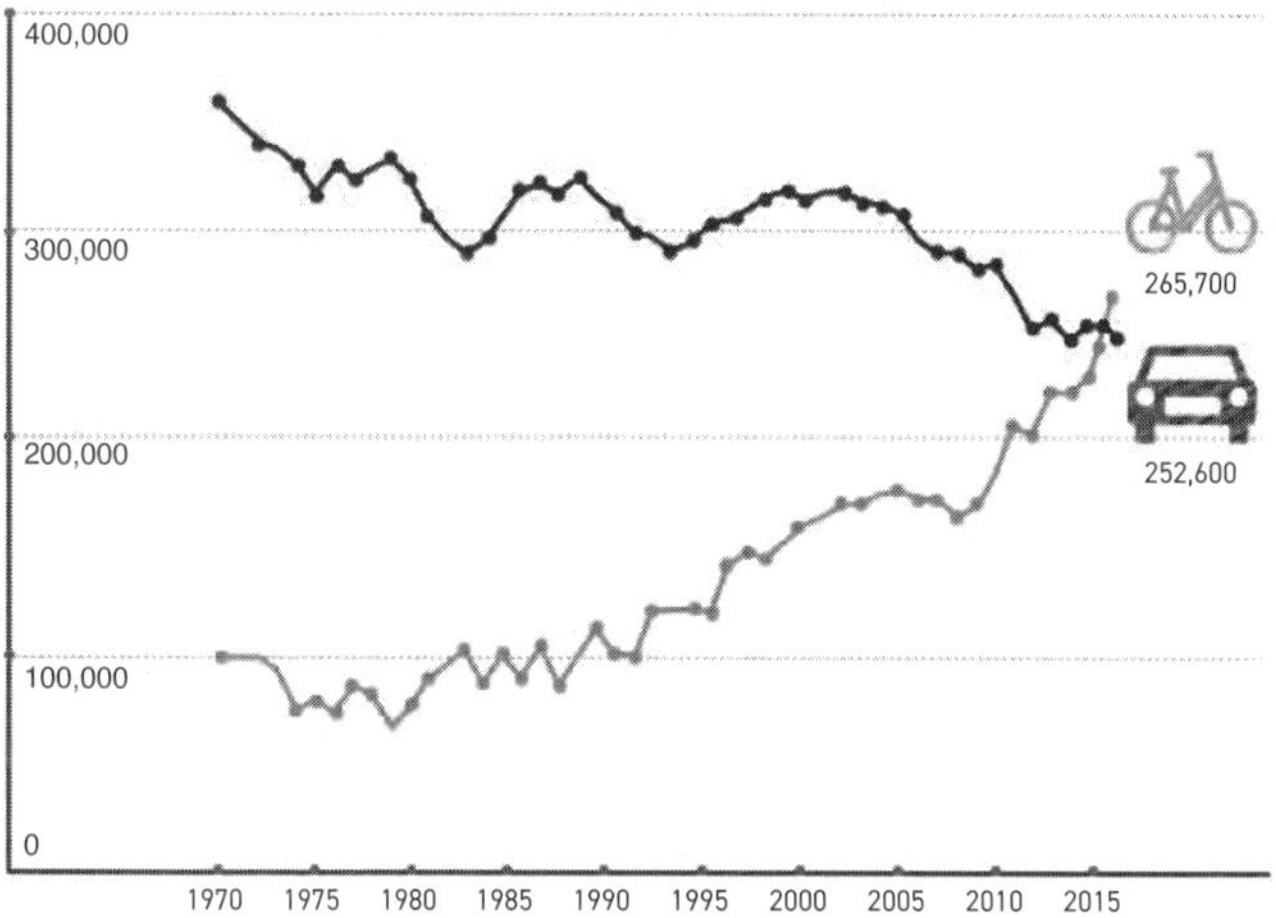

▲図11　コペンハーゲン中心部へ流入する自転車と車それぞれの台数の推移
（*Copenhagenize*, Chapter 6｜© Mikael Colville-Andersen）

▲**図12**　運河の畔で過ごす夕方。自転車でアクセスできる水辺には柵もなく、排水処理の改善が進められてきたおかげで飛び込んで遊ぶこともできる（© Gakusen Iwasa）

▶**図13**　マイケル・コルヴィル＝アンダーセン。訪れた世界の街を文字通り自分の身体の一部とするアーバン・マップ・タトゥーは、2017年からのドキュメンタリーシリーズThe Life-Sized Cityを通じて拡大中
（© Mikael Colville-Andersen）

ンの建築家ヤン・ゲールが言うように、自転車は「徒歩とは少し違った、いくぶん速い移動形態だが、五感を通じた経験、活力や躍動という観点からすれば、他と変わらない都市生活の一部」であり、ゆえに「生き生きとした、安全な、持続可能で健康的なまちづくりを支えるものとして、自転車利用を歓迎するのは自然なこと」なのだ[11]。コペンハーゲンも前述の通り決して完成したライフ・サイズの街ではなく、今も人中心の場所の回復と拡大の途上にある。

顔の見える人々が行き交い協奏する世界へ

ライフ・サイズの街は、徒歩・自転車・公共交通といった顔の見える方法で行き来し、言葉を交わし、遊び、協働し、時にはぶつかり合いもする人々によって形づくられる［図12］。マイケル［図13］が*Copenhagenize*で描写しているように、自転車に乗った人は「都市環境と相互に作用を及ぼし合いながら移動し、（中略）欠かすことのできない、アクティブでまた目に見える存在として、人間社会という織物に、それをよりしっかりしたものにする糸を加える[12]」。人を中心にまちをデザインするなら、自転車をそこに浸透させずにおく手はない。コペンハーゲンは先駆者としてこのことを広く知らしめ、世界の都市の日常自転車ルネッサンスに火をつけたのだった。

注

(1) Mikael Colville-Andersen, *Copenhagenize: The Definitive Guide to Global Bicycle Urbanism,* Kindle ed., Island Press, 2018, Chapter 1, "There are many stretches in Copenhagen [...] for me and me alone."

(2) *Copenhagenize*, Chapter 2, "The urban anthropological advantages [...] cyclists gathered were warming our cities."

Copenhagenize, Chapter 3, "For those living in Copenhagen [...] (a little more than 9 mph)."

(3) *Copenhagenize*, Introduction, "Since I am the author of a book [...] establish that baseline."

Architecture IO, "Mikael Colville-Andersen: The Importance of Designing Streets Instead of Engineering Them," *YouTube*, 2015-01-29, https://www.youtube.com/watch?v= jHA4xN1dEkM

re:publica, "re:publica 2019 - Mikael Colville-Andersen: Back to the Future in Urban Design," *YouTube*, 2019-05-07, https://www.youtube.com/watch?v= luzA74TgJI8

(4) Mikael Colville-Andersen, "Vacuum Cleaner Culture," *The Life-Sized City Blog*, 2010-06-14, https://web.archive.org/web/20221206034936/https://copenhagenize.com/2010/06/vacuum-cleaner-culture.html

(5) Mikael Colville-Andersen, *Cycle Chic*, https://web. archive.org/web/20230602040645/http://www.copenhagencyclechic.com/

(6) *Copenhagenize*, Chapter 1

(7) *Copenhagenize*, Introduction, "The global bicycle boom has been underway [...] how to use it efficiently."

Copenhagenize, Chapter 2, "Cities thrill me [...] in particular, children."

Copenhagenize, Chapter 2, "Bicycle urbanism by design is the way forward."

(8) *Copenhagenize*, Chapter 2, "It's a simple question [...] put much thought into it. "

Copenhagenize, Chapter 3, "The story of the bicycle [...] thanks to the bicycle."

Copenhagenize, Chapter 4, "After those 7,000 years of urban democracy [...] rid the world of it."

(9) Copenhagenize Design Co., "Our Methodology," *2019 Copenhagenize Index*, https://web.archive.org/web/20230208010421/https://copenhagenizeindex.eu/about/methodology

(10) 画質優先で手配を進めた関係で*Copenhagenize*に載っているのと完全に同一ではないものもあるが、内容に違いはない。

(11) Jan Gehl, "Danish Architect Jan Gehl on Good Cities for Bicycling," *Streetsblog San Francisco*, 2011-06-16, https://web.archive.org/web/20230321105024/https://sf.streetsblog.org/2011/06/16/danish-architect-jan-gehl-on-good-cities-for-bicycling/

(12) *Copenhagenize*, Chapter 5, "I interact with my urban landscape [...] the bicycle in cities."

2章 THE NETHERLANDS

オランダ 世界一子どもが幸せな「自転車の国」の設計図

宮田浩介・早川洋平

ニーズ

利用度ナンバー1の国の「ママチャリ」文化

自転車に乗ることは息をするようなもの

「この国ではネコもネズミも自転車に乗る」。北杜夫『どくとるマンボウ航海記』にこんな言葉がある。[1] 船医として世界を巡った北がロッテルダムで見た光景は、彼にとって驚くべきものだった。「雪の中を、脛をだした若い娘が自転車でゆく。スラックスの娘もゆく。お婆ちゃんまで勇ましくペダルをこいでゆく」。

『航海記』は1960年の本だが、オランダは今も自転車の国、それも世界一の自転車利用大国である。約1750万人が暮らす同国の自転車保有台数は2018年の推計で約2290万台（うち210万台が電動アシスト）、人の移動の主な手段（代表交通手段）は、2019年のデータで約28%を自転車が占める。オランダの自転車利用度（交通分担率）の高さは、2015年の推計値で他国と比較すると人口およそ3分の1のデンマークと同等、ドイツやイタリアの約2倍、イギリスやフランスの6倍強、アメリカの約12・5倍と突出している【図1】。日本ではしばしば「欧米」が一括りに自転車先進地域と呼ばれるが、大半の国は日本より自転車利用が遅れていて、オランダやデンマークを仰ぎ見る立場にある。

だがオランダの人々にしてみれば、ドキュメンタリー映画 *Why We Cycle*（私たちが自転車を使うわけ）の紹介文にもあるように、「自転車に乗ることは息をするようなもの」で、「みんな特に考えたりせず、当たり前にそうしているだけ[2]」だ。世界の都市では今、まさにそんな日常自転車文化の形成が共通目標になっている。

性別・年齢を問わず多くの人が使う「おばあちゃん自転車」

生活に溶け込んだオランダの自転車文化は、自転車のタイプからも窺える。とりわけ象徴的なのは、歩行に近い姿勢で乗れ、跨ぎ易いフレームを持った「オマフィーツ」（おばあちゃん自転車）【図2】だろう。カバーされたチェーン周り、備え付けの泥よけやライトやスタンド、日々の買い物だけでなく2人乗りにも使える積載能力。イギリス自転車大使館（市民グループ）のマーク・トレジャーは「自転車に興味がない人のための自転車」と題した記事でオマフィーツの特徴を挙げ、こうした自転車とそれを活かせるインフラがイギリスにも必要だと論じている[3]。*Building the Cycling City: The Dutch Blueprint for Urban Vitality*（自転車の街

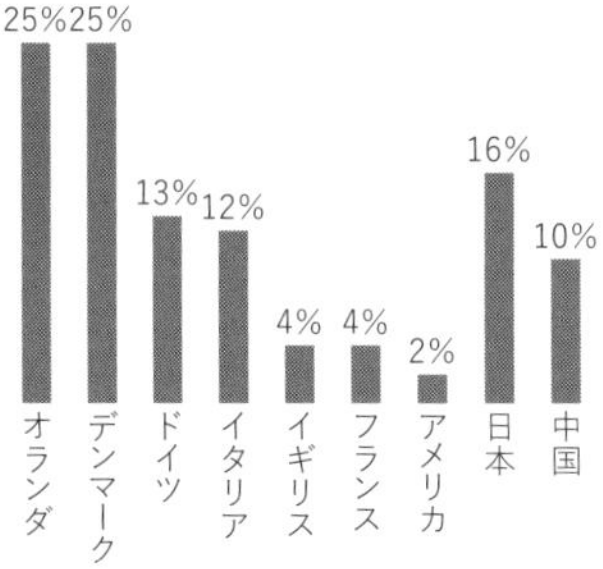

▲**図1**　自転車の交通分担率の国際比較
（データ出典：ITDPによるA Global High Shift Cycling Scenario）[4]

▲**図2**　オマフィーツが活躍するオランダの街角
（© Melissa & Chris Bruntlett）

のつくりかた――都市の活力を高めるオランダ式の設計図）の著者であるメリッサ＆クリス・ブルントレット夫妻も、交通手段としての自転車利用を伸ばしたい都市はオマフィーツ的な車種の流通に力を入れるべき、と発信している[5]。身体を起こして乗れることは安楽なだけでなく、被視認性や視界の広さ、周囲とのコミュニケーションの面でも有利で、自転車をより開かれた乗り物にしてくれる、と同書は指摘する[6]。

オマフィーツ＝ママチャリ文化の今・昔・これから

お気づきの方も多いと思うが、オマフィーツの主な構成要素は日本の「ママチャリ」にも備わっているものだ。「自転車に興味がない人のための自転車」に支えられた、ほぼ誰も意識しないくらい当たり前になった自転車利用の文化。日本のママチャリ文化とオランダのオマフィーツ文化は、姉妹のようによく似ている。オマフィーツを含むシティ車はオランダでは中古で100ユーロくらいから手に入り、2011年に売れた自転車の54％強がシティ車、全体の39％が中古だった。日本と同じく、手頃でタフな自転車が幅広い層の人々の日常を運んでいるのだ。

オマフィーツ＝ママチャリ文化はかつて、欧米のあちこちの都市に（少なくとも一時的には）存在していた。英語圏でよく「ダッチ・バイク」

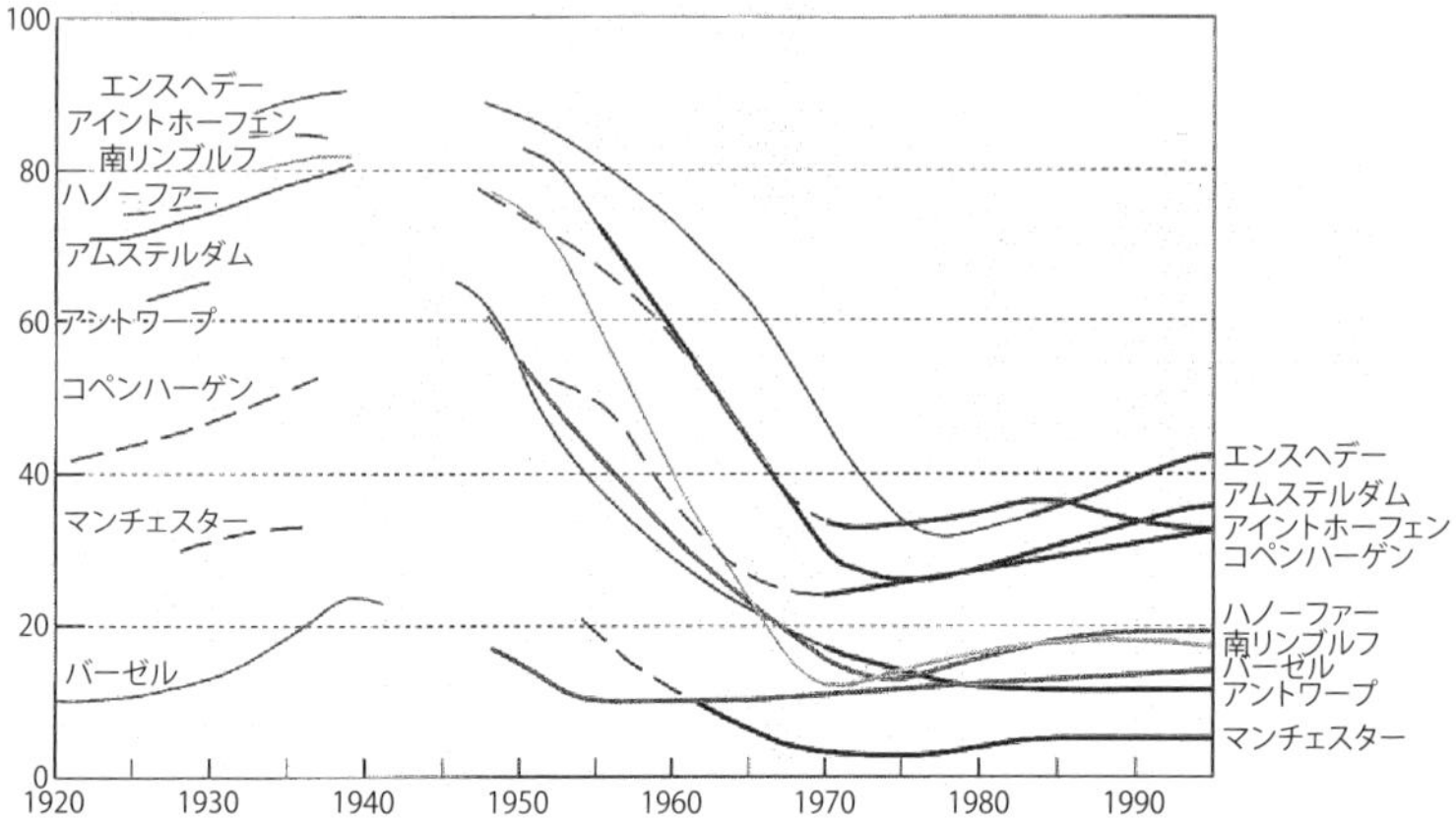

▲**図3**　欧州9都市における、乗り物（車・公共交通・モペッド・自転車）による移動のうちの自転車の割合の推移（The Dutch Bicycle Master PlanのFigure 10を日本語化）[7]

と呼ばれるオマフィーツはそもそも、19世紀末に欧米で起きた自転車ブーム、その震源地イギリスの「ロードスター型」自転車が輸出先のオランダで定着、繁栄したものだ。だが輸出元のイギリスを含む他のほとんどの土地では、自転車は万人の日用品としては根づかなかった。歴史家カールトン・リードが*Roads Were Not Built for Cars*（道路は車のためにつくられたのではなかった）や*Bike Boom*（自転車ブーム）で書いているように[8]、次第に車に取って代わられたのである。21世紀の世界的な自転車利用推進の潮流は、オマフィーツ＝ママチャリ文化を取り戻し車中心の交通を卒業しようとする動きでもある。

モータリゼーションを生き延びたオランダの自転車利用

モータリゼーションの波はオランダにも及んだ。車がまだ大衆化しておらずスプロール化も起きていなかった1920～1930年代、都市の人々の足といえば、庶民にも買えるようになった自転車だった。1930年代の末のアムステルダムでは、乗り物（車・公共交通・モペッド・自転車）を使った移動の80％超が自転車によるものだった。しかしこの割合は第2次大戦後の30年で30％台まで転落、そこから緩やかに回復に向かっている［図3］。国策は1920年代から主に車の方を向いており、1950年から1975年にかけては「政府の展望から自転車がほぼ完全に外されていた」[9]が、車が爆発的に普及する中、自転車を見限らない都市もあった。自転車はまだよく使われていたし、車偏重の弊害を訴える声も高まっていた。

1960〜1970年代、車中心のまちづくりに異議を唱えた市民たち

急激な車社会化が破壊的な市街再編、公害、多くの交通死をもたらした1960〜1970年代、自転車はカウンターカルチャーの象徴だった。アムステルダムでは1965年にアナーキスト集団「プロヴォ」が、市街中心部のカーフリー化のために誰でも無料で乗れる「白い自転車」［図4］を配置する運動を展開、本格的な社会実装には至らなかったものの世界の注目を集め、後のシェアサイクルの原型にもなった。1970年には地元の学生らが25台のカーゴバイクを駆り出して車との排ガス・騒音・殺傷力の違いをアピール、以後もこうした自転車による抗議行動が盛んに繰り広げられた。

変化が顕著になったのは1970年代のことだ。1960年代の末から1970年代の初めにかけ、オランダでは毎年3000人以上が交通事故で亡くなり、うち約450人が14歳以下だった。そんな中で始まった Stop de Kindermoord（子ども殺しを止めろ）運動［図5］は、危険な道路の封鎖や自転車デモなどを実施した他、子どもに優しい街路の設計案を各地の関係機関に提供、全国的な交通政策の転換に貢献した。1973年に第4次中東戦争が勃発しOAPECが石油禁輸を発動すると、政府は3カ月にわたる日曜日のマイカー利用禁止を決定、全般的な省エネ勧奨も行われ、石油依存を見直す機運が高まった。1975年には各地の自転車関

▲**図4**　「白い自転車」に跨がり市議選の結果を待つ人（1966年アムステルダム）

▲**図5**　「安全な歩道・自転車道を」などの横断幕を掲げ、嘆願のため下院を訪れたStop de Kindermoordの人々（1972年）

係団体が全国組織ＥＮＷＢ（現Fietsersbond＝自転車利用者協会）を結成[10]、車に脅かされない環境の形成を利用者サイドから推進するための中心的存在となった。同協会スタッフが２００５年に語ったという言葉は示唆に富んでいる——「誰もがオランダを自転車天国と思っているが、誰かが議題にしなければ自転車は忘れられてしまう。自転車に乗るのはごく当たり前のことでも、自転車を政策に組み込むことはそうではない[11]」。誰も意識しない空気のようなオマフィーツ＝ママチャリ文化を、意識的に守ってきた人々がいるのだ。

デザイン

圧倒的に安全快適なインフラの充実と洗練

自転車が選ばれる走行空間デザインの5原則

モータリゼーションの奔流に飲まれながらも、車偏重を脱しようとする動きの中で再評価され、今や意識されないくらい普通のものになったオランダの自転車利用。それを支えているのは、「迅速・安全・快適に移動できるなら人は放っておいても自転車を使う」[12]との知見に基づくデザインだ。

オランダ自転車大使館の2018年の冊子「オランダの自転車ビジョン」によれば、自転車利用の最大の障壁は安全上の懸念で、人の実感が大きく影響するため、安全かつ安心な環境の構築が重視されている[13]。客観的安全性を担保するのもこうしたインフラの整備で

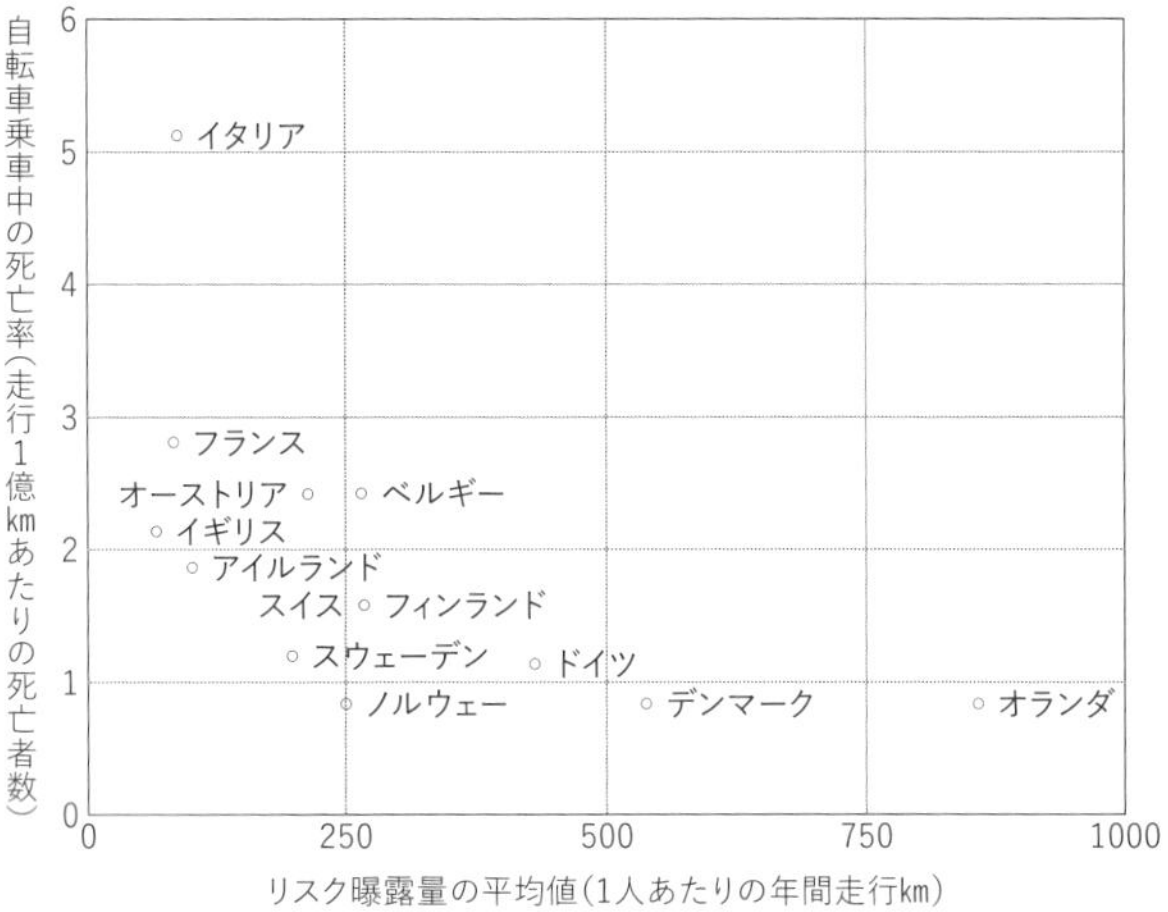

▲図6 ヨーロッパ諸国における自転車乗車中の交通死リスク比較
(データ出典:Castroらによる Exposure-adjusted Road Fatality Rates for Cycling and Walking in European Countries)[14]

あり、自転車利用の抑制に繋がるヘルメット義務化などではない。自転車が世界一よく使われる国は、乗車中の交通死リスクも圧倒的に低い［**図6**］。

オランダではほとんどの自転車走行空間整備において非営利の技術プラットフォームCROWのデザインマニュアルが参照されるが、このマニュアルが示す次の5つの原則(15)には、自転車が選ばれる環境づくりという考え方が凝縮されている。

- **ネットワークの充実**　どこからでも、どこへでも自転車を使って行けるようにする（公共交通と組み合わせた移動も想定）。
- **ダイレクトさ**　距離が短く時間のかからないルートで移動できるようにする。
- **安全性**　自転車道や独立した自転車専用道を用いて、自転車利用者を速度や重量の異なる交通からなるべく分離する。
- **快適性**　信号待ちや他の交通による足止め、ジグザグや路面の凹凸、余計な労力のかかる上り下りなど、停止や不快な要素をなるべく減らす。
- **魅力**　緑が多い、開放的、よく手入れされている、といった、利用者が好む要素をルートに持たせる（車が多い、暗い、人目がないといった要素は好まれない）。

構造物で分離された自転車道3万7000km

オランダの自転車走行インフラの代表格は、縁石などの構造物で車の流れから分離された「自転車道」だ。

▲**図7**　アイントホーフェンの自転車道。並んで会話しながらの移動は社会生活の大切な一部だ
（© Nanda Sluijsmans）

安全性が高い自転車道は幹線道路における標準的な整備形態となっており、生活道路でも車の交通量が多い場合は選択肢に入る。自転車道の現在の推計総延長は約3万7000㎞で、車道の一部を色分けし自転車マークを描いた（視覚分離のみの）「自転車レーン」の約4700㎞よりもはるかに多い。

自転車道は利用者同士が快適に並走や追い越しを行える空間であることが望ましく［**図7**］、CROWのマニュアルは一方通行なら2・0〜4・0m幅、対面通行なら2・5〜4・5m幅との基準を示している（推奨値は自転車の交通量による）。対面通行についてCROWは脇道との交差点での事故リスクが高いため市街地では基本的に非推奨としつつ、次のような場合は検討の余地ありとしている(16)。

・利用者の移動ルートと所要時間の短縮になる
・利用者にとって危険な幹線道路の横断が減る
・一方通行の自転車道を道路の両側につくるには空間が足りないが、対面通行の自転車道を片側につくることができる

▶図8　オッス市の自転車通り。自転車通行空間の色であるレンガ色の舗装と王冠×自転車のマークが通りの性質を物語っている
(© Fietsberaad)

実際のところ、オランダの幹線道路沿いの自転車道の72%（市街地では62%）は対面通行だ。客観的な安全性でいえば最良ではないものの、自転車利用者に選ばれ、また自転車での移動が選ばれるように、利便性や魅力といった点で有利な対面通行がしばしば採用されている。

人中心の道のネットワークで車と分離

自転車道とともにオランダの自転車ネットワークの大部分を構成しているのが、一見したところ高度な自転車インフラとは思えない、生活道路の混在通行車道だ。もちろんこれは、車と自転車が入り交じって走る道が多いということではない。オランダでは2008年の時点で市街地の道の約70%に時速30㎞制限が適用されており、生活道路の車の交通量そのものもネットワークの再編などによって抑えられているからだ。

中でも象徴的なのは、生活道路でありつつ主要自転車ネットワークや広域自転車幹線に含まれ、多くの人が自転車で行き交う「自転車通り」(fietsstraat)［**図8**］だろう。「自転車通り」は、法的には一般の道路で車もいくらかは通るものの、自転車に乗った人が主役の空間だと分かる構造・外観を持ち、実際の交通量も自転車の方が明らかに多い道を指す。特例により交差点で他の生活道路に対し優先道路となるため[17]、自転車利用者は足

▲**図9**　車のみ一方通行の道の片側に設けられた、反対向きに自転車で走る人のためのレーン。ただしここは自転車マークなし＝法定外（© Fietsberaad）

▲**図10**　並んで走れる自転車レーン。法律上、自転車マークのある法定レーンは駐停車禁止で、区画線が実線の場合は車での一時的進入も禁止（© Josbert Lonnee）

止めされず移動時間を短縮できる。高い利便性はユーザーを呼び寄せ、そこはより確かな「自転車通り」になるのだ。[18]

時速30km制限の生活道路は推計4万1000km以上、自転車通りは2015年の時点で総延長172・6kmが存在し、幹線道路の副道も機能的にはほぼ生活道路である（近年は自転車通り化される例も増えている）。自転車フレンドリーな車道がこれほど充実しているのは、1990年代に始まったサステイナブル・セーフティ政策により道路の役割分担の明確化が進んだからだ。車の流れは専用道や他の幹線道路へ誘導・集約され、生身の人の活動を主とする生活道路は快適な自転車ルートになる。このようなネットワークレベルでの分離は「アンバンドリング」と呼ばれ、自転車利用とその安全性をともに向上させることが分かっている。

自転車レーンは補助的な存在

サステイナブル・セーフティ政策は市街地の一般道を幹線道路（時速50kmまたは70km制限）と生活道路（時速30km制限で車が少ない）に二分し、前者には自転車道が必須としているため、車道の一部を視覚的に分離するだけで自転車道より安全性が低く、路駐車に塞がれがちな「自転車レーン」の出番は少ない。だが、自転車道を整備するには狭く、生活道路とするには

▲図11　改修前のビルデルダイク通り。車の走行車線と駐車帯の間の自転車レーンが路駐車のドアの開閉範囲「ドアゾーン」と重なっている。急に開かれたドアへの衝突や回避の結果、後続車に轢かれ重大事故に至る危険もある
(© Marjolein de Lange)

▲図12　改修後。自転車走行環境の改善と街路樹保存の両立のため、建物に接する側の歩道を少し削り、CROWマニュアルの示す値より狭い1.8m幅の自転車道を整備。ビルデルダイク通りは主要自転車ネットワークの一部だ (© Marjolein de Lange)

車の交通量を絞れていない「グレーな道路」の場合は自転車レーンも選択肢に含まれる［図9］。CROWマニュアルが示す推奨幅員は2・25m（最低1・70m）で、ここでも車との距離の確保と利用者同士の並走や追い越しが考慮されている［図10］。

まちの自転車走行空間のさらなる改善あれこれ

オランダの自転車ネットワークはほとんどの自治体で概ね完成しているとされるが、さらに自転車利用を増やすため、また実際に増加した利用に対応するために、各地で質・密度・規模を向上させる整備が続けられている。ここでは市街地とその周辺部の例をいくつか概観してみよう。

ネットワークの質を高める整備の典型が、サステイナブル・セーフティ政策との合致も明解な、**自転車レーンから自転車道へのアップグレード**だ。アムステルダムのビルデルダイク通りでは2005年、車の走行車線と駐車帯の間、しかも「ドアゾーン」にあった自転車レーンが廃止となり、自転車道が設置された［図11・12］。車の出入り、ドア開け、

二重駐車、後続車といった多重リスクの解消により死傷者は半減、現在は自転車利用増に伴うキャパシティ不足が新たな課題となり、通りのカーフリー化も視野に入れた再改修の議論が進んでいる。

高品質な自転車ネットワークの形成には、車に脅かされず、かつ足止めの少ない交差点のデザインも欠かせない。オランダの様々な先進的手法のうち、市街地の幹線道路でよくみられるものに、自転車道と同じく縁石などで車との分離を図るprotected intersection（保護型交差点）がある（あまりに普通なのでオランダ語では特に呼び名がないそうだ）。ユトレヒトの聖ヨセフ通りでは、ほぼ1960年代の設計のままだった**交差点の保護型への改修**が2014年に行われた［図13〜16］。聖ヨセフ通りを含む環状幹線道は現在、片側一車線を基本とした、徒歩や自転車での横断も容易な「街の並木道」へと転換されつつある。

保護型交差点のさらなる改良も方々で進んでいる。アムステルダムで最も自転車交通量の多い交差点のひとつで、路面電車も通るため信号待ちが長くなるフィッサー広場では2016年、対面通行の自転車横断帯の拡幅・形状変更や待機スペース拡大によりキャパシティ不足が緩和された［図17〜19］。

道路の交差部という文脈では立体交差にも注目したい。**アンダーパス（トンネル）や橋（オーバーパス）の整備**は、前述したネットワークレベルでの車の分離「アンバンドリング」の鍵となるものだ。オランダの高品質な自転車アンダーパスや自転車橋は、車の流れを優先して利用者に不便を強いるものではなく、地域を分断する幹線道路を待ち時間なく安全に越えられるよう設けられ、自転車ネットワークの繋がりを向上させる。

ユトレヒト郊外のデ・ビルト市では2010年代に複数の自転車アンダーパス（歩道もある）が誕生しており、うち2つは平面交差からの改修、ひとつは1950年代に造られた狭く傾斜も急なアンダーパス（事故やニアミスの報告も多かった）からの付け替えであった［図20］。

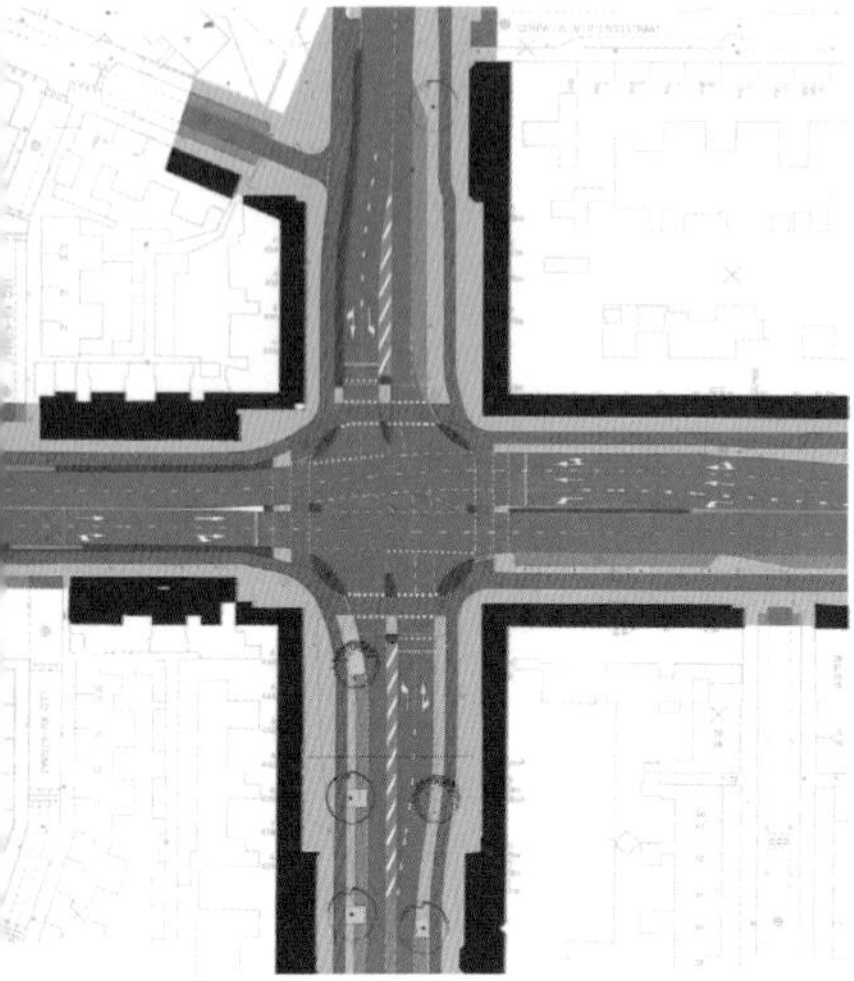

▲**図14**　改修後（平面図）。左手から自転車で直進する人は自転車道で交差点に入り、角に設置された構造物の間を渡るだけでよい。右折であれば信号待ちも不要だ（© Mark Wagenbuur）

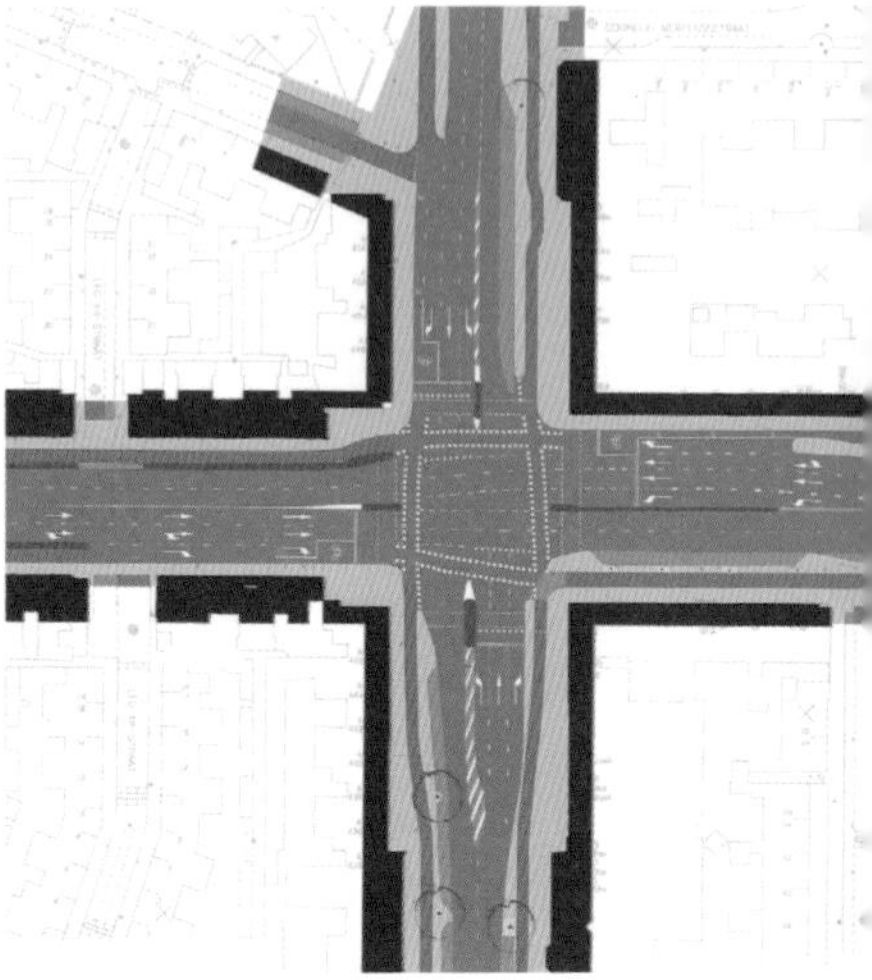

▲**図13**　改修前の聖ヨセフ通りの交差点（平面図）。たとえば左手から自転車で直進する人は、車の流れに混じって交差点に入り、巻き込みや追突を警戒しつつ長い距離を無防備なまま渡ることになる（© Mark Wagenbuur）

▲**図16**　改修後の様子。渡る距離が短く、また十分なオフセットがついているので自転車の人も右折車のドライバーも振り返ることなく相手を視認できる（© Mark Wagenbuur）

▲**図15**　改修前の聖ヨセフ通りの交差点を、後ろを振り返りながら自転車で渡る女性（© Mark Wagenbuur）

▲**図18**　改修後。保護構造物のスリム化で信号待ちスペースが拡大、手前方向の自転車道も進路別の区分が可能に（© Mark Wagenbuur）

▲**図17**　改修前のフィッサー広場
（© Mark Wagenbuur）

◀**図19**　改修後の横断帯。幅を広げ、長方形ではなく手前が広い台形にすることで一度に通行できる人が増えた。信号待ちで横に広がり走行中は列が縦に伸びる、人の自然な動きを取り入れている（© Mark Wagenbuur）

▲**図20**　2019年11月、開通直後のデ・ビルトの新しいアンダーパス（左）。自転車走行空間と壁との距離もたっぷり、傾斜はなだらか、見通し良好、照明も完備。右が旧アンダーパスで、野生動物の通路とするため土を盛っている（© Mark Wagenbuur）

▲**図21**　アイントホーフェンの環状自転車橋Hovenring。スロープの傾斜を緩和するため下の交差点の高さを下げている（© ipv Delft ipvdelft. com / Helibeeld）

橋はさらにオランダらしい存在だ。アイントホーフェンの新興住宅地区で2012年に開通した見事な環状自転車橋［**図21**］は、自転車利用者に信号待ちを強いていた車用ラウンダバウトを廃して建造された。そのスケールは驚嘆に値するが、これは郊外の大幹線道路という障壁のサイズに由来するもので、本質的なポイントはそこでも自転車ネットワークの質を高めようとしたことにある。「自転車ネットワーク」の概念を確立したとされる1982年からのデルフト市の社会実験では、聞き取り調査で判明していた数多くのネットワークの切れ目を、新設または自転車向きに改修された大小のアンダーパス（トンネル）や橋が結んだ。最も重要なのは個々の構造物の壮大さではなく、必要な場所に適切な形でそれが設けられることなのだ。

車の交通量と速度を抑えた上で、**自転車道から混在通行へ「アップグレード」**した例もある。

▲図23　2012年の様子。端から歩道、自転車道、緩衝帯、駐車帯、車道本線という構成。安全性は高いが空間配分は偏っている（© Mark Wagenbuur）

▲図22　1968年のナイチンゲール通り。車中心の混在環境で、自転車利用者は車道の隅に追いやられている（© LH Hofland）

▲図24　2021年、「自転車通り」になった街路。歩道も拡幅された。車道部の制限速度は50km/hから30km/h（学校付近は15km/h）に（© Mark Wagenbuur）

▲図26　無信号化後。道路構造やネットワーク構成により車の脅威を抑えれば、人と人のやりとりで交通は回るようになる。なおアムステルダムでは2018年、ユトレヒトでは2021年から、原付バイクでの自転車道の通行が禁止になった
（© Meredith Glaser / Urban Cycling Institute）

▲図25　無信号化前のアレクサンダー広場の様子。車道は各方向に一車線と絞られていたものの、自転車での信号待ちは長かった
（© Meredith Glaser / Urban Cycling Institute）

そのひとつが、ユトレヒト中心部のナイチンゲール通りの「自転車通り」化だ［図22〜24］。車中心の時代を経て1990年代初頭までに自転車道が整備されたこの目抜き通りでは、自転車交通量が平日で1万7000台を超え、一方で車は流入抑制策により約4000台に減少、空間配分に矛盾が生じていた。2021年、自転車道は取り払われ、車道は自転車利用者が主役の場所となった。同様の転換は周辺の他の道でも進んでいる。

信号機の扱いに関してもオランダは先進的だ。安全性と利便性の両立のため、ほとんどの信号機はセンサーなどの情報に基づいて即時制御され、そのアルゴリズムも進化し続けているが、この洗練の前提には、信号交差点がそもそも最良ではないとの考えがある[19]。立体化やラウンダバウト化といった構造の改良、車の流入と速度の抑制で**信号機を不要にする**方が望ましいのだ。高度な例としてはアムステルダム市が2016年、路面電車も通るアレクサンダー広場で、多数派である自転車交通のキャパシティ向上を目的に全信号機を実験的にシャットダウン、良好な結果を受け撤去に踏み切っている[20]［図25・26］。

広域ネットワーク数万kmと、新たな都市間ノンストップ幹線自転車道

自転車走行環境の充実と改良は市街地だけの話ではない。オランダには合計で数万kmの広域ネットワークが存在する他、現在は車通勤からのシフトなどを狙った都市間のノンストップ幹線自転車道[21]［図27］が総延長300kmを超え、近い将来だけでも約600kmを追加する計画がある。新設ルートと改修された既存ルートからなるノンストップ幹線自転車道は、経路のダイレクトさ、立体交差や優先指定による足止めの少なさ、広く滑らかな走路、照明の設置といった特徴を持ち、スピードを出さなくても早く快適に目的地に到達できる。

▶**図27**　ノンストップ幹線自転車道マップ（2021年版）。緑＝整備済み、オレンジ＝短期計画路線、灰色＝可能性が模索されている路線。少し濃い色のリングが中心から半径7.5〜15㎞圏内（© Tour de Force）

◀**28**　ユトレヒト中央駅の駐輪場の一角。利便性だけでなく安心感や快適さも考慮した、明るく閉塞感の少ない設計。一時利用は24時間まで無料（© Petra Appelhof）

▲**図29**　ユトレヒトの衛星都市ハウテンの鉄道駅。スムーズな「乗り換え」ができるよう、プラットフォーム直下に駐輪場が設けられている（© Mark Wagenbuur）

ニーズを見据え量・質ともに強化され続ける駐輪施設

移動に自転車が選ばれる環境のデザインには、様々な駐輪インフラも欠かせない。走行空間と同じく、駐輪施設にも利便性と安全性、安心感が求められる。そのニーズを受け止め、また予見することにおいても、オランダはやはり世界をリードしている。

オランダでは鉄道駅への移動に自転車が使われる割合が2010年に約40%、2017年には約45%に達しており、こうした成長が公共交通へのアクセスやQOLの面で社会にプラスとなる一方、駐輪場のキャパシティと品質（立地、料金、盗難や破損や治安上の懸念など）も継続的な課題となっている。[22] 鉄道駅の駐輪スペースである。オランダ最大の公共交通ハブであるユトレヒト中央駅の周辺には計2万2000台分以上の公共の駐輪スペースがあるが、2019年に完成した同駅の駐輪場は1万2500台を収容する世界最大のもので、営業は24時間、利用者は公共交通のカードで入場して建物内の自転車道を走り、リアルタイム表示を確認しながら空きラックに到達することができる。

〔図28・29〕は計53万台分、うち監視つきのものが15万台分、なおかつ24時間まで無料のものが7万5000台分

街角の店舗やサービスの利用者にとっては、集約型の大規模駐輪場より、立ち寄り先に近い小規模分散型のスペース〔図30〕の方が便利なことも多い。オランダでは壁際（道路の隅）や歩道への駐輪も法で認められており、場所や時間の制限は自治体によって異なる。行政は条例に基づき自転車を撤去できるものの、悪質な場合を除いて先に警告札などで移動を促す義務を負い、自転車利用者協会も質の高い設備の不足を解消せずに規制を行うことには強く反対している。いくつかの都市では近年、行政が道路周辺の住民や店主の要望に応じて路上駐車枠に駐輪用の「自転車プラットフォーム」を仮設〔図31〕、大きな問題がなければそこに恒久的な駐輪ス

▲図30　アムステルダムの自転車道沿いの豊富な駐輪スペース（© Melissa & Chris Bruntlett）

▲図32　集合住宅の自転車保管庫。今はメインの建物に統合されたものが一般的とのことだ（© Mark Wagenbuur）

▲図31　ハーグの街角。路上駐車スペースを駐輪場化する「自転車プラットフォーム」が設置されている。車1台分の空間に自転車8台が収まる（© Nanda Sluijsmans）

▲図34　大都市の街角によくみられる、地域の屋内駐輪場（© Mark Wagenbuur）

▲図33　ハーグの路上自転車ロッカー（© Nanda Sluijsmans）

▲**図35**　鉄道駅の一角に並ぶOVフィーツ。幅広い層の利用に適したオマフィーツ型で、色はオランダ鉄道の黄色と青（© Alper çuğun）

ペースを整備するという施策が導入されている。

居住地側の駐輪環境も忘れてはならない。オランダでは住宅を建てる際、施錠可能で風雨から保護され、また公道へ簡単にアクセスできる一定以上の大きさの自転車保管庫［**図32**］を設けることが必須だ。1950年頃から自治体レベルで制定されていたこうした規則は1992年から国全体のものとなり、いったん削除された後、自転車利用者協会などの抗議を受けて現在の形になった。建築年の関係で満足な置き場所が用意されていなければ住民は「そのへん」に駐輪することになるが、路上自転車ロッカー［**図33**］や地域の屋内施設［**図34**］が使える場合もある（たとえばユトレヒトには前者が96カ所502台分、後者が40カ所2152台分ある）。

鉄道利用とマッチした「公共交通自転車」と、補助的な自転車持ち込みシステム

駅の駐輪ニーズの高さからも分かるように、自転車と鉄道の組み合わせはオランダにおける広域移動の有力な選択肢だ。降りた駅からの自転車利用の需要も旺盛で、全国の鉄道駅やバス停など約300カ所に配置された計2万台以上のOVフィーツ＝「公

▲図37　Qbuzz社が運行するヘルダーマルセン〜ドルトレヒト路線の列車内の様子（© Maurits90）

▲図36　オランダ鉄道の列車。自転車スペースのある車両はマークで分かる

共交通自転車」［図35］の貸し出しは2019年には530万回にのぼった。OVフィーツは旧来の自転車レンタルをアップデートする形でサービスが始まり、2008年からNS（オランダ鉄道）が運営、今ではその名の通り公共交通インフラの一部となっている。料金は一般的なシェアサイクルと違い、最初の24時間まで4・45ユーロ、別のポートに返す場合は追加で10ユーロと、借りたまま乗り回し元の場所へ戻るレンタル的な動きに合った設定である。

多くの人が鉄道利用の前後に自転車を使うオランダにも列車へ自転車をそのまま持ち込める仕組みがあるが［図36・37］、それが果たしている役割は限定的だ。旅客鉄道の国内最大手であるNSの規定では折り畳めない自転車の持ち込みは別料金で、平日の朝夕のピークを避ける必要があり（7・8月を除く）、他の時間帯でも混んでいれば次の列車を待たなければならない。乗客の多い地域の鉄道に求められる自転車関連施設・サービスは、やはりまずしっかりした駐輪場と、OVフィーツなどの「降りた先でのもう1台」へのアクセスのようだ[23]。

都市戦略

「人の造った国」オランダと自転車の半世紀

脱・車中心は1970年代、自治体レベルから

オランダの日常自転車文化を支えてきた環境の整備は、第1節でも触れたように、環境やエネルギー、交通死に強い関心が集まった1970年代に始まったものだ。ここからは以降のオランダにおける都市・交通政策の歩みをなぞり、世界トップの自転車大国が目指す未来を覗いてみたい。

1970年代の変革のひとつの象徴が、車での通り抜けを禁止し速度も徒歩と同等まで落とさせる住宅街の小道「ボンエルフ」(生活の庭)[図38]だ。子どもが遊び大人もくつろぐ道ボンエルフは、1969年にデルフト市がいち早く導入、1976年の法制化を経て「子ども殺しを止めろ」運動などを媒介に各地へ広がり、駐車規制を伴うケースも多かったことから、家からすぐ乗れる自転車の優位性を高める役割も果たした。

同じ頃、オランダでは都市中心部の車の通行を制限する動きも活発になった[図39・40]。カーフリー化やそれに近い状態を達成したアムステルダムやユトレヒトなどの目抜き通りは買い物や飲食を楽しみながら街の雰囲気を味わってぶらつくのにぴったりで、商業的に成功した地域の経営者たちも政策を支持、ここでもまた、車を持っていても自転車で出かけたくなる条件が形成された。

▲図38　ボンエルフ化されたユトレヒトの街角で遊ぶ子どもたち（1974〜1978年頃｜© JP van Alff）

◀図39　1965年、早くもカーフリー実験が行われていたユトレヒト市街（© LH Hofland）

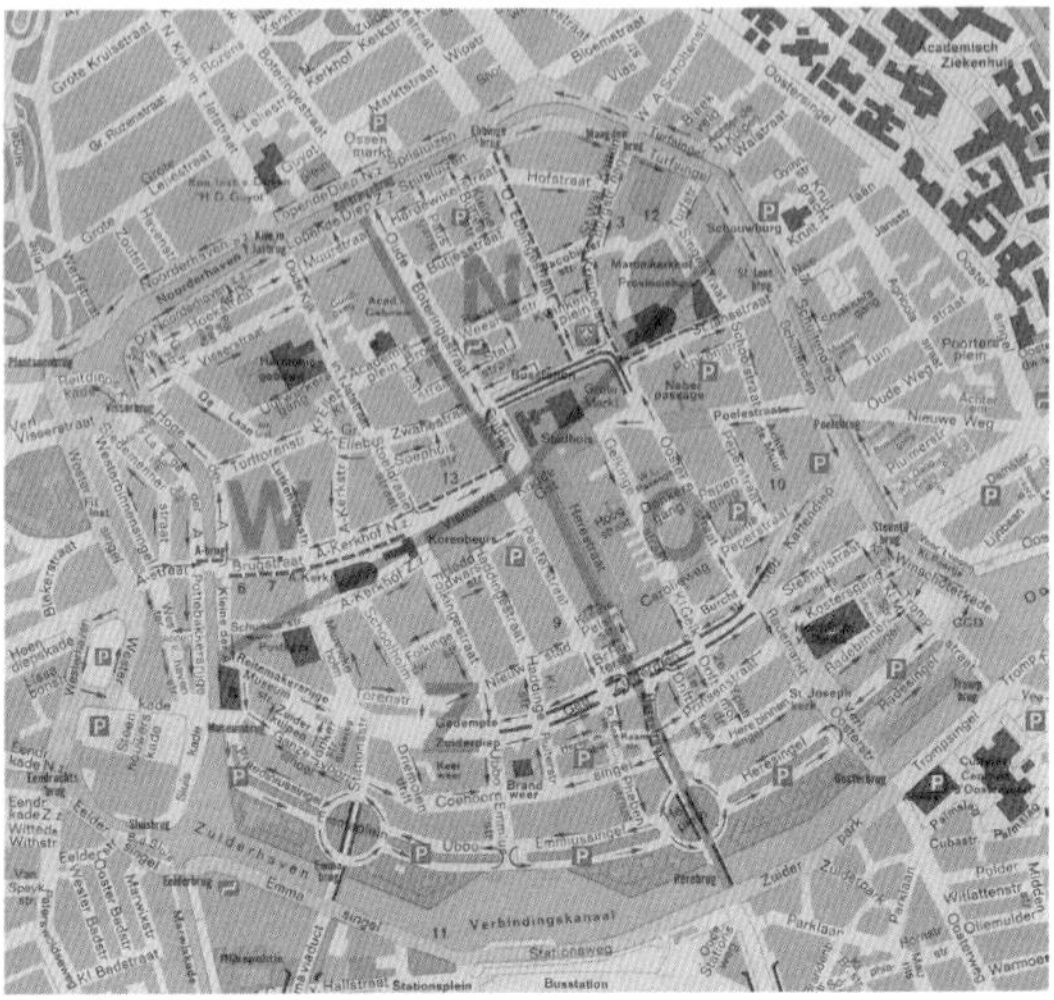

▶**図40**　フローニンゲン市街の地図（1984年・部分）。1977年の交通循環計画で中心部が4エリアに区分され、車によるエリア間の移動には外周道路の経由が必須となった（© VVV Groningen / Groninger Archieven）

1972～73年	• 道路整備に莫大な費用がかかるとの試算が出たこともあり、自動車交通の肥大化防止や公共交通の利用増進の必要性を交通担当省の大臣と長官が相次いで表明。
1975年頃	• 高品質な自転車ルートを1路線だけ整備する社会実験がハーグとティルブルフで行われたが、自転車と車の利用の変化は市全域には及ばなかった。
1976年	• 1980年までの旅客輸送計画で、都市機能の保全とQOL、歩行・自転車利用の安全性向上を目標に4つの政策テーマが設定された。 ◦ 車利用の増加抑制 ◦ 公共交通の円滑化 ◦ 駐車規則の厳格化 ◦ 安全で魅力的な自転車ルートの整備 • 自治体や州の自転車インフラ整備費用の5～8割を国が負担する制度がスタート（1985年まで）、自転車道の総延長は1978～88年の間に9300kmから1万6100kmに伸び、自転車利用の回復に貢献。
1980年	• 第1次交通構造計画（SVV）策定。次のような条件をつけ新規の道路整備事業を絞ったものの、車の利用は増え続けた。 ◦ 地域の福祉に必ずプラスになる ◦ 自然環境や景観への悪影響を最小限にする ◦ 路上駐車や排気ガス、騒音などの問題に配慮する
1982～87年	• 自転車ネットワーク全体を改善する社会実験が国の資金援助のもとデルフトで行われた。安全性が向上した一方、自転車利用の増加は一度きりで以降は伸び悩み、次のことが示唆された。 ◦ 同時に車利用の抑制策を講じることが必要 ◦ 駐輪施設の充実も必要 ◦ ネットワークの存在を繰り返し周知することが必要 ◦ 国からの一時的な資金注入だけでは、自治体の体系的な取組みは期待できない

▲**表1**　1970年代初頭～1980年代末のオランダ政府の交通政策（出典：The Dutch Bicycle Master Plan）[24]

モータリゼーションの弊害が社会問題となったこの時期、解決を求める市民の声に各地の自治体行政も真摯に応えていたが、国レベルの政策は方向性を同じくしつつ、まだ試行錯誤の段階にあった［表1］。1970〜1980年代を通じて、直接的に大きな成果に繋がったものは自転車インフラ整備の財政支援くらいだったといえる。しかしそこから得られた様々な教訓は、1990年代の躍進の土台となるのだった。

1990年前後、未来を拓いた2つの政府計画

政府が主導した交通政策で決定的だったのは、1990年頃に編まれた第2次交通構造計画（SVV-Ⅱ）と自転車マスタープランだ。SVV-Ⅱの初期バージョン（SVV-Ⅱa、1988年）は第1次交通構造計画（SVV、1980年）よりも強く車の濫用防止を打ち出し、同時期にまとめられた空間計画と環境の政策目標ともリンクする形で、2010年までに達成すべき数字を明示した。これを実現するための具体策に自転車を織り込むべく、自転車利用者協会なども加わり構想されたのが自転車マスタープランである。その完成・承認に先立ち、プランの骨子はSVV-Ⅱaの改訂版SVV-Ⅱd（1990年）に反映された［図41］。

1992年に政策文書となった自転車マスタープランのもと、中央政府は自治体との意思疎通と協働に注力し、112もの調査・社会実験・モデル事業を進めた。州や自治体の自転車インフラの整備費用を国が分担する（初期は8割、後に5割）制度が1990年に復活しており（1996年元日まで）、アンダーパス建設のような大がかりなプロジェクトも各地で実現可能になっていた［図42］。この矢継ぎ早の展開は自転車政策への関心を喚起し続けるためでもあり、全国共通の論点・知見・ツールの形成と伝播のためでもあった。CROWの自転車走行空間デザインマニュアルも、ここから生まれた資産のひとつである。政府はマスタープランに関する

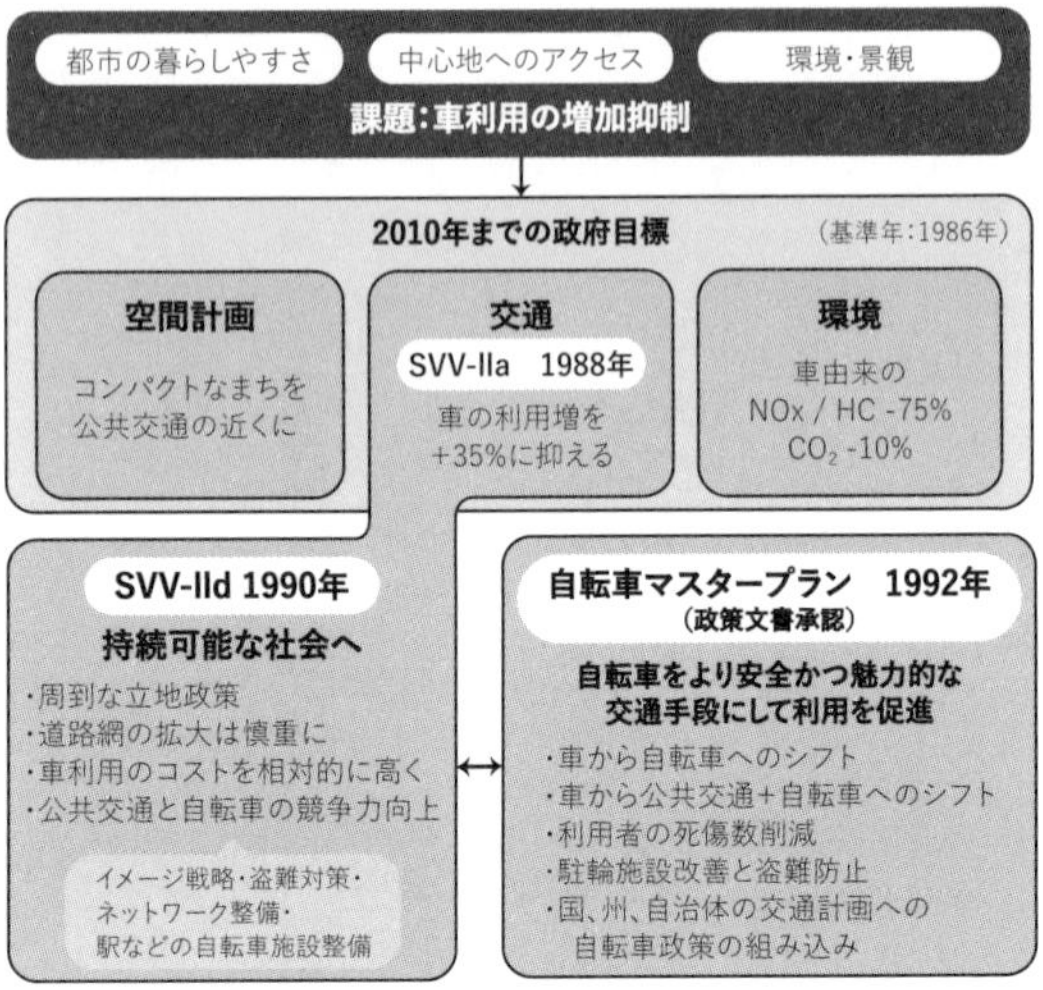

▶**図41**　第2次交通構造計画（SVV-II）と自転車マスタープランの位置づけ（出典：The Dutch Bicycle Master Plan）(25)

予算の決定権を持つことで低品質な施策がバラバラに進むのを防ぐ一方、本来の主体である自治体にバトンを返す（分権化する）ための下地をつくろうとしたのだ。

神ではなく人が造った、と評される国は、インフラ整備だけでなくその基礎となる仕組みのデザインにおいても、優れた先例を示してくれている。

21世紀の都市と交通のロールモデルへ

第2次交通構造計画（SVV-II）と自転車マスタープランは、国主導の交通政策における戦後オランダ最大の転機だったといえる。2010年までに交通死を1986年の半分に、といったSVV-IIの数値目標は、サステイナブル・セーフティの出発点でもあった。

ユニセフが分析・報告した富裕国の子どもの幸福度ランキングにおいて、オランダはこれまで（2007年、2013年、2020年）ずっと総合トップに立っている。この成績については、自転車で動き回れる自由の影響が語られることが珍しくない。ある調査によるとオランダの9～11歳の子どもの

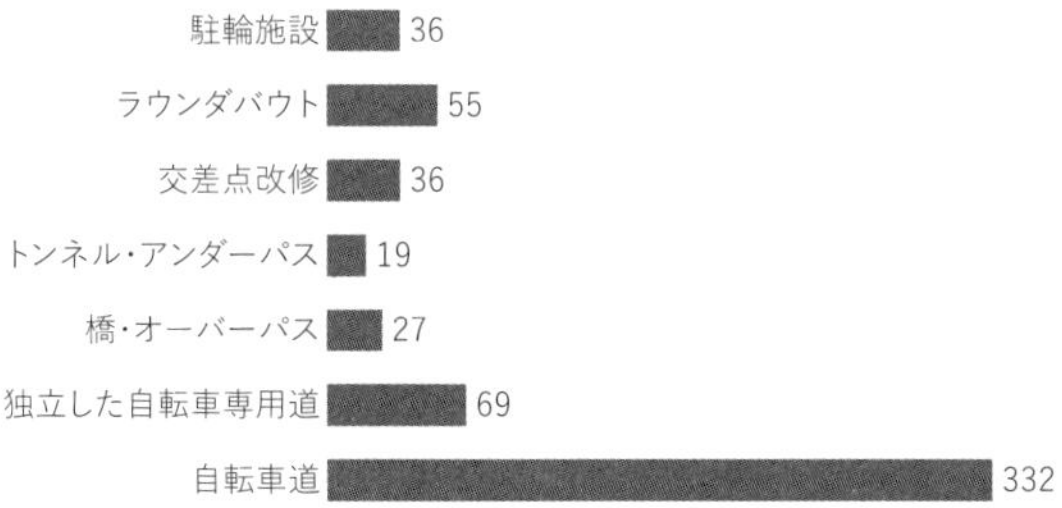

◀**図42** 1992〜95年に進んだ自転車インフラの整備（件数｜データ出典：The Dutch Bicycle Master Plan）[26]

うち54%が保護者に付き添われることなく自転車で通学しており、別の調査では通学以外の場面で少しでも自転車を使う子どもが4~12歳の93%との数字が出ている。交通事故で亡くなった14歳以下の子どもは2011年には19名（自転車乗車中は10名）、2020年には17名（同7名）であった。ゼロには至っていないものの、「子ども殺しを止めろ」運動が起こった頃の約450名と比較するとその差は明白だ。

一方、小学生向けの自転車教育と路上での技能チェックを提供するオランダ交通安全協会によれば、近年は車での送迎が学校周辺の安全性の懸念を生み自転車離れを招く悪循環も起きていて、子どもの交通経験と成長の阻害が危惧されている。[27]種々の政策に抑えられながらも、車利用はじわじわと伸び続けているのだ。生身の人の移動を守る闘いはまだ終わってはいない。

社会全体のためのオランダの自転車利用促進は、1990年代の分権化で政策上の主役が自治体に戻った[28]後も、それぞれのレベルで重層的に継続されている。2000年に自転車利用者協会が立ち上げた、地域のQOL重視の自転車のまちコンテスト（Fietsstad）は、個々の自治体を刺激してきただけでなく、国が関与するパートナーシップTour de Forceおよびそのメンバーである自転車都市連盟F10の発端にもなった。Tour de Forceの枠組みのもとでは2017年に「自転車アジェンダ2017~2020」が策定され、2027年までに自転車利用を総走行距離ベースで20%増やすべく、諸機関・団体の連携、各種プロジェクトの統合的推進が図られてきた。同文書が示す施策は多岐にわたり、既に述べた内容とも重複するため羅列は避けるが、さらなる自転車利用増が必要な理由として次のような課題が挙げられている点には注目しておきたい[29]。

・都市部の公共空間を車の走行と駐車による圧迫から解放
・移動手段の欠如による子どもや高齢者、低所得者、外国出身者の孤立の防止
・CO_2排出量の削減[30]

「Tour de Forceは2020年から第2期に移行、当初目標の達成がまだ遠いことを認識した上で「自転車スケールアップ」を狙う。

そして今、オランダが培ってきた知識と技術は、世界のまちの未来を変えていくフェーズに入っている。2022年11月のCOP27で、ハイネン環境大臣は発展途上国における自転車利用環境構築の人材訓練プログラムにサインした。オランダ自転車大使館と「Transport Decarbonisation Alliance（交通脱炭素同盟）がタッグを組み、UNEP（国連環境計画）とも連携しながら、世界10地域で40クラス×25名×10年＝1万人の専門家の養成を目指す。気候危機とQOL向上という矛盾をはらむ難問の解決のために、おのずと自転車が選ばれる便利で安心快適な環境デザインのノウハウを、グローバルかつローカルに活かす時が来たのだ。

注

（1）北杜夫『どくとるマンボウ航海記』中公文庫　1973年　125ページ

（2）*Why We Cycle - Documenting the intangible effects of cycling*, https:// web.archive.org/web/20230627040808/https://whywecycle.eu/

（3）Mark Treasure, "A bike for people who aren't interested in cycling," *Cycling Embassy of Great Britain*, 2019-07-01, https://web.archive.org/web/20191113111022/https://www.cycling-embassy.org.uk/blog/2019/07/01/a-bike-for-people-who-arent-interested-in-cycling

（4）The Institute for Transportation & Development Policy and the University of California, Davis, "A Global High Shift Cycling Scenario," 2015, https://web.archive.org/web/20200524082802/https://itdpdotorg.wpengine.com/wp-content/uploads/2015/11/A-Global-High-Shift-Cycling-Scenario_Nov-2015.pdf, p. 11

（5）Melissa & Chris Bruntlett, *Twitter*, 2021-02-10, https://web.archive.org/web/20210412013243/https://twitter.com/modacitylife/status/1359770137386172418

（6）Melissa Bruntlett and Chris Bruntlett, *Building the Cycling City: The Dutch Blueprint for Urban Vitality*, Kindle ed., Island Press, 2018, Chapter 2, "The Anatomy of the 'Dutch' Bicycle"

（7）Ministry of Transport, Public Works and Water Management, "The Dutch Bicycle Master Plan," 1999, https://web.archive.org/web/20230713224336/https://www.fietsberaad.nl/CROWFietsberaad/media/Kennis/Bestanden/The%20Dutch%20Bicycle%20Master%20Plan%201999.pdf?ext=.pdf, p. 32

（8）Carlton Reid, *Roads Were Not Built for Cars: How Cyclists Were the First to Push for Good Roads & Became the Pioneers of Motoring*, Kindle ed., Island Press, 2015, Chapter 15
Carlton Reid, *Bike Boom: The Unexpected Resurgence of Cycling*, Kindle ed., Island Press, 2017, Chapter 1

（9）"The Dutch Bicycle Master Plan," p. 31

（10）ENWBはEerste Enige Echte Nederlandse Wielrijdersbond（最初かつ唯一、そして正真正銘のオランダ自転車乗り協会）の略で、自転車団体から自動車ロビー団体に変質したANWB（全オランダ自転車乗り協会）に対する皮肉が込められている。

（11）*Bike Boom*, Chapter 8, "Everyone thinks the Netherlands [...] not natural to make policy."

（12）Ministerie van Verkeer en Waterstaat, "Cycling in the Netherlands," 2007, https://web.archive.org/web/20201024232818/https://bicycleinfrastructuremanuals.com/wp-content/uploads/2019/02/Cycling_in_the_Netherlands_Netherlands.pdf, p. 62

（13）Dutch Cycling Embassy, "Dutch Cycling Vision," 2018, https://web.archive.org/web/20200423065345/https://www.dutchcycling.nl/images/downloads/Dutch_Cycling_Vision_EN.pdf, p. 24

（14）Alberto Castro et al., "Exposure-adjusted Road Fatality Rates for

Cycling and Walking in European Countries," 2018, https://web.archive.org/web/20210217004042/https://www.itf-oecd.org/sites/default/files/docs/exposure-adjusted-road-fatality-rates-cycling-walking-europe.pdf

(15) Teije Gorris, "5 Design Principles for Successful Bicycle Infrastructure," *Dutch Cycling Embassy*, 2020-06-23, https://web.archive.org/web/20200908070435/https://dutchcycling.nl/en/news/blog/5-design-principles-for-successful-bicycle-infrastructure

(16) Rik de Groot, *Design manual for bicycle traffic*, CROW, 2017, pp. 115-116

(17) サステイナブル・セーフティの原則により、通常は時速30㎞制限の生活道路同士の交差点では優先道路を設定できず、右方優先のルールが適用される。

(18) 多くの自転車利用者が走る主要ルートという性質上、歩道もないような狭く曲がりくねった生活道路が「自転車通り」化されることはない。日本で行政が裏道を自転車ルートに指定するのとは根本的に異なる。

(19) ユトレヒトでは信号機の調整や廃止に市民の声を反映させるネット上の専用ホットラインが２０１５年にオープンしている。

(20) なお信号交差点でも保護型であれば自転車での右折時には信号待ちが発生せず、保護型でなくても標識による指定があれば赤信号でも右折できる。

(21)「高速」を意味する "snel" を含むものから "doorfietsroute" へ呼び名が転換されつつあるとのことなので、日本語ではMark Waganbuur氏による私信での提案も参考に「ノンストップ幹線自転車道」とした。

(22) バスや路面電車の停留所の駐輪施設も不十分だと自転車利用者協会は指摘している。

(23) 大多数の人が乗っているオマフィーツのような自転車の列車への持ち込み利用は、鉄道と自転車を組み合わせた移動の２・５％に満たない。

(24) "The Dutch Bicycle Master Plan," pp. 41-45

(25) "The Dutch Bicycle Master Plan," pp. 45-51

(26) "The Dutch Bicycle Master Plan," p. 61

(27) NOS, "Schoolkinderen fietsen te weinig," *NOS.nl*, 2018-04-05, https://web.archive.org/web/20210517093853/https://nos.nl/artikel/2225877-schoolkinderen-fietsen-te-weinig

(28) 国のものだった予算は州のものになり、基礎自治体はこれを使う形になった。

(29) Tour de Force, "Bicycle Agenda 2017-2020," 2017, https://web.archive.org/web/20221114043536/https://www.fietsberaad.nl/getmedia/1c52943f-8948-4539-8b0d-4fda6048b1a2/Tour-de-Force-Bicycle-Agenda-2017-2020.pdf.aspx, p. 5

(30) オランダ政府は２０１５年のパリ協定に先立って２０１３年に「持続可能な成長のためのエネルギー協定」を企業、労働組合、環境団体と結んでいる。

3章

NEW YORK, THE UNITED STATES

ニューヨーク

闘う交通局長がリードした北米のストリート革命

宮田浩介

ニーズ

アメリカ随一の都市が求めていた脱・車中心の街路

街角の日常に自転車が加わった

「以前のニューヨークで自転車に乗っている人といえば、ロード・ウォリアーズ（怒れる路上戦士）くらいだったよ」。２０１６年の秋、マンハッタン南端のオフィスビルの一室で、弁護士で市民団体Transportation Alternativesのメンバーでもあるピーター・W・ビードルは語ってくれた。

▲図1　マンハッタンの街角を自転車で移動する人々。うち2台は青い車体のシティバイクだ

▲図2　子どもを自転車の後ろに乗せ、リラックスした様子で自転車道を走る女性

彼が言っていたのはこういうことだ。車の奔流に混じって走らなければならなかった頃、ニューヨークで自転車に乗るというのは生き延びるために絶えず戦闘モードでいることを意味し、それに耐えられる人しか自転車を選ばなかった。自身もかつては「ロード・ウォリアー」だったというピーターいわく、いくら勧めても自転車を敬遠してきた彼の妻は、走行環境が改善されシェアサイクル「シティバイク」が普及すると、自ら積極的に乗るようになった。

街角の変化は、2007年までニューヨークで暮らしていた私の目にも明らかだった。自転車というと、かつては飲食店のデリバリーを担う人々、ゴリゴリのメッセンジャー、一部の学生が乗っているもので、ニューヨーカーの交通手段としてはごくマイナーだった。だがそれから約10年後、マンハッタン中心部では青いシティバイクを1分に1台は見かけるようになった［図1］。自転車に子どもを乗せた女性が涼しい顔で駆け抜けていくようになった［図2］。日本の都市では当たり前のママチャリ的な自転車利用が、自分の第二のホームタウンで芽吹いていたのだ。

仕方なく歩くことも多かった「ウォーカブルな街」

ニューヨークは歩き易い街である。街路の多くは番号で呼ばれ、その配置は碁盤目状になっているから、本格的に迷子になる心配はほとんどない。最後は歩けばいいや、という感覚は、この街のタフネスを構成する一大要素だと思う。

一方で公共交通はかなり頼りない。地下鉄は市内のあちこちへ行き届いているが、そこそ

◀**図3**　車社会になる前のニューヨークで撮影された、少年自転車メッセンジャーの姿。後ろの建物の上に見えるのも自転車メーカーの広告だ
（1896年頃｜出典：Library of Congress）

こ混む上に次の列車がいつ来るかはっきりせず、メンテナンスなどによる路線単位の運休や乗り入れ先の変更も日常茶飯事で、ぼんやりしているうちに見当違いのエリアに連れて行かれてしまうこともあった。バスはバスで、街を眺めながら移動できる開放感と安心感があるものの、タイムテーブルはないに等しく、路線によっては待つより歩いた方が早かった。

徒歩と公共交通以外となると、私が住んでいた当時の現実的な選択肢は、タクシーを含む自動車だった。車道環境は圧倒的に車中心で運転はみな荒っぽく、生身の乗り物でも周囲にスピードを合わせなければ恐ろしくてたまらなかったため、二輪好きな私は自転車ではなくオートバイに乗っていた。

自転車都市のポテンシャルを宿していたニューヨーク

過去のニューヨークのこうした交通事情が記憶に刻まれていた私にとって、2016年の一時滞在中の移動がほぼ全て自転車で済んだことは新鮮な驚きだった。街のいたるところにステーションがあるシティバイクに乗り、車に脅かされない専用空間を通って、公園や博物館へ行き、買い物や飲食を気ままに楽しんだ。

実際に走り回ってみると、ニューヨークは元々とても自転車と相性の良い都市だった［**図3**］ことが分かる。道に迷う恐れはまずないし、地形は概ね平坦で、電動アシストがなくても特に困らない。欠けていたのはサッと気軽に乗れる自転車へのアクセスと、車のドライバーに運命を委ねなくてよい走行環境だった。

デザイン

戦略とデータで街路を変えたサディク＝カーン交通局長

路駐車を活用する「パーキング・プロテクテッド・バイクレーン」

ニューヨークの自転車走行空間のアップデートと大規模シェアサイクルの展開は、マイケル・ブルームバーグ市政下で2007年に就任したジャネット・サディク＝カーン交通局長が推し進めたものだ。

自転車インフラとして特に注目すべきは、マンハッタンを南北に走る大通りの一部に整備された「パーキング・プロテクテッド・バイクレーン」だろう［図4］。歩道の隣に自転車走行空間を設け、路駐車がその防護壁になるように駐車帯を配置する画期的レイアウトである。オランダやデンマークには何十年も前から存在しているが、北米では2007年のマンハッタン9番街での導入が最初で、現在は各地に広まっている［図5・6］。

2016年時点のニューヨークの自転車ネットワークは、もちろんオランダの都市のような洗練されたものではなかった。マンハッタンの本当のど真ん中は手薄だったし、東西方向の走行空間の多くはまだ旧式の自転車レーンや混在通行だった［図7・8］。だがブロードウェイを含む複数の大通りにそれぞれ何十ブロックにもわたって設けられたパーキング・プロテクテッド・バイクレーンの存在感は圧巻で、これなら自転車での移動を選ぶ人が増えるのも当然だと思えた［図9・表1］。

▲図4　パーキング・プロテクテッド・バイクレーン。歩道の隣に自転車走行空間、その隣にドア開けや乗降を想定した余白を挟んで駐車帯、車道本線というレイアウト。路駐車が壁になり、自転車に乗った人を車の流れから保護する

▲図6　ミネソタ州ミネアポリスの対面通行型パーキング・プロテクテッド・バイクレーン
（2018年 | © Minneapolis Public Works Transportation Planning and Programming）

▲図5　シカゴの対面通行型パーキング・プロテクテッド・バイクレーン（2016年 | © Paul Sableman）

▲図7　旧式の「ドアゾーン」自転車レーン。急なドア開けのリスクに加え、後続車の絡んだ重大事故の危険性もある。二重駐停車にも塞がれ易い

▲図8　自転車利用中に車に轢かれるなどして亡くなった方を悼む、真っ白な「ゴーストバイク」。このゴーストバイクは走行インフラの貧弱なセントラルパーク東側の5番街でトラックとの事故により命を落としたダニエル・マルティネスに捧げられたもの

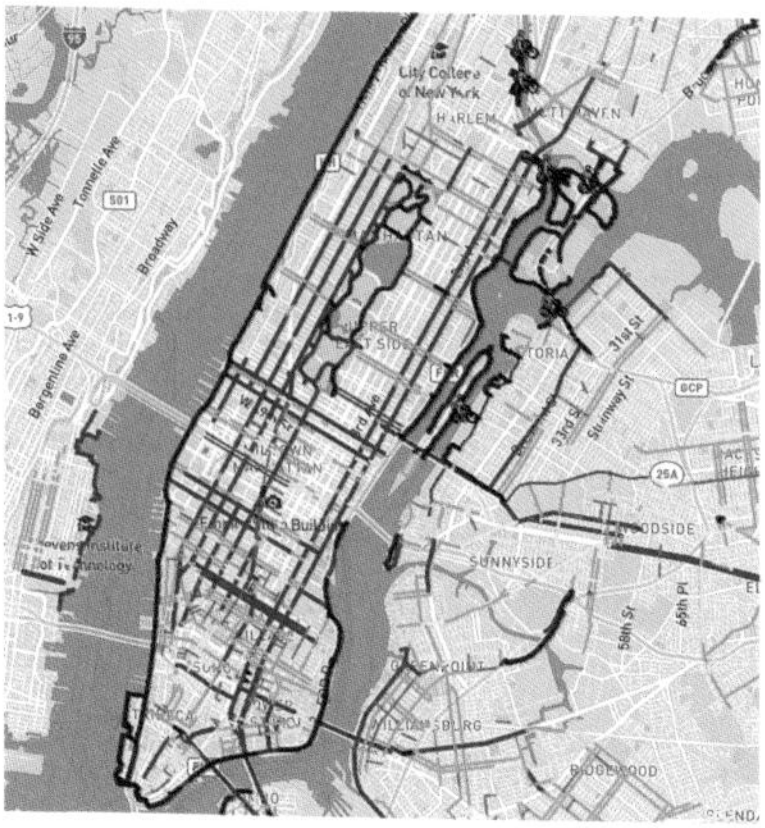

◀**図9**　2023年のニューヨーク市中心部の自転車ネットワーク。濃い緑の線は全て構造物により自動車交通から分離された走行空間（パーキング・プロテクテッド方式を含む）
（© Mapbox / OpenStreetMap）

自転車の利用（整備後3年間）
- 9番街（16丁目〜23丁目）：1.65倍に増加
- ブロードウェイ（59丁目〜47丁目）：2.08倍に増加
- 1番街（1丁目〜34丁目）：2.6倍に増加

自転車利用中の衝突による負傷リスク（整備前3年間と整備後3年間の比較）
- 9番街（16丁目〜23丁目）：64.9％減少
- ブロードウェイ（59丁目〜47丁目）：36.4％減少
- 1番街（1丁目〜34丁目）：53.9％減少

歩行時の横断距離
- 17〜30ft減少

歩行中の衝突による負傷リスク
- 22％減少

自動車乗車中の衝突による負傷リスク
- 25％減少

自転車での歩道走行
- コロンバス街（90〜91丁目）：整備前後で平日は7.6％から2.3％に、週末は9.3％から1.5％に減少
- （隣のブルックリン区の参考値）プロスペクトパーク西側：整備前後で平日は46％から3％に、週末は20％から4％に激減

商店の売り上げ
- 整備区間では他よりも増加

市全体では2001年から2013年までに自転車利用が4.22倍に増加、自転車利用中の衝突による死亡重傷リスクは75％減少

▲**表1**　マンハッタンにおけるパーキング・プロテクテッド・バイクレーン整備の成果
（出典：Protected Bicycle Lanes in NYC; Columbus Avenue Parking-Protected Bicycle Path Preliminary Assessment; Prospect Park West Bicycle Path and Traffic Calming Update）(1)

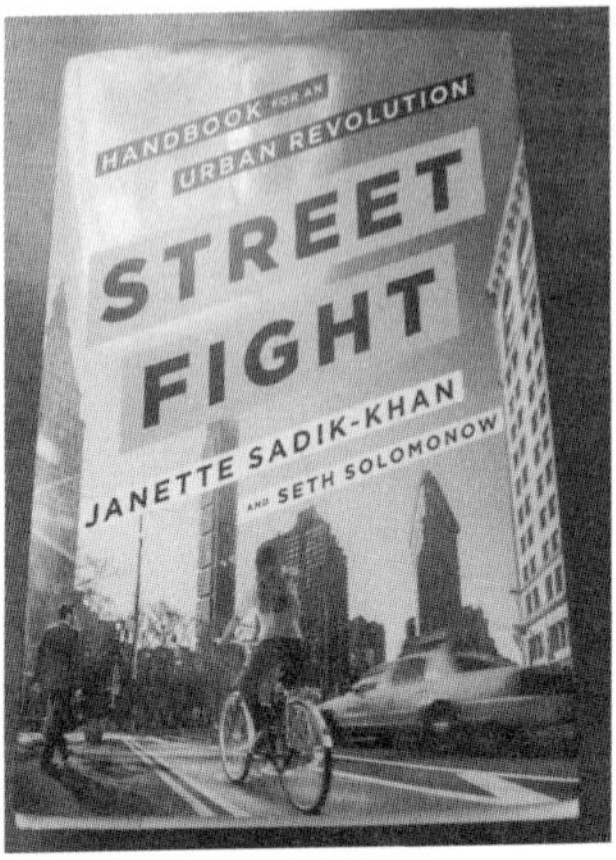

▲**図11**　街路をめぐる闘い、ストリートファイト。2016年の滞在時にマンハッタンの書店で購入

▲**図10**　2023年7月現在のCitiBikeマップ。電動アシスト車を含む1万2000台が稼働している（© Lyft）

誰でも乗り易いシェアサイクルという公共インフラ

一定以上の品質の走行空間ネットワークができてきたら、次に求められるのは自転車そのものを簡単に手の届く存在にすることだ。ニューヨークでは２０１３年の5月、マンハッタンとブルックリンの計数百カ所、６０００台でシティバイクのサービスが始まった。借り出して30分を超えると追加料金が発生するシティバイクは、走行そのものを継続的に楽しむには向いていない。だが盗難を気にしなくてよいので、徒歩と組み合わせて都市内を切れ切れに動くにはとても便利だ。使っていて感じたのは、大規模で高密度なシェアサイクル［図10］は一種の公共交通だ、ということだった。

データを駆使するタクティカル・アーバニスト

サディク＝カーン交通局長の任期中（２００７〜２０１３年）の業績としては、自転車関係の他にもタイムズスクエアの広場化などが有名だ。

ニューヨークは以前から歩き回り易い街だったと書い

たが、それは動き続けるニューヨーカーを前提とした話で、立ち止まって写真を撮ったりする観光客でごった返すタイムズスクエアは、歩道のキャパシティが足りていないエリアの代表格だった。一方そこでは7番街とブロードウェイの車道が合流し、街路全体のほとんどを占めていた。タイムズスクエアの性質と全く不釣り合いなこの空間配分を、交通局長は変えてみせたのだった。

彼女の著書*Streetfight*（2016年）［図11］によれば、2009年5月の最終日曜日の夜、市がブロードウェイの車の通行を道路工事用の資材で遮断しビーチチェアを並べると、新たなオープンスペースはたちまち、勝手知ったる様子でくつろぐ人々でいっぱいになった。タイムズスクエアの広場は後に恒久化・大規模化され、42丁目から47丁目にかけてのブロードウェイ（約400m）は現在、一見しただけではかつてそこに車道が走っていたとは分からないほどに変貌している。この事業の成果は次の通りだ[2]。

・ニューヨーカーの74％が大幅な改善であると回答、周辺商業施設の経営者の68％が恒久化を希望。ショッピングエリアとしてのタイムズスクエアの価値は初めて世界のトップ10に入った。
・車道を歩く人は80％減り、交通事故による全負傷者（移動手段を問わない）は63％減少。
・車道を減らしたにもかかわらず、1万3000台のタクシーのGPSデータからはミッドタウン地区の車の流れが7％改善されたことが分かった。

あり合わせの材料で実験的なアクションを起こし長期的変革の達成を早めるこうしたアプローチは、しばしば「タクティカル・アーバニズム」と呼ばれる。自転車インフラの改良にパーキング・プロテクテッド・バイクレーンを採用した点にも、同様の戦略を読み取ることができる。路駐車を自転車に乗った人の保護に使えば、分離構造物を全てコンクリートなどでつくるより費用も時間もかからない。

サディク＝カーン交通局長による街路改革のもうひとつの大きな特徴は、ブルームバーグ市長の求めに応じた、徹底的なデータの収集と分析だ。しっかりとしたデータによる評価があってこそ、前例のない施策を実験的に展開し、うまくいっているものは次のステップへ、そうでないものは元通りに、と変化のテンポを上げることができる。タイムズスクエアの刷新やパーキング・プロテクテッド・バイクレーンの成功は、そのようにしてニューヨークの進化を加速させたのだ。

ストリートから街の可能性を解き放つ

ジャネット・サディク＝カーンは2019年に日本を回り、街路をめぐる自らの闘いについて講演を行った。タイムズスクエアと似た性質を持つ渋谷スクランブル交差点について、これほど人が集まる場所なのに車のための空間が多過ぎる、とバッサリ切ってみせたのが印象的だった。彼女は東京の自転車の交通分担率（約16％）とシェアサイクルの普及にも言及し、（ニューヨークのような）走行空間の整備を進めればアムステルダムやコペンハーゲンとも肩を並べられるのに、と語った。

講演では1960年代の車中心の「未来都市」像が今なお反復されている、との指摘がなされたが、ニューヨークで彼女がやってみせたのは、2030年までに100万の人口増を見込む市の長期ビジョンPlaNYCに則り、車偏重のストリートを人のための場所として甦らせ、街のポテンシャルを解き放つことだった。

都市戦略

北米各地で進む、人のためのストリートの復権

街路デザインに新しい命を吹き込むNACTOのガイド群

街路を人の過ごす場所として取り戻す改革は近年、北米の各地で急速に進行している[図12〜15]。車を使えない人を含むあらゆる人のための「コンプリート・ストリート」を政策化しているアメリカ国内の市や町の数は2000〜2020年に3から1312に増加、構造物で保護された自転車走行空間は2006〜2018年に全米で約55kmから約684kmに増えた。車中心の道からの転換が商業的にもプラスに働くことが多いと明らかになるにつれ、懐疑的だった商店やレストランの経営者も支持に回るようになってきている。

こうした動きをリードする存在のひとつが、ジャネット・サディク＝カーンが会長を務めるNACTO(National Association of City Transportation Officials＝全米都市交通担当官協会)だ。[3] NACTOは市街地に特化した様々な実践的デザインガイドを次々と発行し、車のためのものと化していた街角の再生を後押ししてきた。

NACTOが出した最初のガイドは2011年のUrban Bikeway Design Guide(市街地の自転車走行空間デザインガイド)[図16]で、保護型の自転車走行空間を整備したいと考えた諸都市の設計者が共同で手引きをつくろうとしたことから生まれた。当時のスタンダードだったAASHTO(American Association of State Highway

▲**図13**　ノースカロライナ州ローリーの路上駐輪スペース。オランダや日本にあるような大規模施設はまだ珍しいが、路上駐車スペースの転用はあちこちの都市で行われている（2014年｜© ITRE Institute for Transportation Research and Education）

▲**図12**　簡易的な構造物で分離されたテキサス州オースティンの対面通行自転車道
（2012年｜© Adam Coppola Photography）

▶**図14**　バンクーバーの自転車道と保護型交差点
（2019年｜© Madi Carlson）

▼**図15**　サンフランシスコのマーケット・ストリートは2020年1月に自家用車での通行が禁止になった（2018年撮影）

▼**図17**　カリフォルニア州デイビスに存在した、忘れられたパーキング・プロテクテッド・バイクレーン（1967年｜© City of Davis）

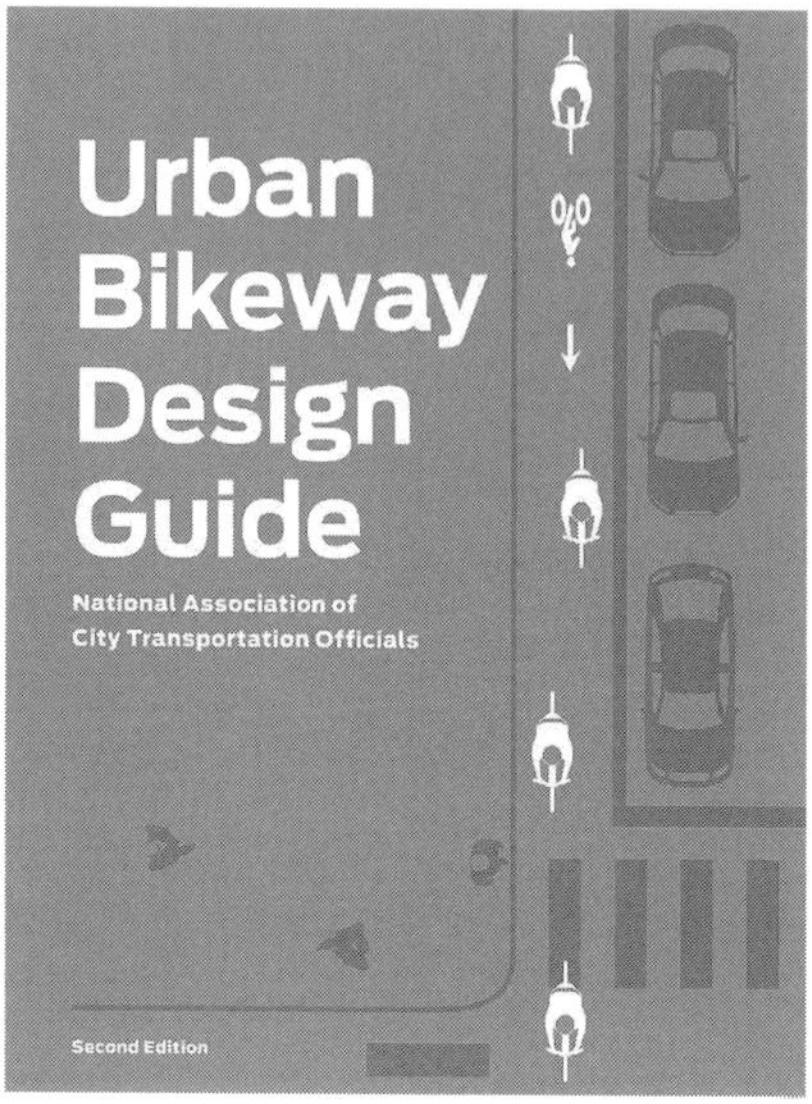

▲**図16**　Urban Bikeway Design Guide
（市街地の自転車走行空間デザインガイド｜© National Association of City Transportation Officials）

▲**図18**　人の鎖をつくって自転車レーンを守り、保護型への改修を求めるフィラデルフィアの人々
（2017年｜© Bicycle Coalition of Greater Philadelphia）

and Transportation Officials＝米国州道路交通運輸担当官協会）のガイドは、道路の一部ではない独立自転車道の他には、分離構造物を伴わない車道内の自転車レーンしか規定していなかったのだ。NACTOのUrban Bikeway Design Guideは2013年にFHWA（Federal Highway Administration＝米国連邦道路管理局）の覚書により連邦の承認を受け、アメリカの自転車インフラ整備は本格的に新時代を迎えた。

自転車政策を停滞させてきた「車と同じ」主義

アメリカの旧来の自転車走行空間デザインガイドがオランダやデンマークでみられるような構造物により保護された形態を含んでいなかったのには、vehicular cyclingすなわち車道を車と同じように走ることを至上とする思想が影響している。この思想を1970年代から唱道したジョン・フォレスターらは、様々な影響力を行使して保護型インフラ［図17］を攻撃し、AASHTOのガイドからそれを消し去ってしまった。車社会に過剰順応したマッチョ的エリート主義とでもいうべきものが、より多くの人に自転車での移動が選ばれる環境の形成を何十年も妨げてきたのだった［図18］。

AAA（All Ages and Abilities）という新しいスタンダード

ここ10年ほどの間に状況は大きく変わり、アメリカやカナダでは「AAA（All Ages and Abilities＝あらゆる年齢と能力）」が自転車利用推進の合言葉のひとつとして定着した［図19］。かつてはフォレスター流のvehicular cyclingを広めた自転車団体League of American Bicyclists（アメリカ自転車利用者同盟）も、現在は保護型インフラの整備を明確に支持している。

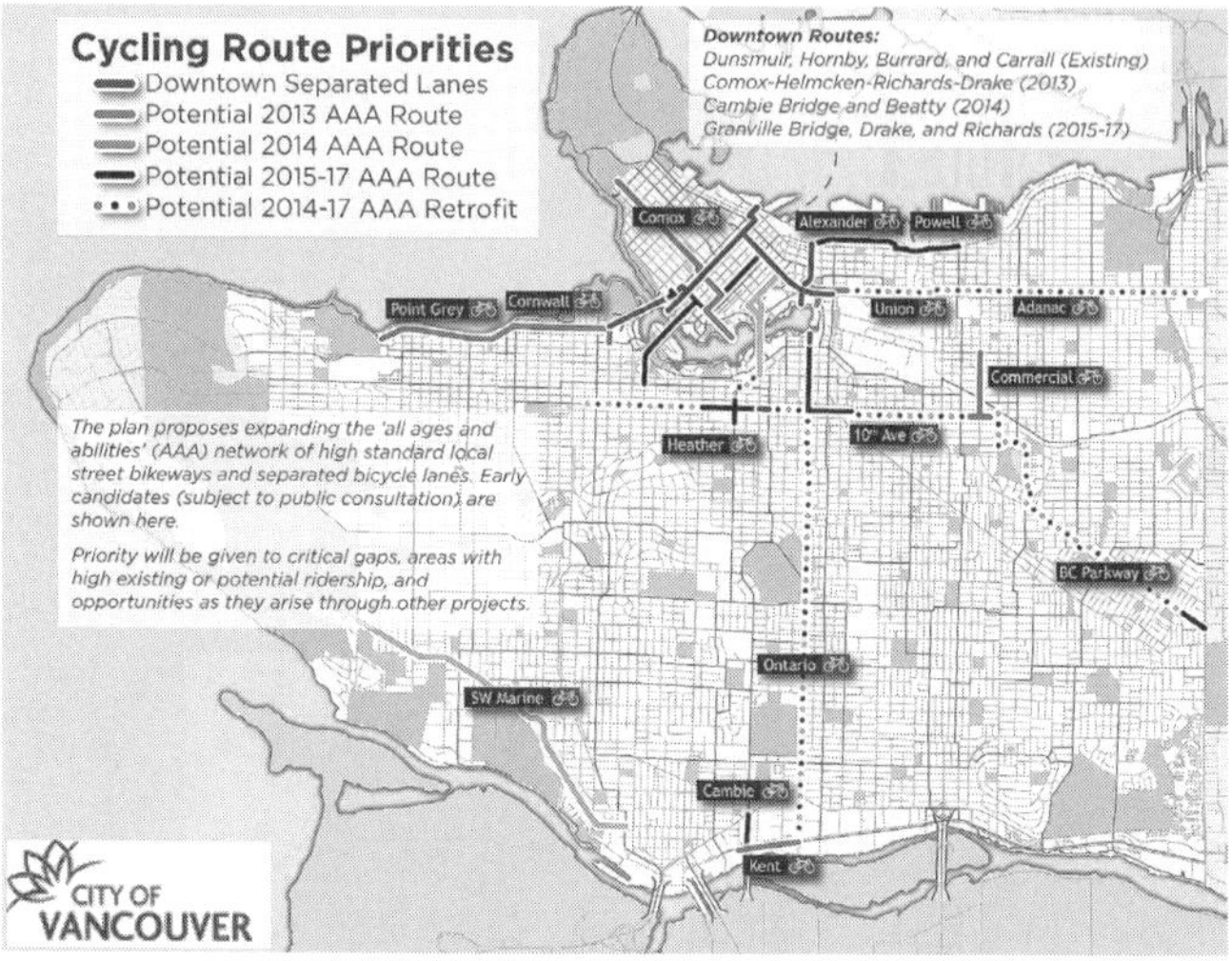

▲**図19**　バンクーバー市の自転車ネットワーク計画図（2012年）。同市は早くからAAAの概念を自転車利用環境の文脈で用いていた（© City of Vancouver）

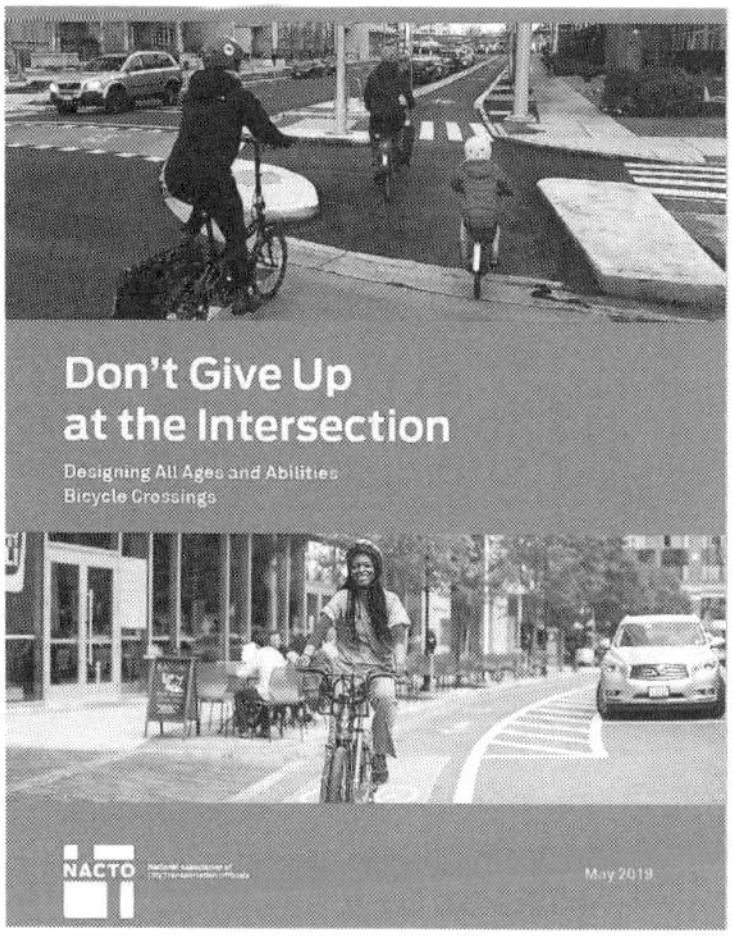

▲**図21**　Don't Give Up at the Intersection: Designing All Ages and Abilities Bicycle Crossings（交差点で放り出さないで：AAA自転車交差点のデザイン｜© NACTO）

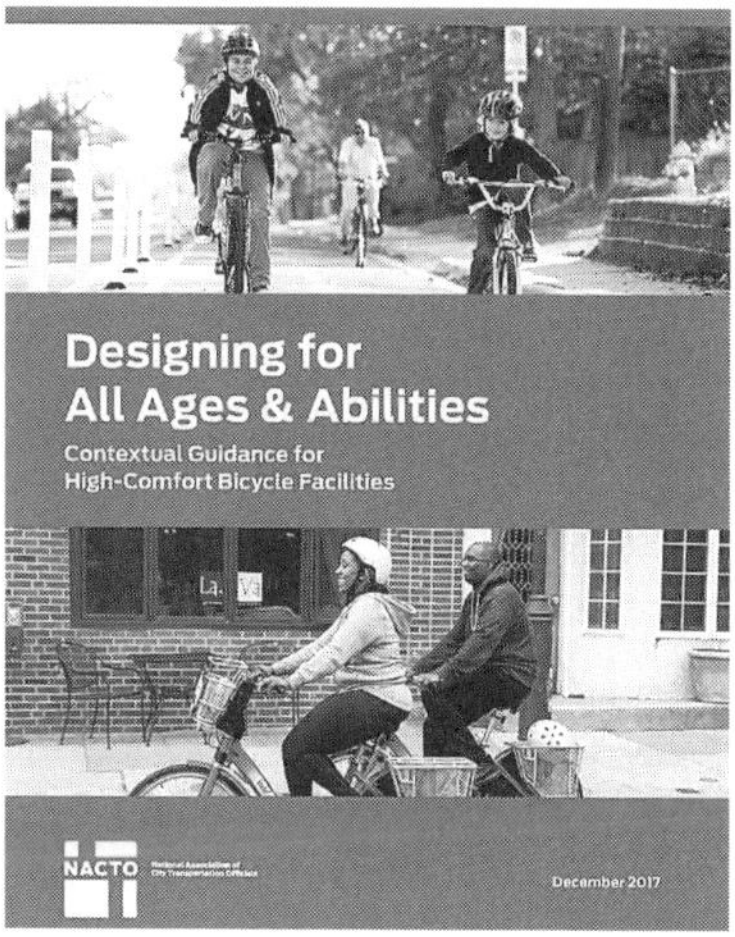

▲**図20**　Designing for All Ages & Abilities: Contextual Guidance for High-Comfort Bicycle Facilities（あらゆる年齢と能力の人のためのデザイン：快適な自転車インフラ整備のための文脈別ガイド｜© NACTO）

NACTOは2017年にDesigning for All Ages & Abilities（あらゆる年齢と能力の人のためのデザイン）と題した女性や子ども、高齢者でも自転車を利用したくなる低ストレスな走行空間の整備ガイドを発行している［図20］が、Urban Bikeway Design Guideの追加章にあたるこのガイドでは、道路の安全性向上、渋滞や大気汚染の削減、健康増進、雇用機会の拡大と不均衡の是正、地域経済の活性化といった課題の解決に欠かせないものとしてAAAの基準を満たす自転車インフラが位置づけられている。保護型交差点の設計を含む2019年のガイドDon't Give Up at the Intersection（交差点で放り出さないで）も、副題はDesigning All Ages and Abilities Bicycle Crossings（AAA自転車交差点のデザイン）だ［図21］。

また連邦レベルでも、FHWAが2019年にAAA重視のBikeway Selection Guide（自転車走行空間選定ガイド）を出している。

ストリート革命を牽引し続ける街、ニューヨーク

最後にニューヨークの最近の動きをいくつかピックアップしておこう。

市交通局はマンハッタンの東西の大通りのひとつ14丁目を快速バス（BRT）ルートとする社会実験を2019年10月にスタート、3番街〜9番街の区間の自家用車での通り抜けを夜10時〜朝6時のみ可とし、2020年6月にはこれを恒久化した。この施策は主にバスのためのものだが、実験期間中の満足度調査では自転車利用者の約70%が「とても良くなった」と回答している。

2020年には新型コロナウイルスが世界を襲った。米国内でも感染の流行が特に激しく、非白人・低所得の住民の多い地区にそれが集中したニューヨーク市では、100を超える街路が車の通り抜けない「オープ

ン・ストリート」として開放され、徒歩や自転車による移動のための空間、子どもの遊び場、レストランのテラス席となった。オープン・ストリートは世代もルーツも様々な人々が（身体的距離を保ちながら）交流・再会する舞台となり、自分たちのものと感じられるコミュニティを生み出す力が街路にはあること、車の脅威がそれを阻害してきたことを明らかにした。Transportation Alternativesが２０２１年１月に発表したシエナカレッジ研究所との共同調査では、35歳未満の76％、ラテンアメリカ系の75％、全体で63％の回答者がオープン・ストリートの拡大に賛成している。

コロナ禍の前からニューヨーク最大の交通関係トピックのひとつだった混雑課金(4)も、トランプ政権による放置を経て、バイデン新政権下で２０２１年に手続きが動き出した。２０２３年６月にとうとう連邦の承認が下り、早ければ２０２４年春からの実施が見込まれるアメリカ初のこの制度は、マンハッタンの60丁目以南への車での立ち入りに料金を課し、その収入は長年の懸案であった市内の公共交通の改善にあてられる。ブルームバーグ市政がPlaNYCの一環として掲げていた根本的な交通改革が、いよいよ現実のものになろうとしているのだ。

混雑課金による流入抑制は、パンデミック下で再発見された人間的な道のあり方の定着にも結びつくだろう。エリック・アダムス現市長は２０２１年１月の就任決定時、車のために割かれている市内の街路空間の25％を２０２５年までに人のために再分配する、というTransportation Alternativesの25×25構想への支持を表明している。

21世紀の北米のストリート革命を牽引してきたニューヨークは、なおも変わり続けることをやめようとしない。

注

（1）New York City Department of Transportation, "Protected Bicycle Lanes in NYC," 2014, https://web.archive.org/web/20160809195018/https://www.nyc.gov/html/dot/downloads/pdf/2014-11-bicycle-path-data-analysis.pdf

New York City Department of Transportation Commissioner Janette Sadik-Khan,"Columbus Avenue Parking-Protected Bicycle Path Preliminary Assessment," 2011, https://web.archive.org/web/20120206162102/https://www.nyc.gov/html/dot/downloads/pdf/2011_columbus_assessment.pdf

New York City Department of Transportation Traffic Management Division, "Prospect Park West Bicycle Path and Traffic Calming Update," 2011, https://web.archive.org/web/20110606063127/https://www.nyc.gov/html/dot/downloads/pdf/20110120_ppw_data.pdf

（2）Janette Sadik-Khan and Seth Solomonow, *Streetfight: Handbook for an Urban Revolution*, Viking, 2016, pp. 101-102

（3）バンクーバーやモントリオールなどのカナダの都市も国際メンバーとして加盟している。

（4）Transportation Alternativesのメンバーであるチェルシー・スカイは２０１８年の筆者らとの鼎談で、自分たちの団体が最も力を入れている案件は混雑課金である、と語ってくれた。

4章

LONDON, THE UNITED KINGDOM

ロンドン

自転車を広め、そして忘れた国の日常利用再興

宮田浩介

ニーズ

漱石に「自転車日記」を書かせた街の今

百年あまり前、自転車黄金期の中心だったイギリス

「近頃は人から勧められて自転車を始めたものですから、朝から晩までそればかりやっています」「自転車は面白うござんすね、宅ではみんな乗りますよ」——こんなやりとりが、ロンドンを舞台にした夏目漱石の短編「自転車日記」にある。

1902年の秋、留学中の漱石は初めて自転車に乗り、操縦の習得に悪戦苦闘しながらも、やがてしばしば郊外へサイクリングに出るほどになった。イギリスでは1885年に現代の一般的な自転車の元祖といえる「セーフィティ型」が登場、空気入りタイヤの普及も手伝って、1890年代半ばには欧米諸国で爆発的な自転車ブームが起きた［図1］。一種のバブルでもあったこのブーム後のロンドンで漱石は自転車を初体験し、「宅ではみんな乗りますよ」という女性の言葉にうろたえたのだった。

漱石の自転車デビューから115年、2017年の夏の終わりに私はロンドンを訪ね、かつての自転車大国の今を探った。

日常自転車文化の消失と復活の萌芽

イギリスと聞いて自転車を思い浮かべる人は、現代ではまれだろう。自転車はビクトリア朝末期の女性の自由を拡大し、1920〜1930年代には労働者の通勤や余暇の足としてイギリス社会に広く浸透したが、政策においては次第に軽視されてゆき、実際の利用もモータリゼーションが進むにつれ衰退していった。輸出先のオランダに根づいたママチャリ型の車体（現地では「オマフィーツ＝おばあちゃん自転車」として親しまれている）も本国イギリスではほぼ姿を消し、皮肉なことに「ダッチ・バイク」と呼ばれている（2章参照）。

2017年のロンドンから私が受けた印象は、そんな失われた日常自転車文化を取り戻そうと本気を出し始めたばかりの街、というものだった。テムズ川沿いの幹線自転車道などは素晴らしかったし、シェアサイクルも充実していたものの、安心快適かつ分かり易いルートはわずかで、自転車を普段使いする暮らしは、多くの人にはまだ難しいだろうと思われた［図2］。街路は歩き易く地下鉄やバスも便利な一方、自転車の存在感は強

▲図2　二階建てバスの上から眺めたロンドン中心部の一角。歩いていてもちょっとヒヤッとさせられるバスのサイズとスピードは、自転車で同じ空間を走るとなると深刻な脅威となる

▲図1　ロンドンのバタシー公園で自転車に乗る女性たち（19世紀末～20世紀初頭｜出典：John James Sexby, *The Municipal Parks, Gardens, and Open Spaces of London; Their History and Associations*）

年	公共交通	私的交通（主に車）	自転車	徒歩
2000	27%	48%	1.2%	24%
2011	34%	39%	1.9%	24%
2012	35%	39%	1.9%	24%
2013	36%	38%	1.9%	24%
2014	36%	38%	2.1%	24%
2015	36%	37%	2.2%	24%
2016	36%	37%	2.4%	25%
2017	35%	37%	2.4%	25%
2018	36%	37%	2.5%	25%
2019	36%	37%	2.4%	25%
2020	22%	42%	3.4%	33%

▲表1　ロンドンの人々の主な（一度の移動に占める距離が最長の）交通手段の変遷。2020年のコロナ禍の影響にも注目（出典：Travel in London, report 14）[(1)]

いとはいえず、前年にニューヨークで受けたようなインパクトはなかった。市のデータでも、自転車が移動の主な手段となった割合（交通分担率）は2016〜2019年で約2・5％と低い水準にあり、それでも2000年に比べれば倍増していた［表1］。

命を脅かされない街路を求めるロンドン市民たち

ロンドンの自転車利用の回復を語るなら、人々が行ってきた抗議活動などの意思表示にも触れておかなければならない。

2013年の11月の末、交通局の前に集まった約1000人が、1970年代のオランダの前例に倣い、自転車とともに道路に横たわった［図3］。ロンドンではそれまでの2週間に6名が自転車での移動中に亡くなっており、この「ダイ・イン」はそうした犠牲者を悼み、安全な走行環境を求めるために実施されたのだった。(2) 市の自転車担当長官は同月、車道を塗り分けただけの形態が危険と指摘されていたサイクル・スーパーハイウェイ（※当時の名称）2号線の改良などを発表していたが、ボリス・ジョンソン市長は度重なる交通死に関して明確な根拠なしに被害者のルール違反を論じ、自転車団体CTCや議員らから批判を浴びていた。

SNSやウェブサイトでも、路上の声を可視化する様々なアクションが展開されている。私の2017年のロンドン行の2カ月前には、イギリス自転車大使館（市民グループ）が「大切な人がここを走るとしたら」と題したキャンペーンを立ち上げ、全国の劣悪な自転車インフラの写真の共有を呼びかけた［図4］。

▲図3　命の危険を伴うロンドンの自転車環境に抗議し交通局の前で「ダイ・イン」を行う人々
(2013年｜© Nicolas Chinardet)

◀図4　望ましくない自転車走行空間(ロンドン)。駐停車禁止を意味する赤の2本線と排水口が配置された車道端が破線で区切られ、そこに自転車マークが描かれている。法律上の専用レーンではなく、目安として使うにしてもあまりに狭い(© Charlie Holland)

▶図5　2017年12月13日の朝、自転車マークのついたペントン通りのレーンの境界に並んだ人々。手前の方はロンドン議会のキャロライン・ラッセル議員
(© Caroline Russell)

「サイクリスト」ではなく万人のための自転車インフラを

２０１７年は、塗料で区分されただけの自転車レーンを人の鎖で車からガードする運動が世界各地で相次いだ年でもあった。サンフランシスコ、ダブリン、ニューヨーク、メキシコシティ、ボイシ、ブリスベン、ブリュッセル、リヨン、ベルリン、ポートランド、レンヌ、フィラデルフィア、ボストン、そしてロンドン。12月13日の朝、交通量も路駐車も多いペントン通りに人々が集まり、法律上の専用空間ですらない自転車マークつきレーンの区画線上に並んで、構造物による分離の必要性をアピールした［図5］。オーガナイザーのショーン・ハウズ氏は当日の様子を伝える動画の中で、特殊な集団としての「サイクリスト」ではなく、年齢も能力も異なるあらゆる人が自転車で移動できるようにする、そのために保護型インフラが重要だと語っている[3]。

デザイン

自転車の都への回帰というパズルの様々なピース

２０１７年晩夏のロンドンの道は、まだ大多数の人には自転車を日頃から使おうとは思えないであろう状態にあった。だが特定のルートや区間においては、車に脅かされない自転車ネットワークの二大構成要素である自転車道と穏やかな細街路が、高い品質で形になっていた。ここではそれらを中心に、ロンドンの自転車利用向上に関わる環境デザインのあれこれを紹介したい。

広々とした対面通行自転車道

日常自転車文化の再興へ動き出したロンドンの顔といえるインフラは、大通りの空間を抜本的に再配分してつくられた自転車道だ。一番の花形は市街中心部でテムズ川の北岸に接する東西方向のサイクルウェイ３号線［図6〜10］で、構造物により車道から分離された広幅員の対面通行スペースは、走っていてとても快適だった。南北方向のサイクルウェイ６号線なども大部分は同様の形態で整備されている。

▲図7　バス停は島式。このエリアの大きな交通島は観光バスの発着所としても使われている

▲図6　テムズ川の眺望を楽しみながら3号線をビッグ・ベン方面へ。これだけ広いと並走や追い越し、すれ違いも余裕だ

▲図8　3号線の空間配分。歩道や分離施設を除いた空間の1/3以上が自転車用に割り当てられている
(© Steve)

▲図10　3号線で見かけた救急車。幅広の自転車道は渋滞に影響されない緊急車両ルートにもなる

▲図9　交差点に設置された自転車専用信号機

▶図11　ペイントだけの自転車レーンから自転車道に改良された2号線

◀図12　北側を東向きの自転車道、南側を西向きの簡易自転車道が走るタヴィストック・プレイス。三車線あった車道は一車線の一方通行になった

道路両側の一方通行自転車道

自転車道は道路の両側に一方通行で設置されている場合もある。サイクルウェイ2号線のペイントのみの自転車レーン（前述したダイ・インの発端のひとつ）を縁石分離にアップグレードした区間などがそうだ［図11］。タヴィストック・プレイスでは、一車線の車道が一方通行の自転車道に両側から挟まれていた［図12］。２０００年に三車線の北側一車線が縁石で区切られた対面通行自転車道になったが、利用集中でキャパシティ不足が生じ、２０１５年に南側の車線も試験的に簡易自転車道化（北側の自転車道も一方通行化）、それがそのまま残ったのだという。

高速走行を想起させる呼称「スーパーハイウェイ」の廃止

ロンドンの自転車道というと「サイクル・スーパーハイウェイ」と覚えている人もいるだろう。２０１７年の夏の時点では、3号線や6号線、分離構造物を伴わない旧型の路線も含め、ネットワークの基幹ルートにはこの名が使われていた。これらは現在、細街路や緑道などを繋いだ「クワイエットウェイ」とまとめて「サイクルウェイ」と公称されている。「サイクル・スーパーハイウェイ」は高速長距離走行が前提であるかのような印象を与えるため、幅広い層の人の自転車利用を促すには最良ではない、と判断されたのだ。

質の高い「自転車を除く」一方通行

ロンドンには、１６６６年に街をほぼ焼き尽くす大火に見舞われながらも都市再編が行われなかったことで残った、中世からの入り組んだ細街路がある。これらを車の抜け道になっている現状から解放していくことが、当たり前の移動手段として自転車を再定着させるための必須条件だ。

ロンドンの細街路は（日本でもそうであるように）、「自転車を除く」一方通行規制になっていることが珍しくない。自転車で反対向きに走る人をガイドする路面マークなどもしっかりしていて、使い易い道にしようという意志が感じ取れた［図13・14］。車の通行にだけ規制をかけるこうしたアプローチは、2014年から使われている市の自転車利用環境デザイン基準（London Cycling Design Standards = LCDS）でも示されているものだ。LCDSには標識や路面のペイントの濫用を抑えて道路をシンプルに、との記述もあるから、なおも描かれている自転車マークはそれだけ重要ということになる。

車は止め自転車は通す街路のフィルター構造

LCDSは徒歩や自転車での移動の利便性を最大化しつつ車での通行を制限したネットワークを理想としているが、具体的な手法の中でも特に強力なのは車止めなどによるフィルターだ［図15・16］。これは目立たないながら市内のあちこちで使われており、クワイエットウェイ（旧称）形成の鍵にもなっている。

クワイエットウェイの混迷とサイクルウェイへの統合

フィルターや自転車を除く一方通行化といった車の経路の制限を伴うクワイエットウェイ［図17］の整備は、コストは低いものの政治的な壁は高い施策である。カーン市長がジョンソン前市長の構想を引き継ぎ2016年から開通させていったこの「静穏な」自転車ルートは、道路管理を担う各区の積極性次第で、車の抜け道のままの箇所を抱えることになったり、車への影響のない不便なところに追いやられたりしてきた。

▶**図13**　自転車を除く一方通行の細街路。自転車で車と反対向き（手前→奥）に進む人がどこを走ればよいか分かるよう、路面にマークが描かれている。交差道路の歩道はフラットに続いており、この脇道から車で出る際にはハンプを越える形になる

◀**図14**　同じ道を奥から見た様子。路駐枠が右側にあれば、車の乗員による急なドア開けに自転車利用者が巻き込まれるリスクは減る。黄色の2本線のところは常時駐車禁止

▶**図15**　ビクトリア風のパブの前。撮影者によればここは住宅街の道が表通りに合流する交差点だったが、2008年に車止めが設置され、翌年にベンチと駐輪スタンドのある小さな緑地ができた（© Alan Stanton）

▼**図16**　自転車で車と反対向きに走る人のためのレーン（contra-flow bike lane）がある一方通行の道（奥）と、陸橋へのアプローチ（手前）に施された車止めによるフィルター（© Alain Rouiller ）

▲**図17**　クワイエットウェイの案内板（ムーア・レーン、2017年|© Crookesmoor）

クワイエットウェイの不遇は、迅速な自転車通勤を想定したスーパーハイウェイからこれを区別し、自信がない人やゆっくり走りたい人向け、と位置づけたジョンソン市政期の二分法の産物ともいえるだろう。利便性優先のスーパーハイウェイで安全性向上が必要になったように、クワイエットウェイも安全かつ便利でなければエリア間ルートとして機能しない。市が2019年から両者を「サイクルウェイ」に統合し始めたのは、呼び名にまつわる先入観や混乱の解消のためだけでなく、あらゆる年齢、能力、社会的地位の人を対象にした高品質なネットワークを統一された基準で整備する（基準を満たした計画にのみ予算をつける）ためでもある。

歩道への退避も自転車インフラ不足の表れ

世界のあちこちでみられる自転車での歩道通行と規則によるその許容は、しばしばよりよい走行空間の欠如を意味する。ロンドンにも自転車で通れる歩道が散在するが［図18］、私が目にしたものはどれも狭く、車中心の道路構造に切り込むことを避けた結果と映った。良質な自転車インフラの不足は、違反になる場所でも歩道通行が選ばれる主要因のひとつで、カーン市長もこれを認め、環境改善への取組みをアピールしている。カムデン区では地元警察が歩道通行の取締まりではなく事情の聞き取りに注力すると2017年に表明、側方間隔1・5m未満で自転車利用者を追い越した（追い抜いた）ドライバーへの警告も行うとの方針を示した。

駐輪環境や自転車×鉄道のリンクも発展途上

駐輪環境の改善もロンドンの大きな課題だ。市が2019年7月に初めて駐輪にフォーカスし策定した整備計画Cycle Parking Implementation Planでは、次のようなデータが示されている。(4)

▲図18　自転車で通行できるロンドンの歩道。漱石が自転車に乗る練習をしたクラパム・コモンの一角

・自転車所有者は300万人超。
・2017年の調査では対象者の半数超が、駐輪場所の不足が自転車利用の壁になっていると回答。
・2018年の時点での市内の路上駐輪スペースは14万5449台分。2025年までには少なくとも4万8000台分の追加が必要と見込まれる。
・防犯性の高い路上駐輪コンテナは約1200カ所、7000台分。
・駅の駐輪スペースは合計で2万台分。収容台数は一桁〜数百とバラバラで、形態もまちまち。

日本の多くの都市と比べると、ロンドンでは鉄道駅周辺などの集約型駐輪施設がまだ手薄で、自転車と鉄道の組み合わせのポテンシャルが活かされていない。象徴的な例が、乗降数で長年イギリスのトップに立ってきたウォータールー駅の状況だ。同駅では世界的にもかなり大規模な5000台収容の「オランダ式」屋内駐輪場が2018年にオープンするはずだったが、鉄道会社が安全上の懸念を理由に反対したため実現しなかった。1日に数万単位の車移動を代替しうる自転車と公共交通のタッグはCycle Parking Implementation Planの重点事項であり、中心部以外の全ての駅の50m以内に、最低20台分、かつ30%の余裕を持たせた駐輪スペースを用意することが長期目標になっている。

Cycle Parking Implementation Planは50ページ超の包括的なもので、現在の、そして将来のニーズを満たす駐輪インフラの量・質の向上をあらゆる領域で進めていく、という、自転車利用を後押しするユーザー目線が一貫している。(5) このスタンスで地道な実装が進めば［図19〜21］、単体で世界的な関心を集めるような施設が登場しなくても、自転車はロンドンの日常にぐっと溶け込んでいくだろう。

シェアサイクルの形で戻ってきたママチャリ型の自転車

2017年のインフラ巡りの足に私が使ったのは、リヴィングストン初代市長がパリのヴェリブに刺激され2008年にCO_2削減策として導入を発表、ジョンソン市政下の2010年に315カ所5000台でスタートしたシェアサイクルだ。駐輪の心配をしなくてよいことはとても気軽で、地元民にとっても訪問者にとっても、自転車による移動を一気に身近にしてくれる存在であることは間違いなかった。2022年3月現在の「サンタンデール・サイクルズ」のステーションは約800カ所［図22］、車体はおよそ1万2000台。誰もが乗り易いママチャリ型の自転車は、まず市販品ではなく公共物の形でロンドンの日常風景に戻ってきたのだった［図23］。交通インフラとしてのシェアサイクルの役割は大きく、コロナ禍が深刻な状況にあった2020年3月には医療従事者向けに無料利用枠も用意された。

▲図20　Cyclehoop社の自転車コンテナ「バイクハンガー」。車1台のスペースに自転車6台を保管できる。住宅やオフィスの建物に駐輪場がない場合には頼りになる存在だ（© Images George Rex）

▲図19　ロンドン・ブリッジ駅の駐輪場。日本の都市では当たり前の二段式もあちらではまだ珍しいらしい（© Vanessa Lollipop）

▲図21　Cyclehoop社の路上駐輪スタンド（可搬型）。車1台のスペースに自転車10台が置ける、と書かれている。買い物などでの短時間利用には、（仮設・常設を問わず）目的地のそばのこうした分散型施設が合っている（© Tee Cee）

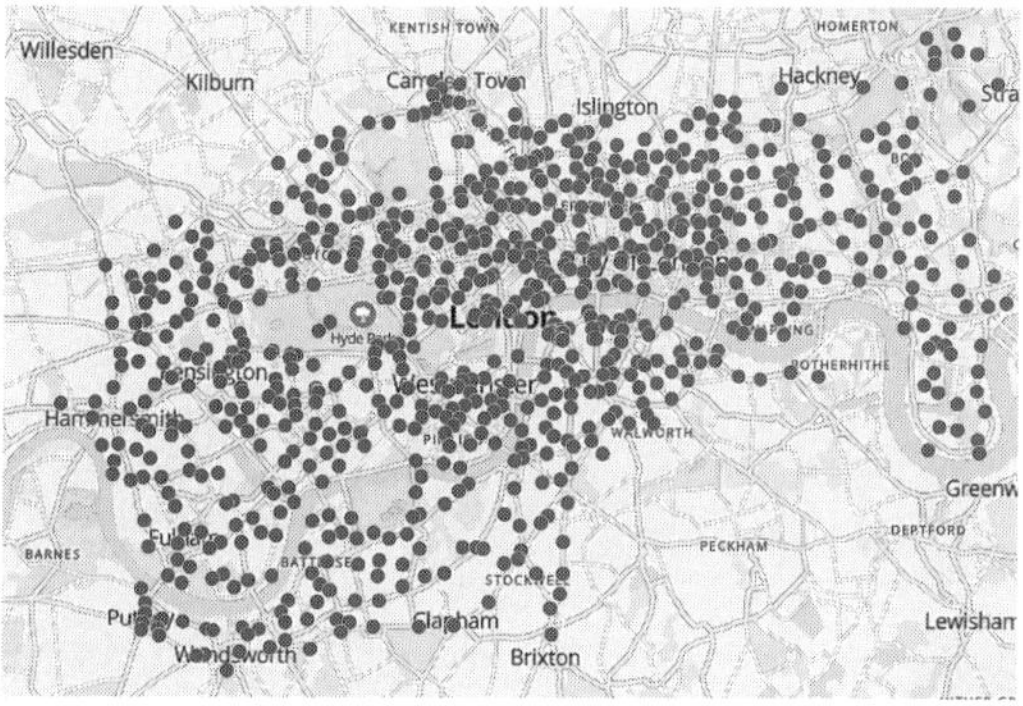

▲図22　2022年3月24日現在のロンドンのシェアサイクル「サンタンデール・サイクルズ」のステーション分布
（地点データ出典：https://tfl. gov. uk/tfl/syndication/feeds/cycle-hire/livecyclehireupdates. xml ｜ マップタイル © jawgmaps マップデータ © OpenStreetMap contributors - ODbL）

▶図23　ヒースロー空港に到着するとサンタンデール・サイクルズのドックと車体が展示されていた。キャッチコピーは「あなたのロンドンを見つけよう」

都市戦略

健やかな発展のための全国的「アクティブ交通」推進

ロンドンの成長には自転車が不可欠

日常自転車文化の再興は、いうまでもなくロンドン全体をよりよい場所にするために進められているものだ。自転車は人の健康と体験を重視する「ヘルシー・ストリーツ」アプローチ［図24］に基づく長期交通戦略（〜2041年）、および空間計画「ロンドン・プラン」（最新版は2021年に策定）の根本要素のひとつである。2018年の「自転車アクションプラン」は、次のような自転車利用増加の社会的メリットを示している(6)。

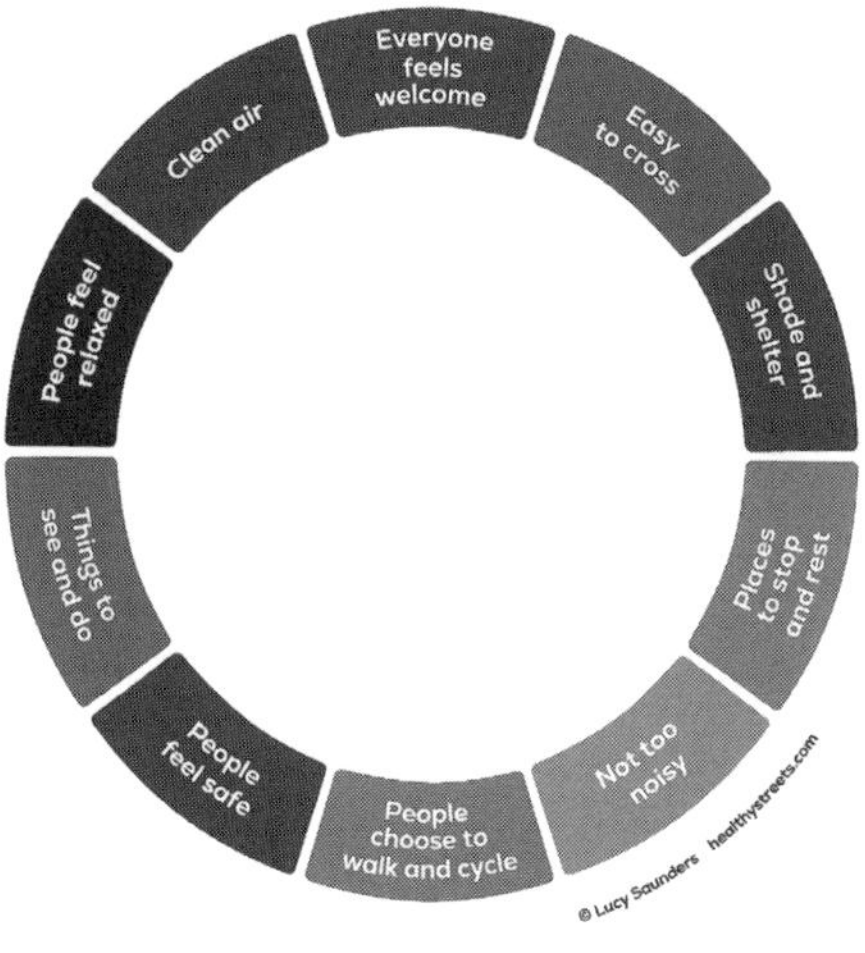

▲図24　「ヘルシー・ストリーツ」アプローチの10の指標＝「誰もが歓迎されていると感じられる」「横断が容易」「陽射しや風雨からの保護」「止まったり休んだりできる場所がある」「騒音が抑えられている」「徒歩や自転車での移動が多くの人に選ばれている」「安全だと感じられる」「見るもの、することがある」「リラックスできる」「空気が綺麗」
（© Lucy Saunders / Healthy Streets）

・**アクティブでインクルーシブな交通**　生活習慣に運動を組み込むには徒歩や自転車での移動が最適。これらが選ばれるようにすれば、ロンドンの健康度の大幅な向上が期待できる。

・**ビジョン・ゼロに基づく安全な道**　自転車利用の最大の壁となっている安全面の懸念を解消するために、市はビジョン・ゼロ（交通死亡重傷ゼロ）アプローチを採用している。これは誰もが安心して移動できる道の実現に貢献する。

・**街路空間の有効利用**　ロンドンの渋滞は、放っておけば2030年には年間93億ポンドの経済損失を生むと推算されている。渋滞の削減には、輸送効率の高い移動手段である自転車が極めて重要な役割を果たす。

・**空気などの環境の改善**　排気ガスや騒音の元である車からクリーンな移動手段である自転車へのシフトが進めば、人の健康を害し年間14～37億ポンドの経済損失を生じさせていると推算される大気汚染の低減に繋がる。

・**公共交通もより快適に**　自転車へのモビリティシフトは公共交通の混雑を和らげ、車を減らすことでバスの遅延防止にもなる。自転車の利用が容易になれば公共交通にアクセスできる人も増える。

・**成長し続けるロンドンのため**　ロンドンでは2041年までに200万の人口増が見込まれている。この成長があらゆる人にプラスに働くようにするためにも、自転車という移動手段は有用である。

・**みんなのための商業と文化の発展**　徒歩や自転車での移動に適した場所には人が集まり、客だけでなく働き手も惹きつける。

グリーン・リカバリーのための「ストリートスペース」

ロンドンの交通と街路の大幅な変革は私が訪ねた2017年よりも後に結実し始め、新型コロナウイルスの流行がそれをいっそう加速させた［図25］。市は2020年5月、ロックダウン緩和後の公共交通のキャパシティが以前の20%程度に落ちることを想定し、車の多用による渋滞、大気汚染、道路の危険性の増加を抑制するため、仮設的な材料で道路空間を再構成し徒歩や自転車による移動を促す緊急施策「ストリートスペース」を打ち出した。市内のあちこちで、簡易構造物の活用によって新たな歩道や自転車道が誕生し［図26］、車での通り抜けに制約を課す低交通ゾーン（Low Traffic Neighbourhood）や通学路（スクール・ストリート）も数多く形成されている。レイルトン地区の低交通ゾーン［図27］では、導入3カ月で子どもや荷物を伴う自転車利用が450%増、通りによっては自転車利用者が全体で131%増、女性は180%増といった成果がみられた。ロンドンのストリートスペースは、パリのコロナ自転車道などとともに「タクティカル・アーバニズム」の一例にも数えられるものだ。

時速30㎞規制と超低排出ゾーンの拡大

人と環境のための既存の取組みも、コロナ禍のさなかで着々と進められてきた。ビジョン・ゼロ政策の一環として2020年に始まった速度上限の時速20マイル（≒時速30㎞）への引き下げは、適用された道路の総延長が2021年8月には80㎞を超えた。渋滞課金の対象と同じ市内中心部で2019年にスタートした「超低排出ゾーン」規制は2021年10月に18倍のサイズに拡大（2023年8月からは市内全区が対象に）、カーゴバイクによる物流［図28］も種々の補助金に支えられながらどんどん伸びている。

▶**図25**　列をなして自転車道を利用するロンドンの人々。普通の街着の人の多さが、日常自転車文化復活の兆しを感じさせる
（2021年4月｜© Geoff Henson）

▶**図26**　ペイントのみの自転車専用レーンが拡幅され、ポールによる分離で簡易自転車道に（ピムリコ地区、2020年6月｜© Colin Wing / Westminster Cycling Campaign）

▶**図27**　レイルトン地区の低交通ゾーンの一角。プランターと標識により車とオートバイがフィルタリングされている（違反を監視するカメラも設置）。道路は封鎖されているのではなく、徒歩、キックスクーター、車椅子、自転車で移動する人に「開かれている」
（© Lambeth Cyclists）

◀図28　カーゴバイクで貨物と人の輸送を行うロンドンのPedal Me社による引っ越し風景。同社では自他の安全を脅かす運転を抑制するため、従業員のヘルメット着用を禁止している
(© Pedal Me, London)

項目	旧	新
序文 (および改訂版の項目「H1」)	衝突時の受傷リスクが最も大きい道路利用者（徒歩、自転車、馬、二輪車で移動する人）を序文で示しつつも、**加害力による責任の重みづけなし。**	衝突時の受傷リスクが最も大きい道路利用者を最上位とする「道路利用者のヒエラルキー」の概念を導入。**加害力の大きい乗り物の運転者ほど、他に対する危害の予防・低減において大きな責任を負う。**
自転車での並進 (ルール66内)	3台以上での並進は決してすべきではない、**狭い道や交通量の多い道、またカーブでは縦1列で走るべき**、と記載。	他の道路利用者に配慮しつつ、**安全な状況ならば2台で並進してよい（グループの人数が多い場合や子どもや初心者が一緒の場合などは特に）**、と記載。後続ドライバーに対しても、**安全だと感じられるタイミングで道を譲るべき**、との記述となり、その方法も縦1列走行に限定されない。
追い越し・追い抜きの際の側方間隔 (ルール163内)	二輪車、自転車、馬に乗った人を追い越す・追い抜く際は**相手が車の時と同様の側方間隔の保持を**、と記載。	**自転車に乗った人に対しては自車の速度が50km/hまでなら側方間隔は最低1.5m**、といった具体的な推奨値が入り、その**間隔がとれない・安全でない場合は待つべき**、と記載。
ドアを開ける際の注意点 (ルール239内)	**ドアを開ける際には誰かにぶつからないようにしなければならない**、自転車利用者や他の交通の確認を、と記載。	確認方法の記述が目視およびミラーの使用という具体的なものに。**自然と後ろを振り返る動作になるよう、できればドアから遠い方の手で開けるべき**、との記述も加わった（いわゆる「ダッチ・リーチ」）。

▲**表2**　2022年1月に施行された改訂ハイウェイ・コードの変更点
(自転車利用との関連性および注目度が特に高い部分を抜粋・要約｜出典：Table of changes to The Highway Code) (7)

新たな自転車黄金期に向け国もギアチェンジ

徒歩や自転車による交通＝「アクティブ交通」の重視においては、イギリス政府の動きも新たな局面を迎えている。2020年5月、ジョンソン首相（当時）は議会で「自転車利用の新たな黄金期」に言及、ストリートスペースのような緊急の空間再配分がイングランド全域の法定指針となり、これと自転車の修理クーポン（ひとり50ポンドまで）に2億5000万ポンドが割り当てられた。政府は同年7月にオランダのCROWマニュアル（2章参照）などを参考にした新しい自転車インフラ設計ガイドとアクティブ交通推進のビジョン「ギアチェンジ」を発表、2025年までの関連予算は計20億ポンドに及ぶが、自転車利用を2013年の倍にするというかねてよりの目標の達成にはその3〜4倍が必要だったはずだ、との指摘もなされている。[8] この予算は2022年1月に発足した政府機関「アクティブ・トラベル・イングランド」が管理し、基準を満たす計画にのみ資金を提供、着手・完了が遅れた場合や品質が不十分だった場合には返還を求める（アクティブ交通のための道路管理者の評価、人員の訓練、設計・実装・市民参加の好事例の発信も行う）。同月にはイングランド、スコットランド、ウェールズの道路利用のルールや推奨事項を定めた「ハイウェイ・コード」の改訂も施行され、徒歩や自転車（および馬）で移動する人を保護・優先する性質が強まった［表2］。

脱・車依存の未来へと歩むイギリス各地の都市

「ギアチェンジ」が起きているのはもちろんロンドンだけではない。アクティブ・トラベル・イングランドの長官となった自転車ロードレースの英雄クリス・ボードマンが歩行・自転車担当長官と交通長官を歴任してきたグレーター・マンチェスター［図29］でも街路再編は既に進行しており、ニューキャッスルやケンブリッジ、

◀**図29**　自転車は特殊なもの、というイメージの払拭を狙ったグレーター・マンチェスターによるキャンペーンのポスター。「私はサイクリストではありません」とのキャッチコピーに「ただ節約したいだけ」「早いから使っているだけ」などの言葉が続く
(© Diva Creative Ltd)

エディンバラ、グラスゴー、カーディフといった都市でも計画・検討されている。イギリスで最も自転車が使われているケンブリッジでは２０２０年7月、自転車用の優先環道を備えたオランダ式ラウンダバウトが国内で初めて開通した。イギリス第二の都市バーミンガムは人を主役とした地域再生・活性化、機会創出、安全な道路の形成、２０３０年までのCO_2排出ゼロ化などを目的とする新しい交通計画を２０２１年に採択、市中心部の区域間の車移動にいったん外周道路を経由することが必須となる他、生活道路の時速20マイル（約時速30km）制限が標準化され、車偏重だった空間の再配分も行われる。

　こうした改革の波も、もちろん一朝一夕に新たな自転車黄金期をもたらしはしない。全交通中の自転車の割合は新型コロナウイルスのパンデミックが襲った２０２０年でもイングランドの全域で3%に過ぎず、ロンドンの数字もこれとほぼ同等だ（本章冒頭部参照）。地元団体によれば現在の市の自転車ネットワーク計画はまだ不十分で、真に自転車が使い易い環境への道のりは長い[9]。２０１９年に世界初の「国立公園都市」に指定され、翌２０２０年の再選を前に市長が２０３０年までのカーボンニュートラル化を宣言した首都は、そのビジョンを達成する鍵のひとつである自転車利用をどれだけ早く、どこまで育むことができるだろうか？

注

(1) Transport for London, "Travel in London, report 14," 2021, https://web.archive.org/web/20211215115502/https://content.tfl.gov.uk/travel-in-london-report-14.pdf, p. 70

(2) これを発端として、オランダのStop de Kindermoord（子ども殺しを止めろ）と重なるStop Killing Cyclists（自転車利用者を殺すのを止めろ）という運動体がスタートしている。

(3) iambrianjones, "Make the Lane - London - Penton St - Islington," *YouTube*, 2017-12-14, https://www.youtube.com/watch?v=vVvwUBe0yjg

(4) Transport for London, "Cycle parking implementation plan," 2019, https://web.archive.org/web/20190915114734/https://content.tfl.gov.uk/cycle-parking-implementation-plan.pdf

(5) Cycle Parking Implementation Planは交通ハブ、商業地区、住宅地、学校、職場、地域の各種施設、という6のターゲット領域を定め、それぞれの特性に合わせた駐輪環境整備のアプローチを示している。

(6) Transport for London, "Cycling action plan," 2018, https://web.archive.org/web/20230705171935/https://www.london.gov.uk/sites/default/files/tr_19_cycling-action-plan.pdf, pp. 8-15

(7) Department for Transport, "Table of changes to The Highway Code," 2021, https://web.archive.org/web/20211201172828/https://assets.publishing.service.gov.uk/government/uploads/system/uploads/attachment_data/file/1037306/table-of-change-to-the-highway-code.pdf

(8) House of Commons Transport Committee, "Oral evidence: Reforming public transport after the pandemic, HC 676," *UK Parliament*, 2021-03-10, https://web.archive.org/web/20210725231322/https://committees.parliament.uk/oralevidence/1855/html/

(9) London Cycling Campaign, "Where are all the Cycleways?," *London Cycling Campaign*, 2021-11-12, https://web.archive.org/web/20211112193244/https://lcc.org.uk/news/where-are-all-the-cycleways/

5章

PARIS, FRANCE

パリ 自転車メトロポリスを現実にする市長のリーダーシップ

小畑和香子

ニーズ

自由が乱れ咲く都の交通空間格差

自転車に宿る街路の自由と平等

「光の都」のリベルテ（自由）は、どこへ向かっているのか。コロナ禍のさなかの2021年冬、「ヴェロ」（自転車）と「リベルテ」を掛け合わせた名前のシェアサイクル「ヴェリブ」［図1］に乗り、ヨーロッパでも特に早いペースで街路改革が進んでいるというパリを巡った。

▶**図1**　ヴェリブで走るパリ市民（© jmdigne）

そもそもパリは私にとって居心地のいい街ではなかった。老舗ティールームでひどく甘いモンブランと格闘しながら外のリヴォリ通りを眺めた2011年の夏、目に映るきらめきの源がほとんど原発であることを思い、いっそう気分が悪くなったのを今も覚えている。店を出るなり、ヴェリブを借りて光の街を走った。Le vélo accessible à tout le monde（誰にでも使える自転車）[1]。欲望の追求とは別の「自由」の象徴だ。その存在が示すのはリベルテでありエガリテ（平等）でもある。

パリへはあれから二度ほど足を運んでいたが、今回10年ぶりにヴェリブに跨がることになった。

徒歩とメトロで動くパリが抱える不均衡

パリの人々はよく歩く。2010年のデータでは、交通手段の49%が徒歩だった［**図2**］。二番手の公共交通が34%だから、これらでほとんどの移動がカバーされていることになる。三番手の自動車は、タクシーと二輪を入れても10%台半ばとかなり少ない。この数字だけを見ると良好な交通環境が形成されているように思えるかもしれないが、実際のところはそう簡単ではない。

メトロ（地下鉄）は迅速で運行本数も多いものの、利用者増に伴う混雑［図3］とスリ被害が問題になっていた。一方で政府公認の「宮殿」級ホテル（5つ星のさらに上）の前には運転手付きの車や高級タクシーが並び、全般的な道路の割り当てでも、長らく続いた自動車優遇が尾を引いている［図4］。

世界中の持てる者が高級ブランド品や美食を目当てに集まる街は、グローバルな格差の闇を公共空間に噴出させる。自転車は、その場ではどうすることもできないこの現実をすり抜けて進むための乗り物でもあり、気候危機を加速させる強欲からの脱却のシンボルでもある［図5］。そして2020年、それは感染症の脅威を避けて移動するための有力な手段となった。

パンデミックが押し上げた自転車利用

パンデミックの襲来は、それ以前から見え始めていた自転車の街の姿をぐっと鮮明にした［図6〜11］。ツール・ド・フランスに代表されるスポーツサイクリングの伝統だけでは日常自転車の文化を生み出せないことは歴史が示していて、パリの人々が移動に自転車を使う割合は、2007年のヴェリブ導入で大きく底上げされても、2010年の時点ではたった3％だった。それからアンヌ・イダルゴ市長のプラン・ヴェロ（2015年〜）が進み、交通ストと新型コロナウイルス状況への突入を経て、自転車利用は7％まで伸びている。街角では幅に余裕のある自転車道が珍しくなくなったし、保護者と並んでペダルを漕ぐ子どもの姿も見かけるようになった。特に目についたのはカーゴバイクで、業務用だけでなく個人での利用も増えているようだった。

▲図3　混み合ったメトロの車内
(2019年｜© Cheng-en Cheng)

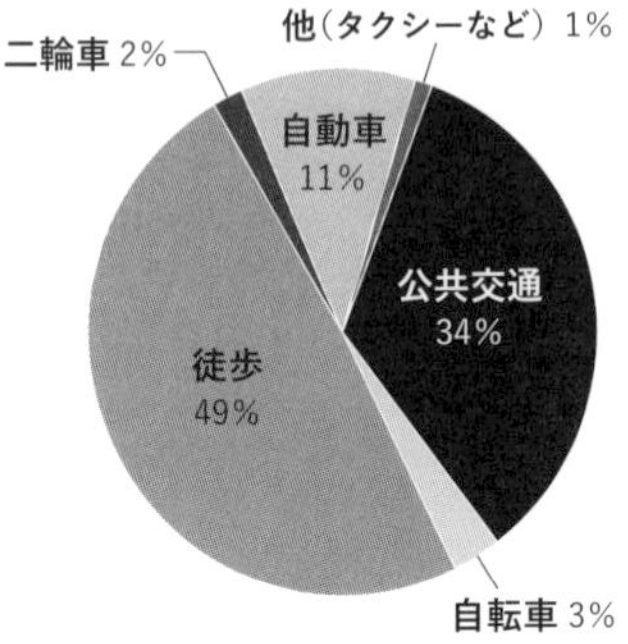

▲図2　パリの交通手段の内訳
(2010年｜データ出典：Le bilan des déplacements en 2014 à Paris)(2)

▲図4　パリの街路の空間配分の一例(モンパルナス地区、2014年頃)。大部分が車での移動に使われるスペース(赤)になっている
("The Arrogance of Space"｜© Mikael Colville-Andersen)

◀図5　2015年12月、COP21閉幕に合わせ気候正義を訴え行進する人々(© John Englart)

▲**図7**　日本のママチャリとそう変わらない電動アシスト自転車で信号待ち中のパリの人々

▲**図6**　あちらもこちらも、私自身もヴェリブで街を駆ける

▲**図9**　子どもの座席を装着した電動アシスト付きの「ロングテール」型カーゴバイク

▲**図8**　家族で一緒に自転車移動
(© Jean-Louis Zimmermann)

▲**図11**　パリのブックオフ（リンゴン・ブックスが運営）はカーゴバイクによる出張買取サービスを展開している

▲**図10**　低排出輸送を専門とするFludis社のカーゴバイクCyclofret。公式サイトによると、電動アシスト付きでコンテナ容量は1.7㎥、最大積載量は250kg

デザイン

強きを抑え平等をもたらす街路再編の本気度

優しいモビリティ重視で空間をアップデート

チャンスがあれば先に進もうとするのが恐らく人間の本能とはいえ、ルールからの逸脱が普通とみえるパリの人々のふるまいは、ドイツ住民の私を当惑させる。あちらからすればその反対らしく、私が赤信号で停止しているだけで、他の自転車利用者はうろたえ、横断歩道を渡るご婦人たちはこちらを向いて「メルシー」と言う。突破できない信号交差点では、徒歩でも自転車でも車でも、みな可能な限り前に出て時を待つ。そんなパリで、強い乗り物を駆る者が周囲を押しのける野蛮を抑止するために、空間デザインが果たす役割は大きい。

パリでは2021年8月、徒歩や自転車、公共交通といった「人と環境に優しいモビリティ」を重視する政策により一部の幹線道路を除く市内全域が時速30km制限の対象となったが、これは既に6割の道路に適用されていたもので、合わせて車線の削減や歩行空間化なども進んでいる[図12・13]。

構造物による分離が自転車ネットワークの背骨に

自転車走行空間にフォーカスしてみると、今回ヴェリブで合計7時間ほど街を巡った感じでは、構造物によ

▲**図12**　バスティーユ広場では車道が40％削減され、人が集うことのできる本来の意味の広場と自転車道ができた（新型コロナウイルス流行で行動制限の敷かれていた2020年3月 |© A. G. Photographe）

▲**図13**　パンテオン広場の一角（2019年）。一帯では車の通行と駐車に割り当てられていた約4000㎡がベンチやウッドデッキの並ぶゾーンに転換され、残った車道部も20㎞/h制限、かつ歩く人が優先となっている（© Jeanne Menjoulet）

る分離と広幅員化が以前より進み、車の流れとの近さに緊張することが少なくなった［図14〜16］。

自転車でパリの大通りを走るといえばバスとの共用レーン、という私の認識も変わった。セーヌ川左岸の道路では、この形態だったところが対面通行の自転車道になり、車道との間に島式バス停がつくられていた［図17］。車体の電動化も進むパリのバス網はメトロほど単純明快ではないにせよ充実しており、観光客の割合も少ない地元民の足だ。そのルートと立派な自転車道を併存させる整備には、公平な空間再配分に対する本気が読み取れる。パリが8位にランクインした２０１９年のコペンハーゲナイズ・インデックス（1章参照）でも、自転車走行空間として共用レーンばかりを使う手法からの脱却が評価されている。

ネットワークの連続性という観点では、路面の自転車マークが途絶えることはなかったものの、車との分離の不足を感じるところや［図18］、繋げ方が大雑把で少し戸惑うところもあった。このあたりも次第にアップデートされていくはずだ。

ネットワークの密度を上げる、一方通行の「自転車を除く」化

パリの自転車ネットワーク整備のもうひとつの柱は、市内の速度上限の時速30km化とセットになった、一方通行の「自転車を除く」化だ。これが実装された道の総延長は４００kmを超え、市の分類では量的にトップを占める自転車走行空間ということになる。同様の除外措置が珍しくない日本で暮らす方にはピンとこないかもしれないが、経路の選択肢が増えれば、ネットワークはその分だけ高密度になるのだ。逆向き通行が違反にならないだけでなく、路面にマークや線がペイントされていて、どのあたりを走ればよいか分かるのも嬉しい［図19］。

◀**図14**　広々とした対面通行の自転車道と通行台数カウンター

▲**図16**　赤信号でも自転車では（青側の人に道を譲った上で）直進／右折可、の標識をあちこちで見かけた。ここは直進可

▲**図15**　道路中央に歩行空間と自転車走行空間が設けられたフランス通り。車道との間の施設帯に駐輪ラックがあるので、自転車で来た場合の沿道へのアクセスもそれなりに良い

▲**図18**　二重駐車で塞がれがちでドア開け事故のリスクも高い旧型の自転車レーン

▲**図17**　セーヌ川の脇の対面通行自転車道と島式バス停

▲**図19**　車道部の一方通行規定から自転車が除外されている道の例。逆向きに移動する自転車利用者のために路面にマーキングが施されている。これと対面する形で路上駐車枠が配置されているので、急なドア開けに遭う恐れも少ない（© Jean-Louis Zimmermann）

▲**図20**　バスティーユ広場とコンコルド広場を東西に結ぶリヴォリ通り。常設の自転車道（左）に「コロナ自転車道」（中央）が追加された

「コロナ自転車道」52㎞とリヴォリの大変身

パリの街路の変化はパンデミックでさらに加速した。樹脂製の車止めを配置するなどの簡易的手法で2020年5月から計52㎞が仮設された「コロナ自転車道」は、後に恒久的整備へと引き継がれている。世界のあちこちの都市に出現した「ポップアップ自転車道」のリストに連なるこのインフラは、長期的変革を加速させる実験的アクション「タクティカル・アーバニズム」の好例ともみなされる。

ルーブル美術館や「宮殿」級ホテル、あのモンブランのティーハウスなどが並ぶリヴォリ通りは、先につくられた自転車道に「コロナ自転車道」が加わり、圧巻の自転車大動脈となっていた［**図20**］。車道は自家用車での通行が制限された1車線のみで（一部に駐車帯あり）、他は歩道を除いて全て自転車走行空間なのである。大勢の人々が自転車で行き交うリヴォリの様子は、光の都の今としてメディアを賑わせた。突然の危機に応じた「平等」の具現化が、パリの新たな顔となったのだ［**図21・22**］。

▲図21　リヴォリ通りで自転車に跨がり信号待ちする人々（2020年6月）。大きな前カゴが特徴的なヴェリブの多さにも注目（© Jacques Paquier）

▲図22　リヴォリ通りにできた、「自転車に乗っています」という名の都会的な自転車用品店

市民がDIYしてみせる「ヴェロポリタン」の地図と案内標示

　タクティカル・アーバニズムの代名詞であるDIY的な行為は、街の人々によっても実践されている。2つの民間グループ、Paris en Selle（サドルの上のパリ）とMieux se Déplacer à Bicyclette（自転車でよりよい交通を）は「メトロポリタン」と「ヴェロ」（自転車）をかけた「ヴェロポリタン」ネットワークを構想、誰もがよく知るメトロの路線図を真似た計画案マップを作成した［図23］。2020年6月には、自転車幹線として実際に機能している2ルートに自ら案内標示を設置［図24］。どこを通るルートかその場で分かれば認知度も上がるし新たな自転車利用者も安心、にもかかわらず市がモタモタしていたため、自分たちで行動を起こしたそうだ[3]。

　2020年6月といえばイダルゴ市長の再任が確定した時期だが、1月に出馬を表明した同氏は選挙キャンペーン中に既にヴェロポリタンのコンセプトを取り入れており、2021年10月に発表された新しいプラン・

ヴェロ（2021年〜2026年）にもこれが組み込まれている［図25］。市民とリーダーのダイナミックなキャッチボールが街路を変えていくパリなのであった。

駐輪スペースも増えたものの防犯面が課題

走行空間の改善を急ピッチで進めるパリ市は駐輪スペースの増設にも力を入れ、プラス1万台分というプラン・ヴェロ2015〜2020の目標をいち早く達成した。だがこれで十分というわけではない。路上の駐輪スタンド［図26］が合計およそ6万基ある一方、ゲートやカメラなどの防犯機能を備えた施設は公営・民営を合わせて数千台分で（375台を収容するモンパルナス駅の駐輪場が今のところ最大のようだ）、自転車に乗らない人の81％が主な理由として盗難の恐れを挙げている。

手軽に自転車に乗れるシステムの発展

車に脅かされない道のネットワークが次第に充実し、自転車での移動の魅力が高まっても、盗難リスクをはじめとする車体の維持管理のハードルは人に二の足を踏ませる。このハードルを下げ交通の自由と平等を向上させるために、ヴェリブのようなシステムが重要な役割を果たすのだ。

今回10年ぶりに乗ったヴェリブは、いっそう使い易く進化していた。一連の手続きはアプリ操作とメール通知で完了し、ユーザーが車体のコンディションを評価できる仕組みのおかげで、自分が借りる際にハズレを引く心配も減った。返却したいステーションの空き具合もアプリ上で確かめられる。前市長の下、車による渋滞、大気汚染、騒音公害を抑制し公共空間を再生する方策のひとつとして2007年に1万台超／750カ所から

▲図24　DIY案内表示。V1はヴェロポリタンネットワークの1番線を意味する

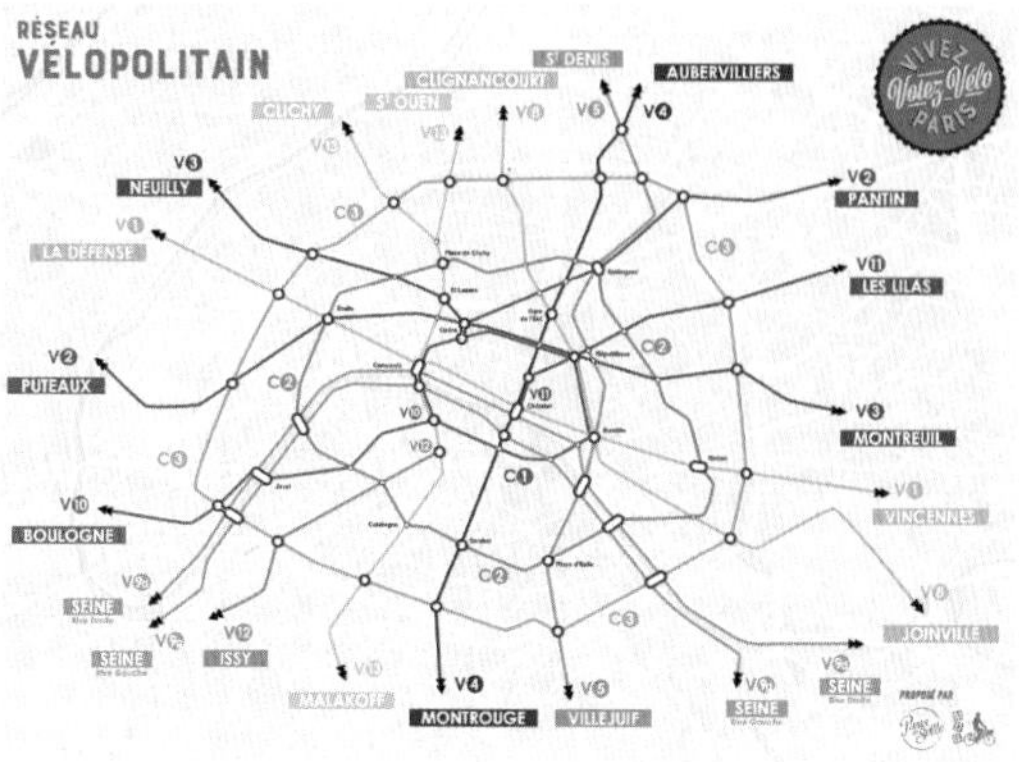

▲図23　ヴェロポリタンネットワークの計画案マップ。メトロ網の地上版というコンセプトだ
(© Paris en Selle / Mieux se Déplacer à Bicyclette)

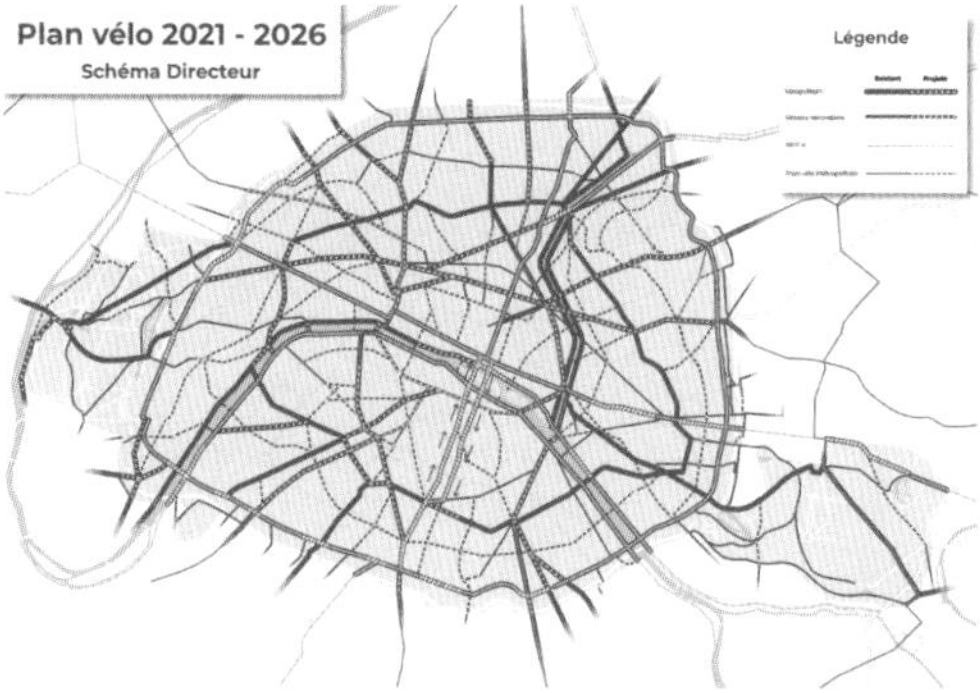

◀図25　Plan Vélo 2021 - 2026の自転車ネットワーク計画マップ。基幹ネットワークにヴェロポリタンの名が使われている
(出典：Plan Vélo 2021 - 2026 | © Ville de Paris)

▶図26　分散型の駐輪スペースは周辺の店舗での買い物などには便利。交差点付近の路上駐車枠の代わりに設置すれば、死角が生じにくくなり道の安全性もアップする

▲**図28**　東駅の正面に設置されたヴェリブのステーション

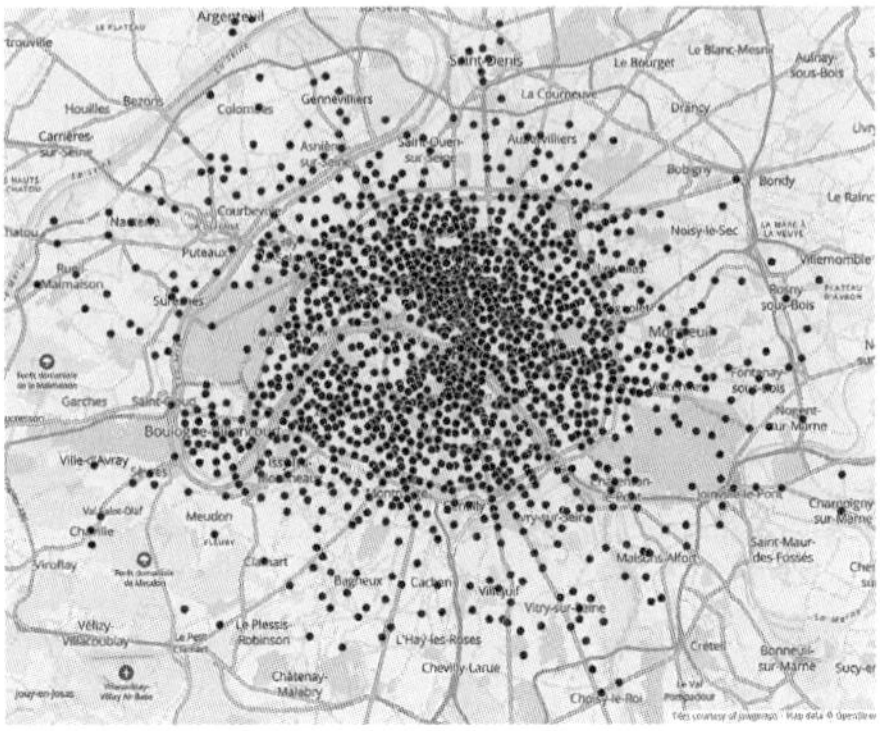

▲**図27**　2022年2月9日現在のヴェリブのステーション分布
（地点データ出典：Vélib - Vélos et bornes - Disponibilité temps réel - Paris Data - ODbL｜マップタイル © jawgmaps マップデータ © OpenStreetMap contributors - ODbL）

始動したシステムは、約2万台／1400カ所（約300mに1カ所）に拡大［**図27・28**］、2020年の定期契約者は40万人に達している。

自転車を身近なものにしてくれるサービスはヴェリブだけではない。ステーションを必要としないドックレス方式のシェアサイクルも見かけたし、オランダ発の自転車サブスクリプションSwapfietsもパリに進出している。2019年9月にはパリを擁するイル・ド・フランス都市圏の交通連合が電動アシスト自転車を月40ユーロで6〜9カ月レンタルできる体験システムVéligo Locationを圏内の住民を対象にスタート、当初の1万台の枠が埋まったことを受けて車体を追加し、家族向けのカーゴバイク（月80ユーロで1〜3カ月の貸し出し）の提供も始めている（いずれも条件によっては半額から利用可能で、メンテナンス費用も含まれる）。

都市戦略

コンパクトでみなにやさしい光の街のビジョン

どこでも自転車で快適に走れる都市へ

２０２１年10月、パリ市は「１００％自転車で走れる都市」を掲げたプラン・ヴェロ２０２１〜２０２６を発表した［表1］。２０１５〜２０２０年の計画を継承し、走行空間と駐輪場のさらなる整備、カーゴバイクへの対応強化、乗り方を習う機会の拡大などにより、自転車で快適に移動できないところがない街を目指す。

自転車を使い易くするパリの施策は、より広範な社会的課題とも結びついている。２０１５年に低排出ゾーンを導入した市はオリンピックのある２０２４年にディーゼル車ゼロ、２０３０年には化石燃料車ゼロを達成すべく規制の段階的な厳格化を進めており(4)、大気汚染低減のために立ち上げられたクリーン・モビリティ補助金制度［表2］は乗り換え先の筆頭として自転車を示している。これらは気候危機対策でもあり、２０２１年7月には気候・レジリエンス法に関連する国の補助金制度でも自転車への割り当てが追加され、２０２２年8月にさらに拡大された［表3］。政府はコロナ禍が襲った２０２０年にも最大50ユーロ／人の自転車修理費用補助を実施。２０２２年3月からは車の広告に徒歩や自転車、公共交通などへの誘導メッセージを入れることが必須となった。

プラン・ヴェロ2015〜2020の実績（抜粋）

■総投資額

- インフラ整備に1億4600万ユーロ、自転車購入補助に1000万ユーロ超

■主なインフラ整備

- 自転車走行空間の総延長 1094km（2001年時点では200km）
- 基幹自転車道の東西線、南北線、セーヌ川沿い線開通
- 駐輪場の総収容台数 46292台に（2020年2月時点）

■成果

- 自転車利用が2019年〜2020年は47％増、2020年〜2021年は22％増
- リヴォリ通りの自転車（および電動キックボード）利用者数が最高25000人／日を記録
- 新しい自転車道では以前は少なかった女性や非管理職の自転車利用が増加
- 自転車利用の平均距離（時間）も増加

プラン・ヴェロ2021〜2026の計画内容（抜粋）

■総投資額

- インフラ整備を中心に、2億5000万ユーロ

■主なインフラ整備

- 180kmの保護型自転車走行空間（コロナ自転車道52kmの恒久化を含む）
- ヴェロポリタンとRERヴェロ（近郊鉄道RERの自転車版）を統合しイル・ド・フランス都市圏のネットワークを構築
- 一方通行道路の自転車双方向通行化（追加整備390km）
- 信号制御をバス、路面電車、自転車優先に
- オランダ式の保護型交差点のさらなる導入
- 計13万台分の駐輪場を新設
  - 鉄道駅に4万台分
  - カーゴバイク用1000台分
  - ボックス型などの定期利用タイプ1万台分
  - パリ市職員用1500台分
  - 一般利用される民間建物の新築・改築時に駐輪場設置を義務化

■各種ソフト施策

- 事故多発地点の特定
- 歩行者優先、自転車レーン上の駐車などの取締まり強化
- 自転車の乗り方プログラムを全小学校へ拡大、大人向け教室も開催
- 自転車の修理を学べるスペースを各区に開設
- クリーン・モビリティ補助金
- 自転車による物流の促進

▲表1　プラン・ヴェロ2015〜2020の実績と2021〜2026の計画内容（出典：Plan Vélo 2021-2026）(5)

■最大33％を補助	
・電動アシスト自転車の購入	400ユーロ
・後付け電動アシスト装置の購入	400ユーロ
・カーゴバイクの購入	
○個人	600ユーロ
○事業者	1200ユーロ
・自転車用トレーラーの購入	100ユーロ
・移動に困難のある人のための自転車の購入	900ユーロ
■最大50％を補助	
・防犯型駐輪場の年間契約（個人のみ）	100ユーロ
・集合住宅やオフィスの防犯型駐輪場整備	2000ユーロ
■最大100％を補助	
・アシストなし自転車の購入（個人のみ）	100ユーロ
・自転車の乗り方教室の受講（個人のみ）	60ユーロ

▲表2　パリ市のクリーン・モビリティ補助金の上限額一覧
（2023年7月現在の自転車関係を抜粋、各種条件省略｜出典：パリ市ウェブページ Les aides financières pour inciter à des mobilités propres）[6]

■購入費用の最大40％を補助	
・古い車・汚染物質排出量の多い車を廃車にした場合（低排出ゾーンに居住する個人には追加補助1000ユーロ）	
○電動アシスト自転車	1500または3000ユーロ
○カーゴバイク	1500または3000ユーロ
○移動に困難のある人のための自転車	1500または3000ユーロ
・上記以外の場合	
○アシストなし自転車	100ユーロ
○電動アシスト自転車	300または400ユーロ
○カーゴバイク	1000または2000ユーロ
○電動トレーラー	1000または2000ユーロ
○移動に困難のある人のための自転車	1000または2000ユーロ

▲表3　フランス政府の自転車補助金の上限額一覧
（収入などの各種条件省略｜出典：Plan Vélo & Marche 2023-2027）[7]

「徒歩15分の範囲で暮らせるパリ」という未来像

自転車や徒歩へのモビリティシフトは社会に多くのメリットをもたらすが、目的地が分散したままでは移動は楽にならず、個々人が暮らしの改善を実感することは難しい。この問題に切り込んでいるのが、2020年の再選に向けてアンヌ・イダルゴ市長が打ち出した「15分都市」構想だ［図29～32］。

パリが目指す「15分都市」とは、住む、働く、医療を受ける、生活必需品を入手する、学ぶ、スポーツや余暇を楽しむ、という6つの基本要素を徒歩15分、自転車なら5分の範囲内でカバーできるコンパクトな生活圏、その集合体としての、人中心で環境負荷も低いメトロポリスである。ポイントとなるのは単機能の施設や地区を離ればなれに配置する古い開発手法からの脱却で、ひと通りの生活基盤を備えた各コミュニティは、もちろん外部との交流に対しても開かれたものでなければならない。

「15分都市」は遠い幻などではなく、今まさに実現への取組みが進んでいる近未来のビジョンだ。誰もが談笑したり遊んだりできる街路を増やし、徒歩や自転車による移動の安全性を高めるため、パリは2024年（「カーボンニュートラル」を掲げたオリンピックの開催年）の初めには中心部の車での通り抜けを禁止する。市内の169カ所では既に車での学校周辺の通行が制限されており、2025年までには約14万台の路上駐車枠の半分がパブリックスペースに転換される。

人口およそ215万、観光客は年間990万人を超える（2019年）光の都は、「15分都市」への変貌を経て、2050年の完全カーボンニュートラル化を達成できるだろうか。この街が最小限の交通で、かつ幸福に循環している、そんな自由と平等と友愛の形を見てみたい。そしてフランス全土で、自転車がスポーツや趣味の道具としてだけでなく、当たり前の移動手段として定着する［表4］のを。

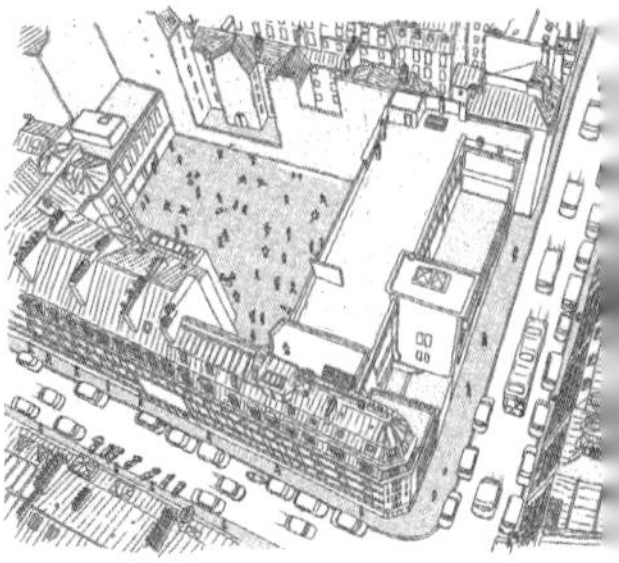

▲図29　現状の学校とその周辺の街路。単独の機能に閉じた施設の外も、主に車を通すか置いておくだけの空間になっている
(© Nicolas Bascop)

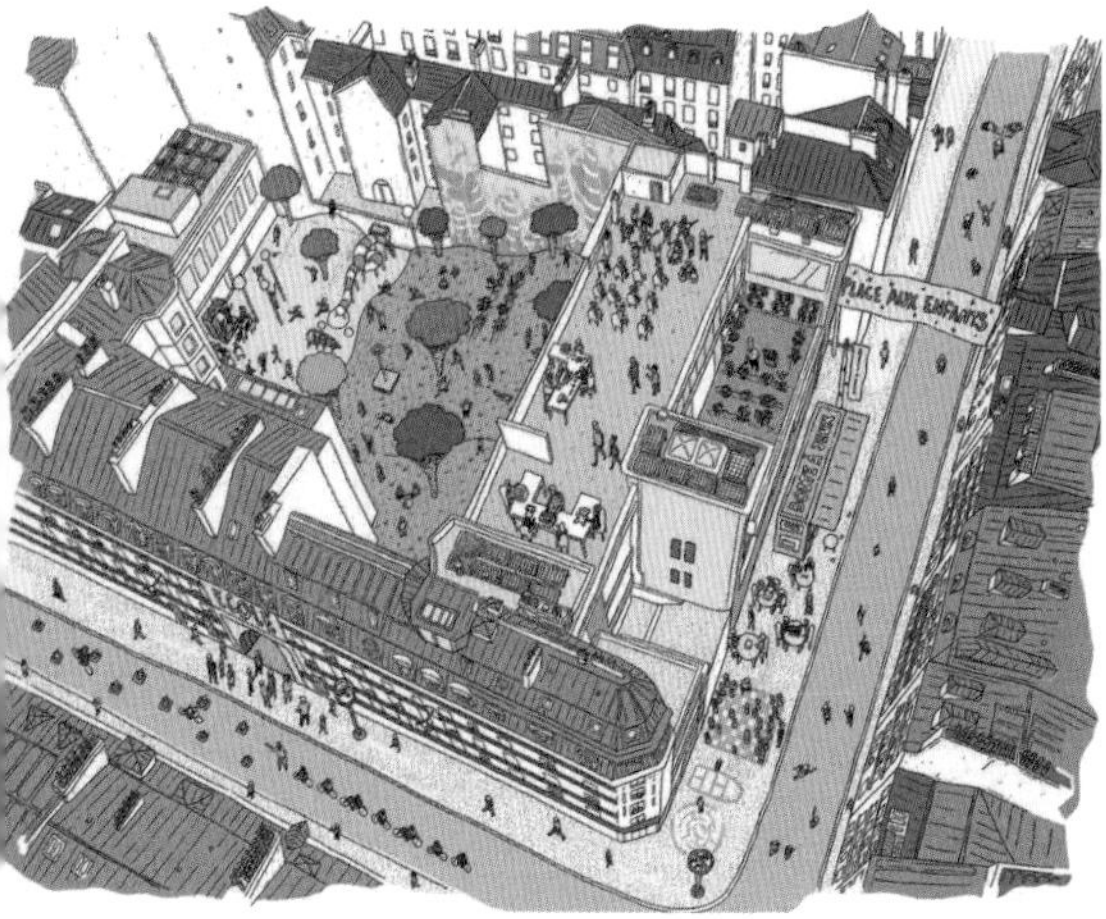

▲図30　近未来像（2024年）。学校は様々な活動に開かれた地域の中心施設となり、周辺の街路も生身の人が過ごすためのパブリックスペースに。車道だったところは遊び場や自転車教室として使われている（© Nicolas Bascop）

▲図31　現状のごく普通の街路。こちらもほぼ車のための空間だ
(© Nicolas Bascop)

▲図32　近未来像（2024年）。車道だったところは20km/h制限で徒歩の人が主役、その次が自転車に乗った人で、車でも通れるけれどあくまで訪問客という割り当てに。歩道との間のスペースはミニパークやテラス、自転車置き場などになっている
(© Nicolas Bascop)

■予算規模

- 20億ユーロ（＋地方自治体からも40億ユーロを見込む）

■目的

- 全地域、全年代の人が自転車を使えるように
- 徒歩と自転車（＋公共交通）を自家用車に代わる選択肢に
- 国内の自転車産業を振興

■主な施策

- インフラ整備
  - 2億5000万ユーロ／年を5年間投入
  - 保護型の走行空間を2027年までに8万km、2030年までに10万kmに
  - 駅の防犯型駐輪スペースを2027年までに9万台分に
- 購入補助（表3参照）
  - 5億ユーロを投入し2027年まで延長、中古自転車も対象に
- 産業振興
  - プロジェクト公募で自転車の国内生産回帰、イノベーション支援
  - 2027年までに140万台/年、2030年には200万台/年の国内生産へ
  - 中古再生自転車産業の振興
  - 自転車ツーリズム戦略の策定

▲表4　フランス政府の新しいアクティブ交通計画における自転車利用促進策
（出典：Plan Vélo & Marche 2023-2027）

注

（1）Vélib' Métropole, "A propos de Vélib'," *Vélib' Métropole*, https://web.archive.org/web/20230515210207/https://www.velib-metropole.fr/service

（2）Mairie de Paris, "Le bilan des déplacements en 2014 à Paris," https://web.archive.org/web/20160506020729/http://api-site.paris.fr/images/77965, p. 6

（3）Olivier Razemon, "Enfin des panneaux pour baliser les pistes cyclables temporaires!," *Le Monde.fr*, 2020-06-11, https://web.archive.org/web/20200612011357/https://www.lemonde.fr/blog/transports/2020/06/11/enfin-des-panneaux-pour-baliser-les-pistes-cyclables-temporaires/

（4）現在は周辺の自治体を含むMétropole du Grand Parisが所管。

（5）Ville de Paris, "Plan Vélo 2021-2026," 2021, https://web.archive.org/web/20211118163933/https://cdn.paris.fr/paris/2021/11/18/80f9fd1e6d5012e0a4a9820bd6adfd56.pdf

（6）Ville de Paris, "Les aides financières pour inciter à des mobilités propres," *Paris.fr*, 2023-07-03, https://web.archive.org/web/20230706181839/https://www.paris.fr/pages/lutte-contre-la-pollution-les-aides-a-la-mobilite-5373

（7）Gouvernement français, "Plan Vélo & Marche 2023-2027," 2023, https://web.archive.org/web/20230505221449/https://www.ecologie.gouv.fr/sites/default/files/23100_DP-Plan-velo-2023.pdf, p. 10

6章

GERMANY

ドイツ
車依存からの脱却を！市民が先導するモビリティシフト

小畑和香子

ニーズ

道と未来を車から取り戻す鍵としての自転車

自転車で政治的意思表示をするドイツの市民たち

ひとりの住民として最初に断っておくが、ドイツは自転車先進国ではない。「まるで１９６０年代のアメリカだ」。２０１９年、ケルンに招かれたコペンハーゲナイズの創始者（1章参照）は市内を自転車で走り、その街路デザインの前時代性をこう評した。(1) そこから脱しようと市民が全土で声を上げている、それが今のドイツの状況である。
1970年代のオランダは、こんな感じだったのかもしれない――2013年以来ここドイツで「クリティカルマス」［図1・2］をはじめとする数々の市民アクションに参加し、それらが引き寄せた変化を見てきた私はふとそう思う。途切れ途切れになっている自転車の走行空間をつなげ、交通シフト・モビリティシフトを実現しようと、結束し歩みを進める市民たち。まずはその姿をシェアしていきたい。

自転車による移動の素晴らしさを共有し道路における自転車利用者の存在を示す機会となるクリティカルマスは、1992年にサンフランシスコで始まった。ドイツではおよそ200のまちに広まっており(2)、特定の主催者を持たないこの即興ライドは月に一度、各地で自然発生的に行われる。

近年は子どもの自転車走行環境に焦点を合わせた「キディカルマス」［図3・4］を開催するまちも

▲図1　クリティカルマスは速く走ることを目的とせず、あらゆる人に開かれている。気軽に合流でき、いつ抜けてもOK。同じ問題意識を持つ人々が出会う場でもあり、交通の中に身を置きながらの語らいが、自転車での移動を安全・快適にするアイデアを生む。ベルリンやハンブルクでは数千人規模の集団になることも（2017年5月ベルリン）

- 道路交通法の刷新
  - 子どもの保護を中心に据え、ビジョン・ゼロつまり交通における死亡重傷ゼロを目指す
  - 通学や友人宅の訪問、スポーツクラブや児童公園への外出の際、子どもが保護者に付き添われなくても安全に移動できるようにする
- 次のような子どもと自転車にやさしい道づくりを個々の危険箇所だけでなく都市全域で実施する権限を自治体に与えること
  - 主要な道路には構造物で保護されているか完全に独立した幅広の自転車道を整備し、交差点も保護型に（オランダを手本に）
  - 市街地の幹線道路の制限速度を30km/hに
  - 通学路・通学ゾーンを時間帯により自動車通行止めに
  - 個々の道路やゾーン全体に自転車優先指定を行い、安全な通学路ネットワークの基礎に
  - 住宅街に車で通過できない道を（バルセロナのスーパーブロックやベルリンのキーツブロックを手本に）
- 交通大臣は道路交通法の改革を直ちにスタートし、2023年中の施策の実装を確実にするため早期に各州との対話を開始すること

▲図3　交通大臣宛てのキディカルマスの要望
（2022年｜出典：Forderungen des Kidical Mass Aktionsbundnisses）(3)

▲図2　"Wir sind Verkehr" = "We are traffic"、自転車利用者も「交通」なのだという世界共通の定番スローガンが入ったフライヤー。街角にはいたるところに集合場所の書かれたステッカーが貼られる。毎週金曜日に異なるまちでクリティカルマスがあるノルトライン＝ヴェストファーレン州（以下NRW州）では参加者の行き来も盛んだ

▲図4　オッフェンバッハのキディカルマスには毎回およそ300名が参加。いつもとは異なる道路の使い方を体験し、それが日常になる未来を想像できる機会だ（© Anne-Maria Lais）

増えた。子どもが主役のこの自転車パレードは2008年に米オレゴン州で始まったもので、ドイツではデモとして申請し[4]、警察のエスコートを伴って行われるのが一般的である。2020年には全国同時キディカルマスが実施され、2022年5月には内外200都市で合計4万人が参加、国際的な連帯アクションに発展している。

自転車デモの類は他にも、世界最大の自転車利用者団体ADFC（全ドイツ自転車クラブ）の各支部が主催するもの、アウトバーン建設に反対するもの、各地のフライデーズ・フォー・フューチャー[5]が行う気候ストライキ、車との衝突による犠牲者を追悼するライド・オブ・サイレンス（黙祷ライド）［図5］など多岐にわたる。ドイツで自転車に乗ることは、政治的な意思表示の手段でもあるのだ。

根本的な課題は車社会からの脱却

「多くの人は、車が好きだからではなく、他に手段がないゆえに車で移動している」[6]。モビリティ専門家カティヤ・ディールは、自身が行った調査を元にこう述べ、「全ての人にマイカーなしで暮らす権利が保障されるべきだ」と説く[7]。長年の優遇政策がもたらした車依存からの脱却、インクルーシブで気候正義的な交通シフトは、ドイツ社会の根本的課題であり、それが市民を突き動かしている［図6］。

ドイツでは41秒にひとりの赤ん坊が誕生するかたわら、11秒に1台の車が登録されている。車は1日平均23時間はどこかに置かれた状態にあるが、平均的な子ども部屋に相当する公道上のスペースをタダ同然で与えられた「置物」は［図7・8］、どんどん巨大化してしばしばその路上駐車枠からはみ出している。

サイズが増しても車の乗員数は平均で約1.5人に過ぎず、車内の私的空間の余剰拡大は、他の人々が使う

▲**図5**　2017年5月、ADFCケルン支部主催のライド・オブ・サイレンスでは3つの現場に犠牲者を悼む「ゴーストバイク」を設置。この黙祷ライドでは参加者に白い服の着用が呼びかけられることが多い
(© ADFC Köln/Paul Hense)

▲**図6**　国際モーターショーに反対して行われたデモには2万5000人が参加。逆さまになった車型の風船に書かれた言葉は「交通シフトを今！」(2019年9月フランクフルト)

道路空間の縮小を招く。2020年からは市街地で自転車利用者を追い越す（または追い抜く）際に1・5m以上の側方間隔を取ることがドライバーに義務づけられたが、実際には守られていない［図9・10］。そして車の大型化は、いうまでもなくその殺傷力をより深刻なものにする［図11］。

車依存はまた大気汚染や騒音公害を生み、破滅的気候の訪れを加速させる。ドイツの住民ひとり当たりの温室効果ガス排出量は世界平均の2倍以上と気候危機への荷担度が高く、交通部門（全体の19％を占める）は1990年から2018年までほぼ削減率プラスマイナスゼロで［図12］、その96％が乗用車とトラックに由来する。EUの排ガス規制を遅らせてきたメルケル政権の16年でドイツではSUVが最も売れた車種となり、900万台が新たに路上に放たれている。

自転車環境改善を手繰り寄せる直接民主主義的アプローチ

ドイツの年間平均労働時間は日本より354時間も短く、勤労・家事・余暇以外の時間を社会問題の改善に使うことはごく一般的だ。アウトバーン増設などのための森林伐採や

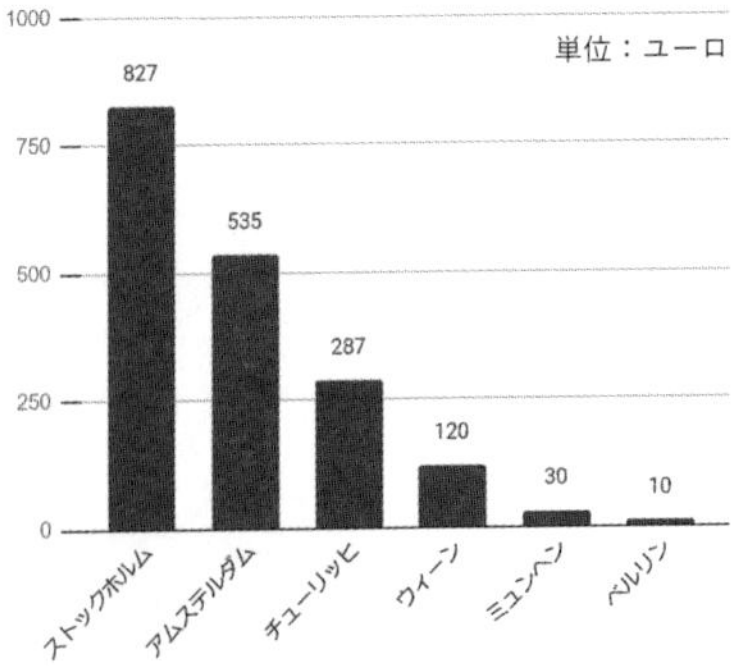

▲**図8**　住居近隣の公道上への駐車許可証にかかる年間費用
(2019・2020年｜データ出典：rbb24. de)(8)

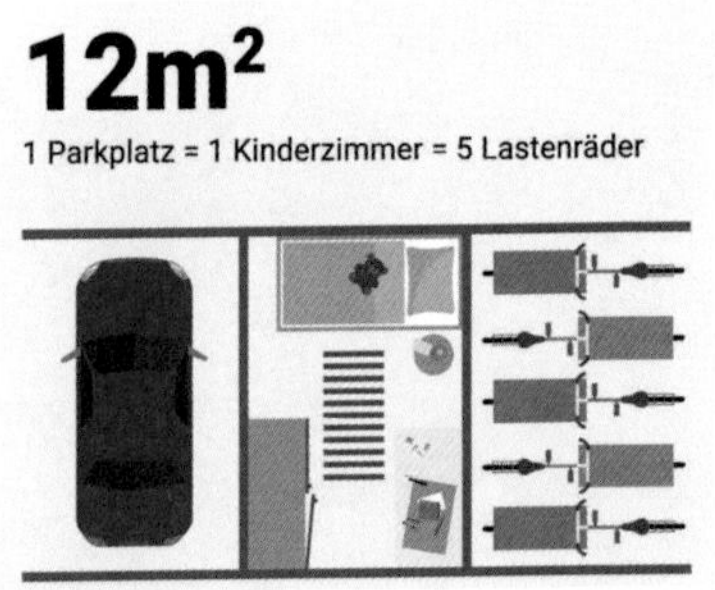

▲**図7**　気候・安全・健康の観点から交通シフトを求める環境団体VCDは、「路上を駐車スペースではなくリビングルームに」と題したキャンペーンで空間の使い方を問いかけている。車1台の駐車スペース＝12㎡は子ども部屋1室に相当し、駐輪場として使えば5台のカーゴバイクを置くことができる（© VCD e. V.）

◀**図9**　「交通安全の日」に各地のADFCの支部はプールスティックを用いて安全な側方間隔を喚起するアクションを実施
(© ADFC/Deckbar)

▲**図11**　600馬力のSUVが激突したフランクフルト市内のアパートの柱。2名の命が奪われたこの事故の直後、沿道住民らは30km/h制限の導入を求めるオンライン請願を開始した

▼**図10**　市民が自作した側方間隔測定装置。追い越された際にハンドル横のボタンを押すと場所と日時と側方間隔がウェブ地図上にプロットされ、実情を示すデータが蓄積されていく
(© mjaschy/openbikesensor. org)

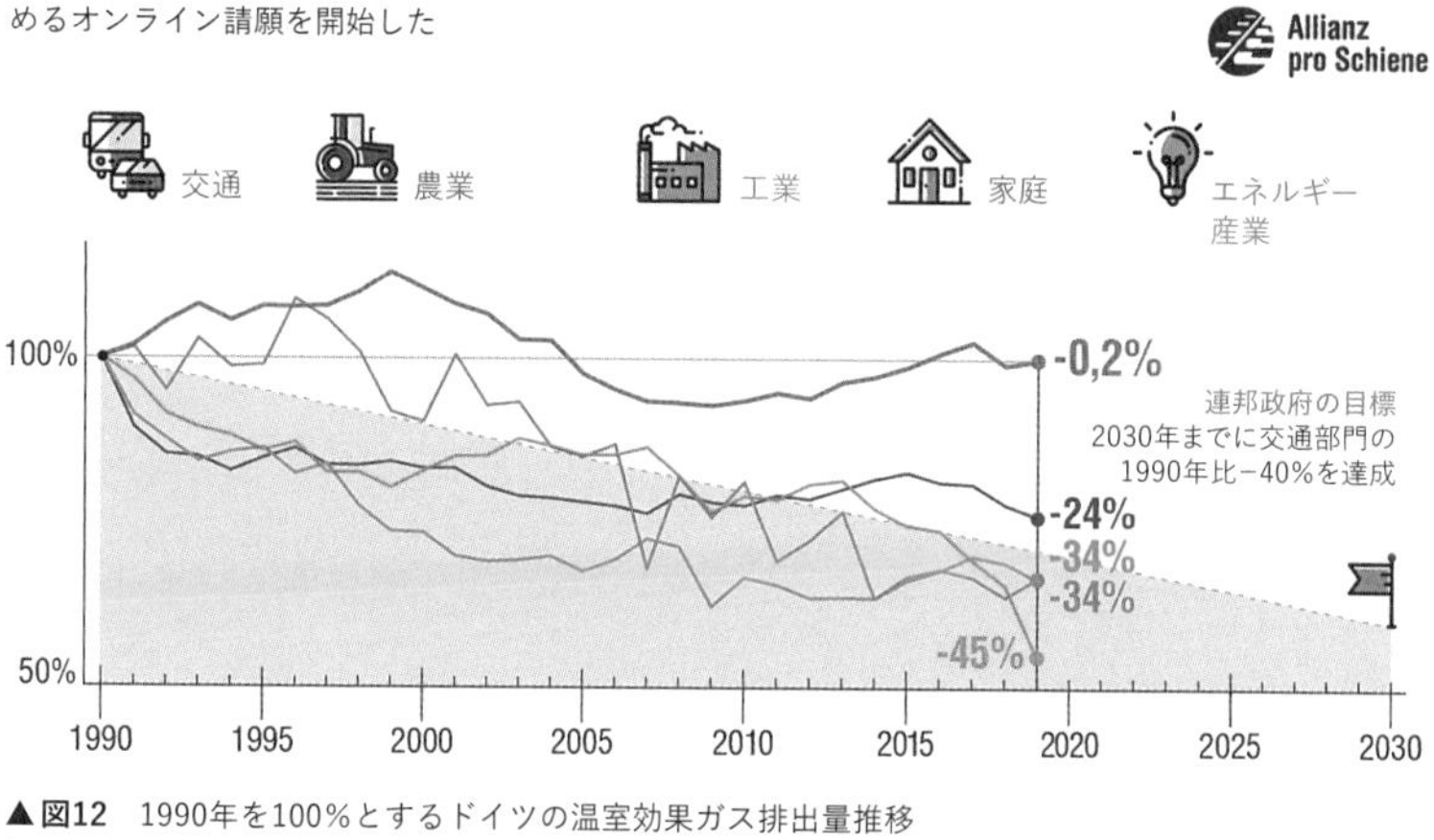

▲**図12**　1990年を100%とするドイツの温室効果ガス排出量推移
(Allianz pro Schieneによる Entwicklung der Treibhausgas-Emissionen in Deutschlandの2020年版を日本語化)(9)

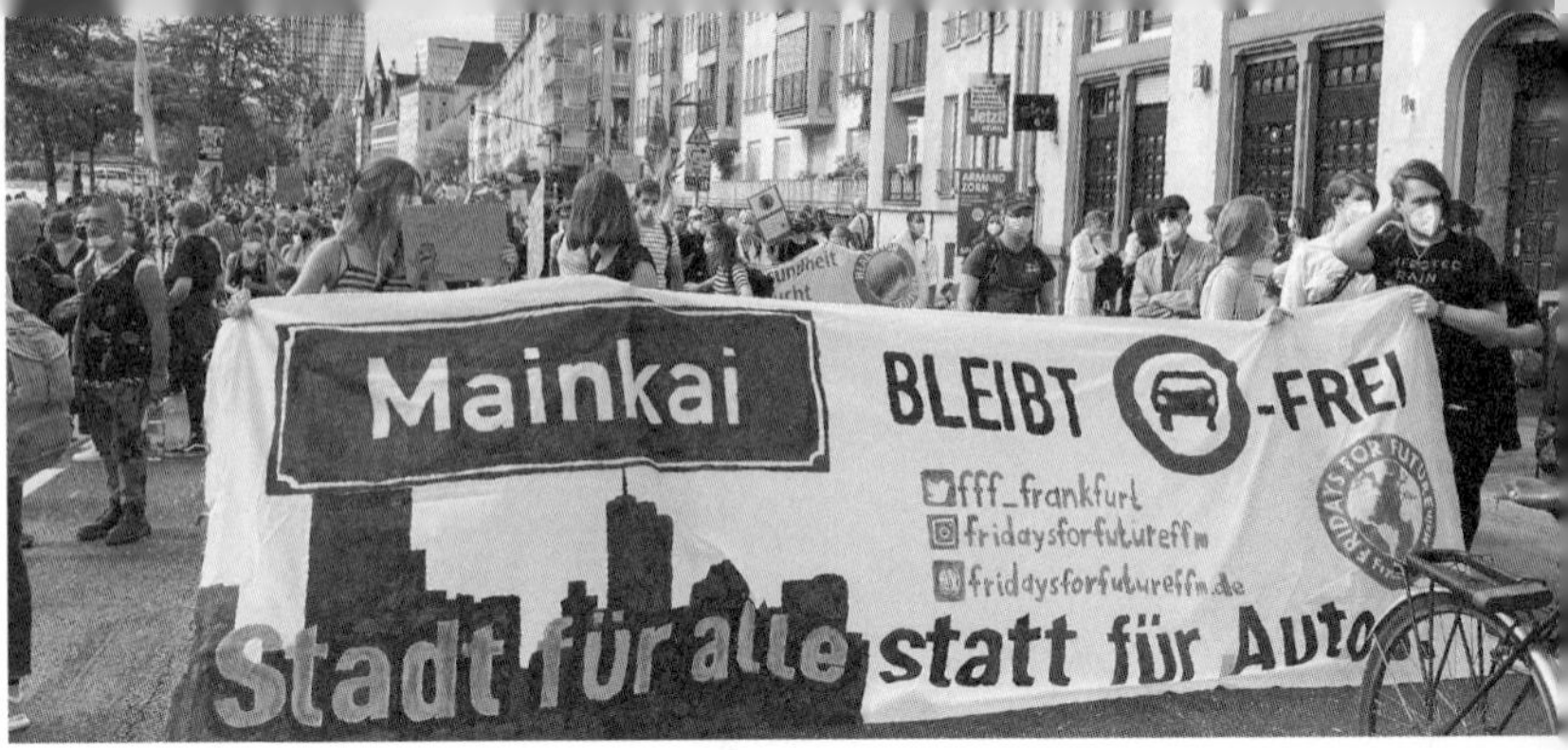

▲図13　2021年9月、連邦議会選挙直前の気候ストライキにはドイツ全土で62万人が参加。フランクフルトのフライデーズ・フォー・フューチャーは「車のためではなく、みんなのためのまちを」と書かれた横断幕を掲げ、市内中心部のカーフリー実験の恒久化を訴えた。医療従事者で組織されるヘルス・フォー・フューチャーが白衣で行進に加わるなど、参加者の層も多様で厚い

▶図14　ADFCベルリン支部、環境団体BUNDと共催したライド・オブ・サイレンスで署名を集めるVolksentscheid Fahrradの市民たち。ドイツの住民／州民投票は紙ベースの署名が必須のため、人海戦術で民意を可視化していく（2016年5月｜© Norbert Michalke/Changing Cites）

1. 子どもを含む全世代の人にとって安全な「自転車通り」を350km整備
2. 全ての幹線道路沿いに幅広の自転車レーンや自転車道を
3. 毎年75カ所の危険な交差点を改良
4. 自転車走行空間の欠陥の改修を迅速、効果的かつ透明性の高いものに
5. 20万台分の駐輪施設を公共交通の駅・停留所と路上に整備
6. 50カ所の自転車用グリーン・ウェーブ(10)の他、徒歩、公共交通を重視した信号制御を
7. 自転車通勤・通学に便利な広域幹線自転車道を計100km整備
8. 自転車や徒歩での移動の妨げとなる違反を取り締まる専門チームと自転車盗難対策チームを警察内に設置
9. 行政に自転車利用環境整備の専門部署を設け、人材育成と関係団体との連携を強化
10. 自転車利用を推進するための各種キャンペーンや研修の実施

▲図15　Volksentscheid Fahrradが掲げた10の要望。後続の「自転車市民決議」にとっての雛型となっている（「」は引用者による｜出典：volksentscheid-fahrrad. de）(11)

▲**図17**　「2025年までにNRW州の交通の25％を自転車に！」との目標を掲げた州民イニシアチブAufbruch Fahrradは20万7000筆の署名を州議会に提出、都市州以外では初の自転車・地域モビリティ法の制定につながった（2019年6月デュッセルドルフ｜© verenafotografiert. de）

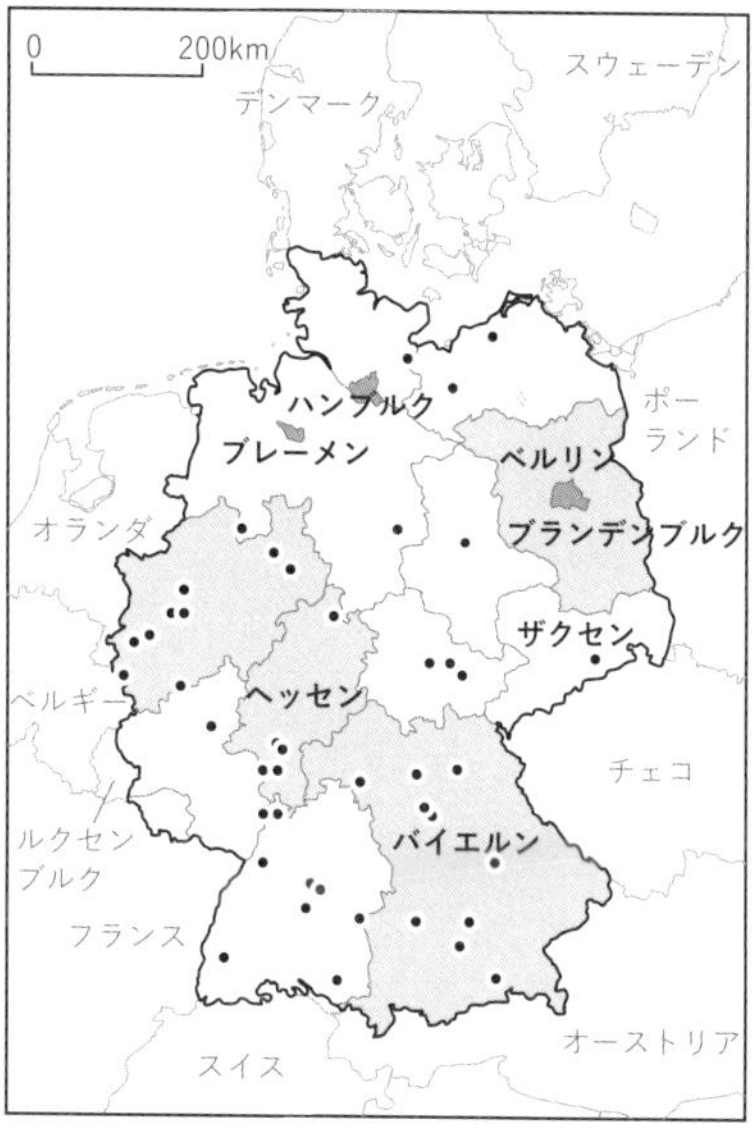

◀**図16**　ドイツで自転車市民決議が立ち上げられた都市（点）と州（背景の濃い部分）。
（データ出典：changing-cities. org）[12]

自転車市民決議＝Radentscheidは自転車（Rad）と住民投票（Burgerentscheid）を組み合わせた造語だ。ドイツの住民投票システムでは、基礎自治体なら「住民投票」、州なら「州民投票」の実施を、規定数の署名を集めて請求するというのが正式なステップとなる。自転車市民決議の多くはこの署名期間中にデモやソーシャルメディアで関心を喚起し行政を自転車にやさしいまちづくりへと動かすことを目的としており、実際に投票に至ることにこだわるものではない[13]（ゆえにここでの訳語は「市民決議」とした）

CO_2排出削減の停滞を許してきたメルケル政権、その後継党首が現状維持を選挙戦で公言した2021年の秋、強い危機感を抱いた市民はアクションを起こした［図13］。そこに割ける時間があり、手遅れになる前に何かしなければならないという過去からの学びがあるからだ。

州と同じ権限を持つ都市州のひとつベルリンでは2018年7月、ドイツ初となるモビリティ法が施行された。この快挙は、3週間半で10万5000筆の署名を集めた市民イニシアチブVolksentscheid Fahrrad（直訳すると自転車州民投票だが、その実は投票の請求という形を借りた行政への要望）［図14・15］の成果だ。これにより、ベルリンは歩行・自転車・公共交通のインフラ整備を自動車交通よりも優先する法的な後ろ盾を得た。

このインパクトは凄まじく、同様に直接民主主義的な手法で自転車インフラ整備を訴える「自転車市民決議」が、2022年末までにドイツ全土の53の都市と州に広がった［図16］。私が関わったオッフェンバッハの自転車市民決議は、コロナ禍で苦戦しながらも必要最低数の2倍の署名を集め、2021年10月に市長に手渡した[14]。その際、ある議員は「市議会では誰ひとりとして、こんなに多くの署名が集まるとは思っていなかった」と語った。声を可視化しなければ［図17］、官僚的なシステムの下、道という公共空間は車中心のものであり続けるのである。

デザイン

車中心から人中心へ、自転車インフラ刷新は進行の途上

多くの人が求めているのは分離・保護された自転車走行空間

ドイツには人口とほぼ同数の約8100万台の自転車が存在するが、交通に自転車が占める割合（交通分担率）は2017年のデータでは11％に留まっており、それまでの10年で1％しか増えていない。ADFCによれば、米ポートランド交通局のロジャー・ゲラーが考案したユーザー分類［図18］に従った場合、「（自転車利用に）関心はあるが不安」に該当する人がドイツでも大半である。自転車利用を伸ばすにはこの層のニーズに応えることが重要で、それには車の脅威を遠ざける街路デザインが不可欠だ。

ADFCの2016年の調査によると、72％の自転車利用者にとっては車からの分離が「重要」ないしは「とても重要」である。シュトゥットガルト都市圏の通勤者を対象にしたPendlerRatDの調査では、自転車で通勤しない理由の20％が「走行空間の欠如」、18・4％が「安全上の懸念」で（複数選択可）、車で通勤する人の50・9％が「できれば自転車で通勤したい」と回答している。ドイツ全体の車による移動の25％が2km未満、50％は5km未満という状況は、自転車インフラの不十分さの表れであり、モビリティシフトのポテンシャルを示してもいる。

60%　関心はあるが不安

基本的に自転車利用に関心があるものの、分離型の走行空間がないことが理由でためらっているケースが多い。自転車に乗るのは好きだが、あくまで低ストレスなルート限定で、安全性の高い走行空間を好む度合いが高い。このグループの 60% は女性と子ども（とその親）と高齢者で構成されている。

6.5%　熱心で自信もある

不安を感じる状況は少ないながらゼロではない、という自転車利用者。しっかりした自転車走行空間が整備されていれば、そちらを好む。このグループの 75% は男性で、また 80% は 18 歳〜 54 歳。

0.5%　屈強で恐れ知らず

自信に満ち、何も恐れず自転車に乗る人。分離型の自転車走行空間を必要とせず、それを拒絶することもある。このグループの 85% は男性で、また 90% は 18 歳〜 40 歳。

33%　自転車なんて考えられない

どんな条件下でもとにかく自転車になど乗らないという人や、健康上の理由で乗れない人、移動距離が長過ぎるといった人。

▲**図18**　あらゆる自転車利用者のための組織であるADFCがドイツ国内に紹介した、ゲラーの分類によるポートランドの自転車利用者4タイプ（© ADFC/April Agentur）[(15)]

◀**図19**　ベルリンのコットブッサー・ダム通りに導入されたポップアップ自転車道。駐車車両に塞がれてまともに通れなかったペイントのみの自転車レーンに簡易構造物が加わり、利用者は歓喜した（© Fabian Deter）

▲**図20**　2021年4月の恒久化後。車道は片側2車線から1車線になり、その隣に駐車帯（パーキング・プロテクテッド方式）。低い車止めを伴うドアゾーン余白を挟んで歩道の直近に配置された幅2.50mの自転車道は緊急車両も通行可。細街路との交差部（＝写真手前）付近にはボラードを並べ、駐停車車両による死角の発生を防止

市民の突き上げを受けながらじわじわと増える保護型自転車インフラ

2016年11月、ADFCの連邦総会では、より多くの人に開かれた、理想的な自転車インフラの整備指針が採択された。その内容をまとめた手引きは「交通シフトの進め方」と題されている。移動に自転車を選びたくなる街路のデザインは、車中心の社会を人中心に変えていくためのものなのだ。

市民の働きかけに突き動かされ、各地では分離保護された走行空間の整備が進行しつつある。北米で成功している保護型自転車レーン（3章参照）と同様のものはドイツでも少しずつ増えており、2020年3月に新型コロナウイルス対策としてベルリンの行政が暫定整備した計25kmの「ポップアップ自転車道」は既に恒久化されている［図19・20］。簡易構造物による自転車空間の保護を恒久整備の足がかりとするこのタクティカル・アーバニズム的な手法は、ベルリンではモビリティ法の後ろ盾もあり確立されたものになっている。

しかしながらベルリンでも全国でも、新世代[16]の保護型自転車空間はあくまで発展途上だ。2020年にはポップアップ自転車道が市民主導のアクションとしてドイツのあちこちに現れたが、正式な整備に至ったまちは多くない。そのひとつであるフランクフルト［図21・22］は、ADFCの2020年の自転車利用環境調査で人口50万人超の都市における進展度トップの評価を受けた。地元の自転車市民決議が可視化したニーズが行政の公式な課題となった2019年8月以降、フランクフルトでは駐輪スペースの増強や生活道路の「自転車通り」化（後述）といった変化が次々と起きている。

ドイツでの普及に期待がかかるオランダ式の「保護型交差点」

車からの分離・保護が求められているのは交差点も同じだ。アップデートが遅れているドイツの交差点は、

▲**図22**　右と同じ道の両側に構造物で分離された走行空間ができた（2022年5月）

▶**図21**　フランクフルトの自転車市民決議による「ポップアップ自転車道」アクション。自転車マークの付いたレッドカーペットを敷いて走行空間の延伸を訴えた（2021年6月）

▲**図23**　右折車が直進自転車レーンをまたぐ、危険で安心感も極めて低い交差点デザイン。Volksentscheid Fahrradを前身とするNGO Changing Citiesによる2018年のデモンストレーション（© Norbert Michalke/Changing Cites）

右折車（特に大型トラック）の死角に起因する自転車利用者の巻き込みという典型的な悲劇を生み続けている。その対策として一部で導入されてきた、直進車線と右折車線の間に直進自転車レーンを配置する手法［図23］もやはり危険で、いずれの場合も事故回避の責任はドライバーと自転車利用者に押しつけられている。

隣国オランダでは、子どもから高齢者まで、あらゆる自転車利用者を想定した安全・快適な保護型交差点がごく普通になっている（2章参照）。２０２１年3月、ドイツではまだ珍しいオランダ方式への交差点改修がダルムシュタットで決まった。これは連邦交通省[17]の助成を受けたモデル事業であり、成功すれば全土への波及も期待できる。交差点デザインの改善は地元の自転車市民決議の要望でもあった。

住民主導で人中心の街路を取り戻す「キーツブロック」

車の脅威を遠ざけるには、流入自体を抑えるアプローチも有効だ。ベルリンではモビリティ法をもたらした市民イニシアチブVolksentscheid FahrradがChanging Citiesの名でＮＧＯ化され、後続の自転車市民決議をサポートするかたわら、バルセロナのスーパーブロック[18]を手本にした「キーツブロック」プロジェクトを進めている。市内の１８０のキーツ（≒町内）を静穏化していくもので、60以上のキーツで施策が始動している［図24・25］。モビリティ法は２０２２年に施行から4年を迎え、完了期限である２０３０年までの3分の1が経過したが、わずかな投資しかなされておらず、モビリティシフトは停滞している。そんな中で市民の牽引により展開されているのがキーツブロックなのだ。

国内の例を引き合いに出していえば、キーツブロックの延長上にあるのはフライブルクのヴォーバン地区のようなまちだろう。[19]住民主導で可能な限りのカーフリーを目指して整備されたこの地区は、自動車保有率が20

▲**図24**　生活道路の抜け道利用を車止めなどで抑制することに成功したザマリターキーツ。徒歩や自転車なら迂回は不要で、「自転車通り」もある。車を使う必要がある人には標識だけでなくバンプも用いて低速走行を促す（2022年4月）

▲**図25**　ベルクマンキーツのカフェ・レストランが立ち並ぶメインストリート。自転車専用区間の分離帯は腰掛けられる設計。小交差点の角にも車道を狭めるボラードが並ぶ（2022年4月）

%以下と全国平均の約57%より圧倒的に低い。こうした動きが広がれば、子どもたちが遊び大人たちも様々に交流する人間的な街路が当たり前になってくるはずだ。

車道を丸ごと使う「自転車通り」も車の流入抑制が鍵

生活道路向けの施策には、車道を丸ごと自転車メインの空間とし基幹自転車ルートの役割を持たせる「自転車通り」もある。自転車通りの標識は1997年に定義されており、次のような意味を持つ（2020年に定義されたゾーン指定版も同様）[20]。

- 補助標識で認められている場合を除き、自転車による通行のみ可
- 速度上限は時速30km
- 車や二輪車で通行してよい場合も自転車利用者優先
- 自転車では常に並進可

これだけを読むと基本的に自転車専用かと思えるだろうが、実態はそうではない。車での通行を許可する補助標識が設置され、優先権も守られていない名ばかりの自転車通りが多いのだ。

ドイツの自転車通りをまともに機能させるには、補助標識なしの専用道にするか（かなり珍しい）、オランダのfietsstraat（2章参照）のようにまず車が自転車よりずっと少ない状態をつくる必要がある。地区単位で車の乗り入れを抑制しているベルリンのキーツブロックは模範的な例だろう。フランクフルトのエーダー通りでも、

両端（付近）を車で通過できなくしたことが本格的な自転車通り化の鍵になっている［図26・27］。「自転車都市」と呼ばれるにふさわしい交通分担率（自転車＝43・5％）を誇り、ここはオランダかと錯覚させられる例外的なまちミュンスターでは、中身の伴わない自転車通りの失敗を経て、オランダに倣った新基準の「自転車通り2・0」が2020年から整備されている［図28］。その仕様は次のようなものだ。

- 舗装に赤系の素材を用いて他の生活道路との区別を明確化
- 走行部分の幅員は自転車通りの基本要件（並進＆対面双方向通行が難なく可能）を満たしつつ車のドライバーに速度を出せると思わせない4～5m
- 片側のみを原則とする路駐スペースとの間には舗装の色を変えた余白をとる
- 脇道との交差部では自転車通りが優先
- 車での通行については、住民のみ可の補助標識や車止めなどにより抜け道利用をなるべく防ぐ

基幹自転車ルートとして申し分ない品質のミュンスターの「自転車通り2・0」は、同市中心部と周囲の自治体を14本の広域ルート「ヴェロルート」で結ぶ計画でも重要な役割を担うことが見込まれている。

通勤手段シフトとCO_2削減へ、足止めの少ない「広域幹線自転車道」はまだまだこれから

車から自転車へのモビリティシフトを狙ったインフラは市街地だけにあるわけではない。ドイツでは現在、ミュンスターのヴェロルートのような「自転車優先ルート」に加え、広範囲の日常的な移動、特に通勤をター

▲**図27**　同じ自転車通りの北端部。一般の車は通さない構造だが、緊急車両であれば中央島を跨いで進めるようになっている。ここはかつては信号交差点だった（2022年5月）

▲**図26**　車の流入抑制が行われ真の「自転車通り」となったフランクフルトのエーダー通り。物流用スペースは確保しつつ歩行者・自転車利用者の滞留空間も拡張（2023年4月）

▲**図28**　ミュンスターの「自転車通り2.0」のひとつ、ゴールド通り（© Stadt Münster/Patrick Schulte）

ゲットにした、より高規格な「広域幹線自転車道」(Radschnellweg/Radschnellverbindung)の計画が全土で立ち上がっている(一部は既に開通済み)。その数は30を超え、州および自治体による整備を2017年から促してきた政府は2030年までに総額3・9億ユーロを提供、費用の平均75%がこれにより賄われる。

Radschnellweg/Radschnellverbindungは直訳すれば「自転車高速道路」で、高速自動車道アウトバーンの自転車版といってよい。ただその本質はハイスピード走行ではなく、足止めが少ないことによる目的地への到達の早さ、専用空間としての安全性・快適性にある。標準的な仕様は次の通りだ。

・全長10㎞以上
・幅員は一方通行で3m以上、対面双方向通行では4m以上
・のべ2000台/日以上の通行を見込む
・他の交通から分離されている
・交差点の安全性と快適性が保たれている
・路面が高品質で、傾斜の急なところがない
・季節を問わず常に安全に使えるよう維持管理される

しかしながら、広域幹線自転車道の大部分は今のところ紙の上にしかない。象徴的な例が、計画延長およそ115㎞、同様の自転車インフラとして(単体では)欧州最長となるはずの、ルール地方のRS1［図29］だ。165万人の住まいと43万人の職場、15万人の学生が通う4つの大学を結ぶ、との構想でスタートしたこの路

▲**図29**　ルール地方の広域幹線自転車道RS1のうち開通済みのエッセン～ミュルハイム区間。車の流れから分離された環境は心身への負担が少なく快適だ。路面も高品質で幅員も広く、2名が並走したまま他の並走する2名と余裕をもってすれ違える。電動アシスト自転車の利用者も多い

線は２０２０年には全て開通するとされていたが、２０２２年末の時点で利用可能なのは15kmのみである[21]。全線で日に５万回の車利用を自転車に置き換えるという目標はまだはるかに遠い。

　２０１８年のモビリティ法成立に伴い計１００km以上の広域幹線自転車道の整備が定められたベルリンでも、現状は似たようなものだ。９路線の計画が進行中で、東西38kmの目玉路線は１日６７００人の車から自転車へのシフトと年間１０００トン近いCO_2排出抑制を見込まれているが、いずれも完成には最短７年を要し、人材や予算の不足などによる遅延の懸念が付きまとう。広域幹線以外でも、自転車インフラ整備は期待されていたスピード感では進んでいない。Changing Citiesの調査によると、総延長２６９８kmの自転車ネットワーク計画のうち、２０２２年７月までに構造上の基準をひとつでも満たしているのは計１１３km＝４・２％、全て満たしているのは計26・８km＝１％だけだ。市民運動によ

り画期的なモビリティ法を手にした首都ベルリンにおいてさえ、である。

ドイツの自転車利用環境は前進の兆しを見せてはいるものの、市民たちがなおも要求をぶつけ続けなければ理想の実現は近づいてこないのだ。

レンタルや補助金も追い風となり多様化する生活自転車

自転車による移動が年齢や性別、能力を問わないものであるためには、車体にもインクルーシブなデザインと手頃さが求められる。日本ではママチャリ、オランダではオマフィーツがそうであるように、ドイツでも「女性用自転車、シティサイクル系」の生活自転車が最もよく使われており、電動アシスト自転車の内訳もこのタイプがトップだ。一方、2021年の新車市場では、日本でいうクロスバイクに近い「トレッキングバイク」が電動アシストの有無を問わず優位となっている。これは発展途上の走行環境の品質をユーザーが車体スペックで補っている、とみることもできるだろう。

近年のドイツのマーケットで注目すべき動きのひとつは、カーゴバイク［図30〜34］の隆盛だ。この車種は前掲の新車販売データでは全体のたった1％、電動アシスト付きを加えても3・5％に過ぎないが、計16万7000台という数は前年比では62％も伸びている。荷物を運んだり子どもを乗せるのに便利なカーゴバイクは、車が必須と考えられがちな生活上の場面における新たな選択肢となる。試してみたい人は、各地の市民団体が運営する無料レンタルや自治体・民間企業のサービスを利用することができる。自分で購入したい、という人に対しては、州や自治体が補助金を出して費用面のハードルを下げている（事業者向けには連邦環境省による補助金もある）。

▼図32　ベルリンやフランクフルトなどの街角にはカーゴバイク専用の駐輪スペースも出現している（© Torsten Willner）

▲図30　近年ドイツでも普及に拍車がかかっているカーゴバイク（© Torsten Willner）

▼図31　200kgまで積載可能なトレーラーは電動、非電動タイプいずれも従来型の自転車で牽引できる

◀図33　VCDヘッセン州支部はスーパーや自治体と提携し電動アシスト付きカーゴバイクを含む自転車のレンタルサービスを運営。こうした仕組みはドイツでは160を超える自治体で拡大している（©髙橋寛子）

▶図34　デュッセルドルフに設置が進められている「モビリティステーション」ではカーゴバイクの自動レンタルも。同市は個人や小規模事業者、登録団体向けに購入費用の50%、最大2500ユーロという全国的にみても好条件なカーゴバイク補助金制度を用意。子どもの送迎にも車の代わりにカーゴバイクを提案している

▲**図35**　Swapfietsの店舗では48時間以内のメンテナンス受付を保証、フードデリバリー従事者の利用も多い。自分好みのカゴやチャイルドシートを取り付けるなどカスタマイズも可能。盗難による心理的・金銭的・時間的ダメージが少ないことも需要とマッチしているのだろう

◀**図36**　フライブルク市の交通公社とnextbikeによるシェアサイクルサービスfrelo。学生寮敷地内のステーションには電動アシストカーゴバイクも

▼**図37**　ドイツ鉄道のCall a Bikeは特急の停車駅などの周辺に多い

生活自転車としては、オランダ発の自転車サブスクリプションSwapfietsの台頭も顕著だ［図35］。同社は「いつでも使える自転車を」をモットーに欧州9カ国で約25万人にメンテナンス込みの月額制サービスを提供、ドイツでは7万5000人以上に利用されている。個々人が自転車を持つより温室効果ガスを35％削減できるというSwapfietsは、性別を問わず乗り易い全4車種（変速あり・なし×アシストあり・なし）のひとつで既に88％の資源循環率を達成しており、2025年までにカーボンニュートラル企業になるという目標を掲げている。

街角で感じる勢いはSwapfietsほどではないものの、都度利用のシェアサイクルも健在だ。国内発の代表格としては、60都市でサービスを展開、大学キャンパス内の移動にも重宝されているnextbike［図36］やドイツ鉄道が運営する乗り捨てメインのCall a Bike［図37］がある。都市部では数種類のシェアシステムが混在することも少なくなく、各々が場面に合ったものを選ぶことができる。

都市戦略

「自転車の国」の夢を語る車大国の現在地

自動車がアイデンティティになってしまった国

自転車の原型とされる「ドライジーネ」は、1817年にドイツ人の森林管理官カール・フォン・ドライスによって発明された。だがドライジーネを生んだ国は自転車の国にはなっておらず、その現在の「顔」は紛れもなく自動車である。基幹産業である自動車への執着は根深く、また「特産品」の高級車は優越意識を刺激し、乱暴な運転をする（男性）ドライバーたちを惹きつけている。

車依存の人質となったドイツ社会では、移動手段が車か自転車かで、党派性を帯びた対立が発生しがちだ。自転車利用者のマナーが槍玉に挙げられることも珍しくないが、前出のNGO、Changing Cities のメンバーによれば、そうした非難はモビリティシフトの遅れから目をそらさせるためのネガティブキャンペーンに過ぎない。[22] システムそのものの改善に対する抵抗は大きく、「自転車教授」（2020年に政府が「自転車交通」を高等教育の専攻として奨励し始めたことで誕生）のひとりヤナ・キュール博士は、「全ての自転車道は政治問題だ」と語っている。[23]

連邦政府の「自転車の国ドイツ2030」は看板倒れにならないか

2021年4月、メルケル政権下の連邦交通省は第7回国家自転車交通会議にて第3次国家自転車交通計画を発表した。以降10年の自転車政策の指針となるこの計画は2276人の市民から聞き取った意見を下敷きにしつつ州・自治体・ステークホルダーである諸市民団体が協議し策定したもので、「自転車の国ドイツ2030」の謳い文句とともに次のような目標を掲げている。(24)

- 年間の自転車利用回数を平均120回／人（2017年）から180回／人に
- 平均利用距離を3・7km（2017年）から6kmに
- もっと使いたいと思う交通手段に自転車を選ぶ人を41％（2019年）から60％に
- 自転車利用を大幅に増やしつつ、自転車利用中の死者を2019年より40％減らす

これらは一見すると意欲的な印象を与えもするが、文書中には前計画で15％とされていた交通分担率の目標設定もなければ個々の施策で達成すべき数値の記載もほとんどなく、行き届いた内容ではあるものの具体的進展の測りづらい計画ともいえる。

ADFCは第3次国家自転車交通計画を政府が発表して間もなく、その方針が本気ならこういうものが含まれていなければならないはずだ、と具体的アクションプラン「自転車の国になる方法」を作成、交通大臣や連邦議会議員を交えた討論イベントを開催し、数カ月後に発足を控えた新政権にも向けて法・投資・人材の3領域での抜本的改革［図38］の必要性を訴えた。

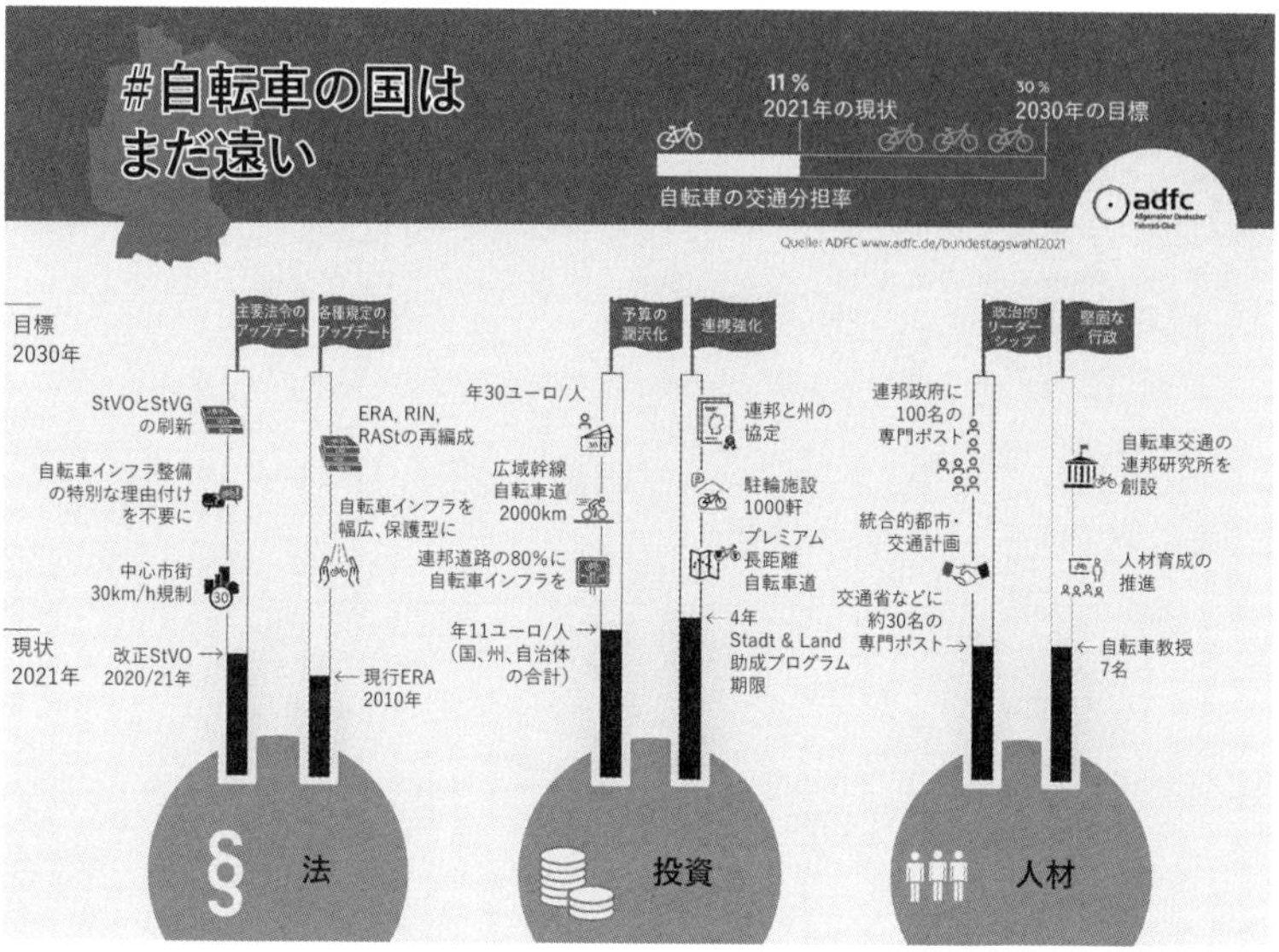

▲**図38**　ADFCが提案する、自転車の交通分担率を11%からオランダ並の30%にするためのアクション（ADFCのインフォグラフィック So Weit Ist Das #Fahrradland Heute を日本語化）

◀**図39**　新標識「自転車・二輪車に対する追い越し禁止」の導入例。路面のペイントも合わせて、狭い車道において自転車・二輪車の利用者が隅っこやドアゾーンではなく真ん中を走行できることを示している

- ビジョン・ゼロ、交通死ゼロを最優先。交通システムはヒューマンエラーを補い、生身の人を被害から護るものでなければならない。
- 異なる交通手段の扱いを公正に。これまでの自動車優遇を改め、今後はバス、鉄道、自転車、徒歩による移動を特に重視する。
- 気候、環境、健康の保護。これまでは自動車交通の円滑と危険防止のみが法律の目標であった。
- 持続可能な都市と交通の発展。自治体が独自に自動車抑制に取り組み、気候と環境にやさしい交通を促進できるようにする。
- 駐車スペースの包括的マネジメント。自動車の無料駐車を制限し、徒歩と自転車移動のためのスペースを。

▲図40　ADFCが掲げる、新たな道路交通法に含まれるべき目標（出典：adfc. de）[25]

車中心の法制に突きつけられる、人・環境・気候のための大転換

ドイツでは2020年4月に自転車利用推進の性質を強めた改正道路交通法が施行され【図39】、2021年11月には徒歩や自転車で移動する人にとっての安全向上のために各種罰則金が増額された（オランダなどと比べるとまだずっと安い）。しかしそれらは好ましい枝葉ではあれ、気候危機の時代に求められる根本的な変革とはいえない。

ドイツの道路交通法（StVG＝道路交通に関する法的枠組みを規定）は、100年以上にわたって「自動車」という言葉を冒頭に置き、道路交通規則（StVO＝具体的な規則）とともに車を最優先してきた。これらを人と環境が中心のものに刷新することをADFCは前述のアクションプラン「自転車の国になる方法」の柱のひとつとし（第3次国家自転車交通計画も大筋では同様の方向性）、多数の支持団体とともに政府に行動を迫っている【図40】。改訂が求められるもののうちには、自転車インフラ整備の標準ガイドラインERAも含まれる。

交通法規改革の必要性は、市民の要望を真っ先に受ける基礎自治体によっても表明されている。フライブルクやミュンスターを含む7都市は2021年、時速30km制限導入の決定権を自治体に与えるよう国に求めるイニシアチブを組織した。2023年5月までに742の自

治体がこのイニシアチブに賛同、その数はさらに増えている。

「交通」の名を冠さない法制度にも少し目を向けておこう。ドイツにおける通勤移動は1970年代から2010年代にかけて平均8・6kmから16kmに伸び、手段別で63%（総距離で74%、温室効果ガス排出量では95%）を車（ほとんどは単独利用）が占めているが、これには「社有車」をめぐる税制も関係している。雇用者は私用OKの社有車を従業員に提供し経費計上、従業員は新車定価の1%が月収に加わった計算で納税、という「1%方式」が節税・社会保障負担削減策として浸透し、公私を問わず他の交通手段が選択されにくい原因となってきたのだ。新規登録される車の実に3分の1にあたる社有車はまた、個人所有の車よりハイパワーで環境性能が低い傾向にあり、ユーザーは高所得層に偏っている。2012年11月、自転車リース企業JobRadやVCDなどの環境団体の働きかけの結果、自転車および電動（アシスト）自転車にも社有車と同じ制度が適用されるようになった。

政権交代で失速が懸念される国の自転車関連投資

2021年12月の政権交代で連邦の交通部門は保守的傾向を強めた。変化がとりわけ顕著なのが公共投資で、吹き始めたと思った追い風が止み、向かい風の気配さえも濃厚になっている。

メルケル政権下の2019年に国が立ち上げた「気候保護計画2030」は、自転車利用環境向上のための計9億ユーロの追加投資を含み（計画期間＝2020〜2023年の既存の自転車関連予算を合わせると約14・6億ユーロ）、州と自治体の自転車インフラ整備に対する初の財政援助Stadt und Landに約6・6億ユーロが割り当てられた。Stadt und Land枠は2021年5月に連邦議会を通った気候対策緊急プログラムにより合計およそ10億

VCDの要望	キリスト教民主同盟 CDU/CSU	社会民主党 SPD	自由民主党 FDP	左派党 Linke	同盟90／緑の党 GRÜNE
公共交通の強化	×	△	×	△	○
鉄道網への積極投資	△	○	×	○	○
気候を悪化させる補助金の廃止	×	△	×	△	○
脱内燃機の促進	×	×	×	○	△
航空部門の排出収支改善	×	×	×	○	○
移動の安全を保証	×	△	×	○	○
自転車利用を全ての人に魅力的に	△	×	×	○	○
歩行を最優先	×	×	×	△	○
デジタル化の機会活用	○	○	○	○	○
モビリティ教育の奨励	×	×	×	×	×

▲表1 VCDによる2021年連邦議会選挙前の交通シフト政策チェック。公開後、左派党（Linke）と緑の党（Grüne）は政策を変更、肯定評価を増やした。自由民主党（FDP）は前交通大臣所属のキリスト教民主同盟（CDU/CSU）よりさらに気候や環境の課題解決に消極的（出典：Der VCD Wahlcheck 2021）[26]

▶図41 二段式のラックはフランクフルト中心部に2017年にようやく初めて導入されて以降増加中。屋根付きの駐輪スペースを求める声は多い

ユーロとなり、既に8割以上が1000を超えるプロジェクトの予算として承認されている。

こうした前政権時の決定で国の自転車関連投資は2020年の約1・9億ユーロから2022年には約7・6億ユーロ＝約9ユーロ／人に跳ね上がったが、このままではつかの間の順風で終わってしまうことから、各州の交通トップはモビリティシフトと気候目標の達成のため、これを年10億ユーロ＝約12ユーロ／人に引き上げ、(少なくとも) 2030年まで継続するよう共同で現交通大臣に要求している。第3次国家自転車交通計画は国＋州＋自治体の自転車投資の目安を年30ユーロ／人としており、国から年12ユーロ／人が出たとしても全く十分ではない (Stadt und Landでは基本75％、最大90％という国の援助の手厚さが各地の自転車インフラ整備を加速させた)。

自由民主党の現連邦交通大臣に対する要望の先行きは、いうまでもなく楽観できるものではない［表1］。社会民主党、同盟90／緑の党との連立協定に盛り込まれた道路交通法規の改正 (前述した時速30㎞規制の権限委譲もここにかかっている) は2023年以降へ持ち越しとなり、年間1900万トンの温室効果ガス削減効果が見込まれ国民の過半数が賛成しているアウトバーンへの速度制限導入へも舵は切られていない。

ADFCが「自転車の国になる方法」で公共投資に分類している項目のうち、駅周辺の駐輪施設の整備［図41］に関しては、数種の補助金を伴う政府計画が、市民からの継続的な突き上げの対象とならない程度には軌道に乗ってきている。ただしその静けさは鉄道のサービス品質への元々の期待値の低さに由来するとも考えられ、国外に誇れるような充実した環境ができているわけではない。国内6613の駅に隣接する駐輪施設のうち、100台以上を収容可能なのは112カ所のみで (ミュンスター中央駅前の3300台が最大)、隣国オランダでは鉄道利用者の46％が自転車で駅に向かうのに対し、ドイツの値はほとんどの地域で一桁％である。

層の厚さと多様さの向上が待たれる交通専門ポスト

「自転車の国」の蜃気楼に実体を与え、道とまちを人と環境・気候を優先したものに変えていくには、そこに関わる人材の増強も欠かせない。

前政権は先述したヤナ・キューール博士を含む7名の「自転車教授」のポストを生み出しており、第3次国家自転車交通計画には高等教育や職業教育にこの分野のプログラムを組み込むことの他、道路交通を専門とする訓練機関の立ち上げという記述もある。ADFCのアクションプラン「自転車の国になる方法」もこれに呼応しつつ、自転車交通に特化した連邦研究所の創設、国レベルの行政における専門スタッフを100人に、州や自治体の現場向けにもオランダやデンマークから講師を招き自転車に強いプロを養成、といったタスクを提示している。だが現交通大臣の下での展望はやはり暗い。

人材面の課題は、総数やスキルだけでなく女性の登用状況にもある。ドイツでは交通にまつわる意思決定の多くは男性によってなされており、連邦交通大臣の席は男女同数の閣僚16人でスタートしたショルツ首相（社会民主党）の連立政権でもなお男性のものであり続けている。

交通のあり方を左右する立場に女性が就くかどうかが重要なのは、生活上の男女の役割分担に今でも顕著な差があり、ゆえに日々の移動パターンも大きく異なるからだ［図42・43］。世界経済フォーラムによる2021年のジェンダー・ギャップ報告書ではドイツは総合スコアで11位につけているものの（日本は120位）、立法者や高官、経営者の女性比率は94位（日本139位）、女性の経済参画度全体は62位（日本117位）であり、女性が男性の1・51倍の無給労働を負担している（日本は4・76倍）。平日の朝に出勤し夕方に帰宅するだけ、というフルタイム雇用かつケア労働に参加しない中年男性の移動を前提にしてきた交通計画には、家事や買い物や子

◀**図42**　「女性と男性のモビリティの比較」。ドイツでも対価の発生しないケア労働の大部分を担っているのは女性であり、その移動は自宅と職場を往復する男性よりも複雑で慌ただしい（© VCD e. V.）

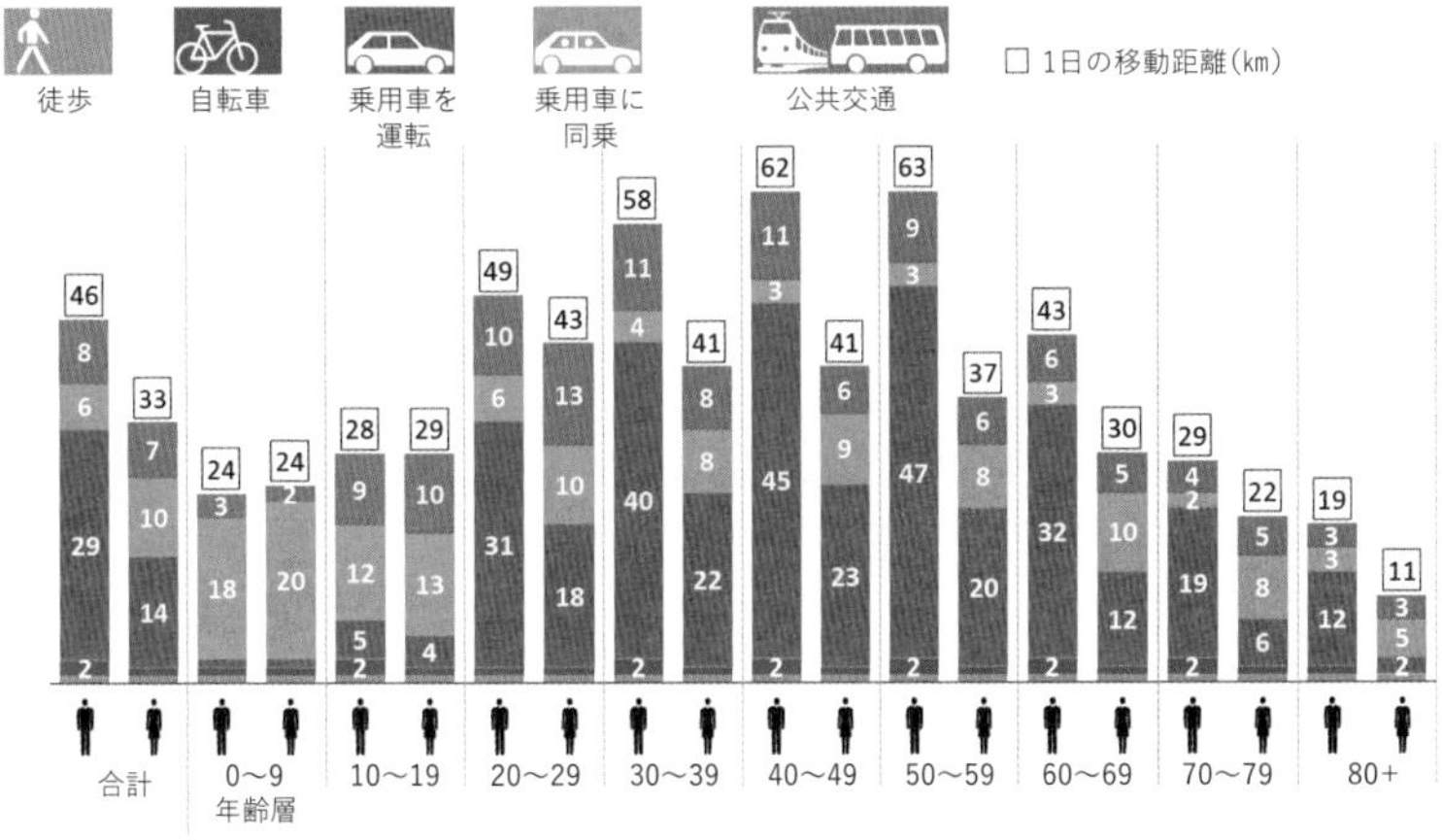

▲**図43**　年代・性別ごとの日々の移動距離（km）とその手段。30〜50代の男性は同年代の女性の約2倍、1日平均およそ40〜45km車を走らせ、公共空間を直線的に通り過ぎていく
（Mobilität in Deutschland - Ergebnisbericht 2017年版 図23を日本語化）(27)

◀**図44**　ADFCベルリン支部のオンラインイベント「交通シフトを支持する女性たち」（2021年2月）では、（女性の）参加者の自己紹介用に「もし自分が連邦交通大臣だったら」との問いが設定された(28)。男でなければ、という固定観念を打破するエンパワーメント度の高い導入だ
（© ADFC Berlin/Carolina Mazza）

育てや介護をこなしながらの暮らしの複雑な動線は反映されていない。

車社会の家父長型モデルは、幸福な未来への道とはいえない。バルセロナのスーパーブロックやパリの15分都市構想が手本を示しているように（いずれの都市でも女性がリーダーシップを執っている）、離れた場所に車で通勤するのとは違った、これまで女性や子どもや高齢者の領分として例外・オマケ扱いしかされてこなかった交通に光を当ててこそ、まちは真に人間的で持続可能なものになる【図44】。2021年のドイツ連邦交通省のアンケート調査では、今後もっと使いたい交通手段のトップ2を自転車（41％、電動アシストを含む）と徒歩（37％）が占め自動車（30％＝3位）を上回ったが、現に自転車を利用していて道路上で不安を感じると答えた女性の割合は42％で、男性の32％よりずっと多かった。

NRW州に「自転車と近距離モビリティ法」をもたらした市民会議Radkommは同法が発効した2022年1月、州道路局の技術・環境部門トップなど計8名の女性たちによる象徴的なパネルディスカッションを開催、意識的な組織改革を経て現在ほとんどの主要ポジションに女性が就いているADFC連邦本部からも、20代で会員代表を務めるレベッカ・ペータースが参加した。首府ベルリンの本部を拠点に連邦の大臣や議員に本気の自転車論議を仕掛けてまわる彼女の姿は、実に心強いものだ。深く染み付いた「交通＝車」というマインドセットからの転換に腰を据えて立ち向かう市民たちは、生身での移動に蛍光ベストもヘルメットも不要な環境を夢見ながら、夜明け前の時を過ごしている。

注

（1）RADKOMM, "Lokalzeit Köln, 03.06.19: Mikael Colville-Andersen und Ute Symanski von RADKOMM radeln durch Köln," *YouTube*, 2019-06-04, https://www.youtube.com/watch?v=sEQA8EMMtfk

（2）15人以上の自転車利用者はひとつの集団として分断されずに交差点を（途中で信号が変わっても）通過できる、といった法規も、この国でクリティカルマスが盛んな理由のひとつだろう。

（3）Kidical Mass Aktionsbundnis, "Kinderfreundliches Strassenverkehrsrecht," *Kinder aufs Rad*, 2022-05-12, https://web.archive.org/web/20220702014336/https://kinderaufsrad.org/kinderfreundliches-strassenverkehrsrecht-2/

（4）ドイツでは屋外で正式な集会を行うには管轄局への申請が必要である。

（5）２０１８年にスウェーデンのグレタ・トゥーンベリが始めた座り込みに端を発する、実効性のある気候危機対策を求める国際的な草の根運動。

（6）Nora Laufer and Philip Pramer, "Ohne Auto leben: Wie soll das gehen?," *derStandard.de*, 2022-05-20, https://web.archive.org/web/20220526070610/https://www.derstandard.de/story/2000135873897/ohne-auto-leben-wie-soll-das-gehen

（7）S. Fischer Verlage, "Autokorrektur - Mobilität für eine lebenswerte Welt - Katja Diehl," *S. Fischer Verlage*, https://web.archive.org/web/20230220051037/ https://www.fischerverlage.de/buch/katja-diehl-autokorrektur-mobilitaet-fuer-eine-lebenswerte-welt-9783103971422

（8）Sebastian Schneider, "Was Parken in Berlin eigentlich kosten müsste," *rbb24*, 2022-05-18, https://web.archive.org/web/20230401210916/https://www.rbb24.de/politik/beitrag/2022/05/parkplaetze-berlin-parkraumbewirtschaftung- parkgebuehren.html

（9）Allianz pro Schiene e.V., "Treibhausgas-Emissionen: Klima schonen? Bahn fahren," *Allianz pro Schiene*, https://web.archive.org/web/20210623050358/ https://www.allianz-pro-schiene.de/themen/umwelt/treibhausgas-emissionen/

（10）コペンハーゲンの主要自転車ルートの一部で用いられている、時速20㎞で走行していれば青信号が連続するという制御手法。

（11）Volksentscheid Fahrrad, "10 Ziele - weil Berlin sich dreht!," *Volksentscheid Fahrrad*, https://web.archive.org/web/20170428133511/https://volksentscheid-fahrrad.de/de/ziele/

（12）Changing Cities e.V., "Radentscheide in Deutschland," *Changing Cities e.V.*, https://web.archive.org/web/20221207105408/https://changing-cities.org/radentscheide/

（13）「州民請求」の多くはベルリンのモビリティ法のように州法制定を目指す。

（14）有効とされる署名は、市に住民登録して6週間以上経つ18歳以上のドイツおよびEU国籍者のもの。公式ではないがこれに該当しない方の署名も集め民意として市長に提出した。

（15）ADFC e.V., "So geht Verkehrswende – Infrastrukturelemente für den Radverkehr," 2019, https://web.archive.org/web/20220222132315/https://www.adfc.de/fileadmin/user_upload/Expertenbereich/Politik_und_Verwaltung/Download/So_geht_Verkehrswende_klein.pdf, p. 7

（16）ドイツでは以前から歩道をペイントで区切るなどした自転車道が存在

してきたが、幅員や路面の状態、障害物、交差点構造など多くの点で品質に問題があり、これが一因となって分離型の走行空間全般が否定され（ＡＤＦＣもその立場だった）、車道にペイントだけ、あるいは実態の伴わない「自転車通り」が整備の主流になっていた。

(17) ２０１３年から２０２１年までは「連邦交通・デジタルインフラ省」、以降は「連邦デジタル交通省」が正式名称。

(18) バルセロナの街路改革スキーム。最大９ブロックをひとつの「スーパーブロック」とし、その内側の車道の半分を遊び場や憩いの場、緑地に転換、残った車線は時速10〜20㎞制限の一方通行にする。合計５００超のスーパーブロックが計画されている。

(19) フライブルクの交通政策については村上敦『ドイツのコンパクトシティはなぜ成功するのか』（学芸出版社、２０１７年）などを参照のこと。

(20) Helmuth Meyer, "Fahrradstraßen - diese Regeln gelten," *ADAC*, 2022-07-06, https://web.archive.org/web/20230116233256/https://www.adac.de/rund-ums-fahrzeug/zweirad/fahrrad-ebike-pedelec/vorschriften-verhalten/fahrradstrassen/

(21) 24㎞の整備が計画されており16の橋とアンダーパスの新設が必要となるドルトムントでは、人材不足と自治体負担額の高さを理由に、完成は早くて２０３０年との見通しを行政が示している。

(22) AFP, "Road rage in Berlin as cyclists clog streets in pandemic," *The Local.de*, 2021-01-01, https://web.archive.org/web/20220926002232/https://www.thelocal.de/20210101/road-rage-in-german-capital-as-cyclists-clog-streets-in-pandemic/

(23) Hanna Gersmann, "Deutschlands erste Radprofessorin: 'Jeder Radweg ist ein Politikum'," *Frankfurter Rundschau*, 2021-09-19, https://web.archive.org/web/20210921095353/https://www.fr.de/zukunft/storys/verkehr/deutschlands-erste-radprofessorin-jana-kuehl-jeder-radweg-ist-ein-politikum-fahrrad-fahrradweg-tempo-30-90987527.html

(24) Bundesministerium für Digitales und Verkehr, "Nationaler Radverkehrsplan 3.0," 2022, https://web.archive.org/web/20220303080342/https://bmdv.bund.de/SharedDocs/DE/Anlage/StV/nationaler-radverkehrsplan-3-0.pdf?__blob=publicationFile, pp. 9, 10, 49

(25) ADFC e.V., "Das Gute-Straßen-für-alle-Gesetz," *ADFC*, 2021-10-25, https:// web.archive.org/web/20230521164336/https://www.adfc.de/artikel/das-gute-strassen-fuer-alle-gesetz

(26) Julia Nothnagel, "Der VCD Wahlcheck 2021," *VCD*, 2021-07-09, https://web.archive.org/web/20230306234146/https://www.vcd.org/startseite/newsroom-uebersicht/vcd-verkehrswende-blog/vcd-wahlcheck-2021

(27) Bundesministerium für Verkehr und digitale Infrastruktur, "Mobilität in Deutschland – Ergebnisbericht," 2019, https://web.archive.org/web/20220121141450/https://bmdv.bund.de/SharedDocs/DE/Anlage/G/mid-ergebnisbericht.pdf?__blob=publicationFile, p. 52

(28) ADFC Berlin, "Frauen * für die Verkehrswende!," *ADFC Berlin*, https://web.archive.org/web/20230329234632/https://adfc-berlin.de/aktiv-werden/in-gruppen/frauen-netzwerk/958-frauen-fuer-die-verkehrswende.html

東京都内の踏切で列車の通過を待つ、自転車に乗った人々。年齢も性別も利用目的も限定されない日常自転車文化が、意識されることのない普通の生活習慣として根づいている

2部 日本の自転車政策——現状と展望

東京都心部の大通りの自転車利用環境。車道を塗り分けた自転車レーンが設けられているが、路駐車で埋まっていてまともに使うことができない。50年以上前からの宿題であるユーザー目線の走行空間の整備は今もほぼ放置されたままだ

7章

SHIGA, JAPAN

滋賀

市民発の、ツーリズムによる自転車まちづくりの展開

南村多津恵

第1部では海外の、主に都市部における日常自転車文化の復興を追ってきた。第2部では日本の自転車まちづくりの状況と展望をお伝えする。まずは地方都市・郊外部での実践を、そこに関わってきた市民目線で紹介したい。

ニーズ

環境保護アクションとして始まった湖国の自転車まちづくり

▲**図1**　ビワイチ（琵琶湖一周サイクリング）のロゴマーク（© 滋賀プラス・サイクル推進協議会）

▲**図2**　ナショナルサイクルルートロゴマーク（©国土交通省）

サイクルツーリズムの聖地「ビワイチ」

2019年11月、琵琶湖をぐるりと一周するサイクリングルート「ビワイチ」「**図1**」が、国土交通省が認定する3つの「第1次ナショナルサイクルルート」「**図2**」のひとつに指定された。日本を代表し、世界に誇りうるサイクリングルートとして認められたのだ。

ビワイチ、すなわち琵琶湖一周サイクリングはサイクルツーリズムの分野でトップを走るしまなみ海道の次に名前が挙がるほどになり、いくつもの雑誌やムック本で紹介され、今や日本中のサイクリストから一度は走るべきルートと認識されている「**図3・4**」。

今でこそサイクルツーリズムの「聖地」のひとつとなったビワイチだが、ここに至るまでには県行政による積極的な推進施策の前に、まず市民による地道な活動の積み重ねがあった。また、最近はツーリズムに偏った

▲**図3**　ビワイチルート（奥琵琶湖　海津付近）

▲**図4**　琵琶湖一周サイクリング大会（© 琵琶湖一周サイクリング大会実行委員会）

きらいがあるが、当初の自転車政策は環境あるいは交通政策の一環として始まったものだった。本章では滋賀県を舞台に、市民と行政の協働によるツーリズムを通じた自転車まちづくりと、市民が果たすことのできる役割について述べる。

琵琶湖一周サイクリングという県民の通過儀礼

「ビワイチ」という言葉は、あるスポーツ自転車店が使い出したと言われ、最初は「琵琶湖」を「1日で」、自転車または自動二輪車で回ることを指していたらしい。2010年頃まではほぼ自転車好き・バイク好きの間でしか使われていなかったが、今では「琵琶湖一周サイクリング」の意味で広く知られている。

一方、かねてから滋賀県には、男の子は中学校を卒業するまでに琵琶湖を自転車で一周する、という文化があった。子どもでも少し頑張れば達成できる琵琶湖一周200㎞は、大人に近づくための冒険としてチャレンジするのにちょうどよい対象なのだろう。小中学校やボーイスカウトでビワイチに挑戦する取組みもある。

中高生に関しては、日頃の通学手段が自転車であるという生徒が多い地域も少なくない。制服のように学校から指定されたシルバーのシティサイクルに乗り、連なって走る姿が県内ではよく見られる。

ところが大人になると、ほとんどの人が車に乗り換えてしまう。家に自転車がない、もう何十年も乗っていないという話も珍しくない。県外から滋賀に嫁いだ人が、持っていった自転車を何に使うつもりだと言われたという笑い話もある。基本的に車社会で、公共交通の利用も少なく、ごく一部のまちの中心部を除き、自転車に乗るのは子どもか愛好家だけというのが滋賀県の実状だ。

自転車利用を後押しした市民主導の環境運動

滋賀の自転車文化を語る上で忘れてはならないのが、自転車好きの人々が中心となった環境市民活動だ。多くのサイクリストを魅了してやまない青く美しい琵琶湖だが、高度経済成長期には工場や家庭からの排水による汚染が深刻化した。目に見えて汚れた琵琶湖を自らの手で元に戻そうと、1970年代には主婦たちを中心とした「石けん運動（琵琶湖の赤潮発生原因となったリンを含む合成洗剤を使わず、粉せっけんを使う動き）」が全県的に展開された。これがひとつの基礎となり、滋賀では様々な環境運動が根強く展開されている。

滋賀の自転車まちづくりは、こういった県民の環境意識の高さの中で生まれてきた。自転車を活用した環境運動としてもっとも早かったのが、1978年に発足した「滋賀県バイコロジーをすすめる会」によるアクションである。環境のために自転車利用を促進しようというアメリカの市民運動「バイコロジー」（バイクとエコロジーの合成語）を受けて、1970年代に日本各地で立ち上げられた活動団体のひとつだ。同会は1985年からほぼ毎年「琵琶湖一周サイクリング大会」を実施、2017年までに30回を開催した（後半の主催は実行委員会）。

2000年代には、大津市地球環境保全地域行動計画（アジェンダ21おおつ）の推進団体である「おおつ環境フォーラム」（現NPO法人）内に「自転車にやさしいまちづくりグループ」が発足し、「クルマをやめて自転車で行こう」を合言葉に、自転車と人にやさしいまちづくりを目指して活動していた。

彦根市では「ひこね自転車生活をすすめる会」が2002年に設立。気軽な散歩や荷物の運搬にも自転車が使われるようにと、サイクリングツアーの企画や自転車タクシーの運用に向けた活動、彦根藩が製作した木製自転車「陸舟奔車」の復元などユニークな活動を展開した。2006年にはひこね自転車生活をすすめる会を

▲**図5**　自転タクシー「彦根リキシャ」(© NPO法人 五環生活)

母体として、「五感＋環境＋暮らし」をコンセプトとした「NPO法人五環生活」が設立。自転車タクシーの運行やレンタサイクル、サイクリングツアーを事業として始めた。彦根を訪れる観光客に人気の自転車タクシー「彦根リキシャ」**［図5］**も、2009年に運行を開始。複数人が乗車する自転車タクシーの公道運行に必要な県の条例の改正も、これらの市民団体が働きかけを行い実現している。

このほか滋賀県自転車競技連盟や滋賀県サイクリング協会といった自転車団体もあったが、ここで紹介した団体に共通するのは、環境問題への取組みとしてまちづくり視点で自転車を活用したことである。

デザイン

市民による草の根のサイクルツーリズム整備

市民主導の自転車まちづくりネットワークの誕生

県内には自転車活用の推進に取組む団体が複数あったものの、それぞれが独立した活動をそれぞれのフィールドで行っていた。しかし、2007年から滋賀県環境学習支援センター(現琵琶湖博物館環境学習センター)が自転車まちづくり活動を行う市民団体や交通に関する利害関係者らを集め、自転車や交通をテーマにした情報交流の機会を3年にわたり設けたことで、ゆるい繋がりが生まれていった。

そんな流れの中、有志の呼びかけで2009年に「輪の国びわ湖推進協議会」が立ち上げられ、琵琶湖一周サイクリングをきっかけに自転車ファンを増やし、それによって自転車利用を促進するための活動を始めた。各種自転車団体を横つなぎにネットワークさせることで、滋賀県全域を健康的で環境に配慮した脱車社会にすることを目指した動きである。当時、環境学習支援センター職員であった私も設立時の呼びかけ人としてこの活動に携わってきた。次項からは、これまで輪の国びわ湖推進協議会が行ってきた多様な自転車まちづくりのアプローチについて紹介したい。

輪の国びわ湖推進協議会が仕掛ける市民アクション

輪の国びわ湖推進協議会（以下、輪の国びわ湖）には設立当初、前節で紹介したような市民団体と自転車や観光などに関わる事業者、行政として滋賀県琵琶湖環境部環境政策課（環境学習支援センター）が参画し、事務局として五環生活が人的・資金的に活動を支える体制をとった。［図6］

初年度は、びわ湖1周ウェブサイトの運営［図7］、メールマガジンの発行、日本最大の自転車展示イベント「サイクルモードインターナショナル」東京会場・大阪会場への出展など、サイクルツーリズムを広めるための広報活動を積極的に進めた。並行して、五環生活が実際の運営を担うかたちで、ビワイチ達成者へのびわ湖一周サイクリング認定証の発行とスポーツバイクのレンタサイクル事業も開始した（現在は認定証発行を輪の国びわ湖の単独事業として継続、レンタサイクルは五環生活の事業となっている）。こうした広報活動や環境整備の成果もあって、ビワイチに挑戦するサイクリストの数は、県が統計を取り始めた2015年の5万2000人から、2019年には10万9000人を超えるほどに増加した。

2011年にビワイチ公式ガイド『ぐるっとびわ湖自転車の旅』を、2016年には全面改訂版となる『ちずたび　びわ湖一周自転車BOOK』を出版し、ともに1万部以上を販売した。2022年には第三版『ビワイチ公式ガイドブック　びわ湖一周　滋賀じてんしゃ旅』を発行している。

また、活動の裾野を広げるため、他の地域団体との交流も重視している。関西の「自転車まちづくり団体交流会」には初年度から参加しており、2013年からは自らがそうした場を提供する公開学習会「輪学《わがく》」の開催を断続的に始め、自転車に関する様々な知見を学ぶ場をつくっている。2017年からは輪学のうち全国規模で行う事業はサイクルツーリズムシンポジウムとしても開催するとともに、県内の自転車関係者が互いの活

設立呼びかけ人

近藤　隆二郎
（特定非営利活動法人 五環生活）
竹内　洋行
（ひこね自転車生活をすすめる会）
高栖　清
（地域振興・観光振興プロデュース）
藤本　芳一
（LLP自転車ライフプロジェクト）
南村　多津恵
（滋賀県環境学習支援センター）
辻野　隆雄
（特定非営利活動法人 環境市民
自転車チームちゃり民）
高田　友美
（株式会社 地球の芽）
南井　良彦
（M'Creatives）
山本　一男
（株式会社ミズホネット）

設立当初の構成団体

特定非営利活動法人 五環生活
日本風景街道「琵琶湖さざなみ街道・中山道」
パートナーシップ
おおつ環境フォーラム
自転車にやさしいまちづくりグループ
ひこね自転車生活をすすめる会
特定非営利活動法人 環境市民
琵琶湖汽船株式会社
滋賀県琵琶湖環境部環境政策課
（環境学習支援センター）
特定非営利活動法人 HCCグループ
LLP自転車ライフプロジェクト
トレンシス
株式会社ミズホネット
水色舎

▲図6　輪の国びわ湖推進協議会設立呼びかけ人と2009年の設立当初の構成団体
（出典：輪の国びわ湖推進協議会設立総会資料）

▲図7　びわ湖1周Webサイトトップページ（© 輪の国びわ湖推進協議会）

動を知るための会をシリーズ化し、県内外のネットワークづくりを行っている。

なお、こういった活動の中で調査研究した内容をもとに、2013年に『自転車コミュニティビジネス　エコに楽しく地域を変える』（学芸出版社）［図8］を、2019年に『サイクルツーリズムの進め方　自転車でつくる豊かな地域』（学芸出版社）［図9］を出版している。

観光利用から日常利用へ、活動ステージの変化

2015年頃から滋賀県や守山市がビワイチ推進に力を入れるようになったため、輪の国びわ湖はビワイチのPR事業に関しては先陣を切る役目を終えたと判断し、以降は徐々に軸足を「自転車の日常利用の推進」に移してきた。2017年には、県内の事業者・行政・市民の協働組織である一般社団法人滋賀グリーン購入ネットワーク（現一般社団法人滋賀グリーン活動ネットワーク）内のエコ通勤研究会（現エコ交通研究会）を再始動させて事務局を担い、事業者の車利用を減らすための啓発活動などを行っている。2019年からは滋賀県や守山市、日野町と協働して自転車通勤の普及に努めており、車での移動が当然であった人が日常生活に自転車を取り入れる例が出てきた。体験者か

◀図8　近藤隆二郎・輪の国びわ湖推進協議会『自転車コミュニティビジネス　エコに楽しく地域を変える』学芸出版社　2013

◀図9　藤本芳一・輪の国びわ湖推進協議会『サイクルツーリズムの進め方　自転車でつくる豊かな地域』学芸出版社　2019

▶**図10**　びわ湖一周サイクリング認定証（© 輪の国びわ湖推進協議会）

【ビジョン】

　移動するときの手段として、自転車＋公共交通を誰もが優先的に選ぶようになることで、将来に渡ってみんなが幸せに暮らせる社会。

【ミッション】

1. 普及啓発：自転車ファンを増やし正しい乗り方を広める
2. 社会提案：自転車を活かす暮らし方・まちづくりを提案する
3. 調査研究：自転車の使い易い環境やツールなどについて研究する
4. ネットワーク活動：交通に関連する団体や個人と関係を深める

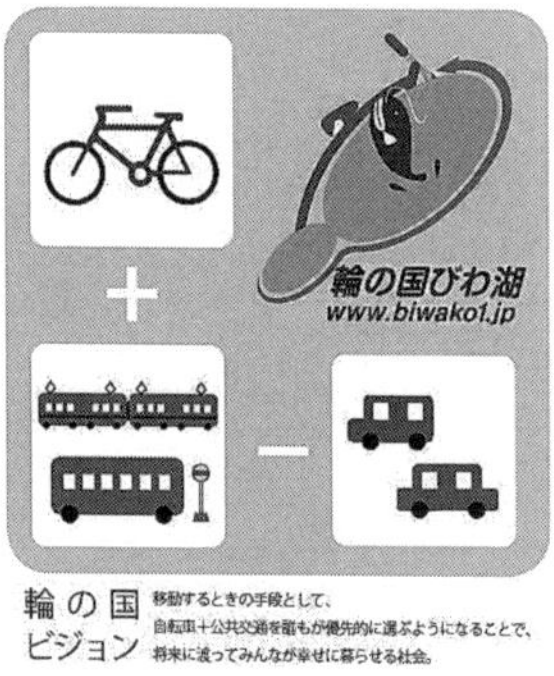

▲**図11**　初期の輪の国びわ湖推進協議会のビジョンとミッション（© 輪の国びわ湖推進協議会）

【ビジョン】めざす理想の社会像

自転車でつくる　地域と未来を豊かにする社会

【ミッション】果たすべき使命

1. サイクルツーリズムによる地域づくりの推進
2. 自転車を日常的に楽しむ文化と環境の創造

▲**図12**　2020年以降の輪の国びわ湖推進協議会のビジョンとミッション（© 輪の国びわ湖推進協議会）

らは「自分のまちが好きになった」「地域の人と仲良くなれた」などの声があがっており、自転車を日常利用することで地元への愛着が高まることが、良い成果として見えてきている。

現在、輪の国びわ湖推進協議会の収入の基礎になっているのは、びわ湖一周サイクリング認定証［図10］の発行による収益である。協議会は、正会員15、一般会員10の団体と個人で構成されている。活動の多くは十数人の役員および運営委員によってボランティアベースで行われ、専従職員はいない。活動メンバーのうち3人が女性であり、中高年世代の男性サイクリストがあまり気の回らない一般市民向けの広報のコンテンツづくりや運営基盤の整備において力を発揮している。また、活動を進める中で行政との協働事業が増えたことから、2016年にはそうした受託事業を主に担当する「一般社団法人 輪の国びわ湖」を立ち上げた。

環境共生型のまちをつくるビジョンとミッション

自転車の利用を考えたこともない人たちに自転車への関心を持ってもらおうと、「ビワイチ推進」から活動を始めたために、輪の国びわ湖は世間からは観光推進団体と見られているふしもあるが、設立当初から「健康的で環境に配慮したまちづくり」を行う環境団体だ。会の目的は自転車で楽しめる暮らし易い環境共生型のまちの実現で、サイクルツーリズムはあくまでそのための手段である。

輪の国びわ湖は2019年には設立10周年を迎え、ビワイチツーリズムの盛り上がりとともに滋賀県内の自転車を取り巻く状況が大きく変わったことから、初期のビジョンとミッションを2020年に改訂している［図11・12］。設立当初は環境に配慮した交通にフォーカスしていたが、現在は地域活性化などより広い意味でのまちづくりを含んだものとなっている。

都市戦略

自転車まちづくりは市民と行政のチームワークで

滋賀県自転車道の整備の始まり

ビワイチは元々は市民による草の根の活動が育てたサイクルツーリズムではあるが、この動きを後押しした滋賀県の行政施策もおさえておきたい。

滋賀の自転車政策における行政の取組みは、1973年の八日市市（現東近江市）の「自転車都市宣言」にまでさかのぼる。当時の武村正義市長はその後に滋賀県知事を務め、1980年に「滋賀県バイコロジー推進基本構想」を掲げた人物でもある。

1991年には「自転車道整備5カ年計画」が策定され、「特定推進市町村自転車道整備事業」と「バイコロジー自転車道整備事業」が行われた。今も県内の複数カ所に残っているバイコロジーの道は、通学などの日常生活の移動を支えるインフラとして活用されている。また当時の滋賀県の各地域振興局（現在は改組）が独自に地域のサイクリングマップを作成して配布していた［図13］。

2001年には「ぐるっとびわ湖サイクルライン」を設定し［図14］、湖周道路に案内看板や距離標を設置するなどの整備が行われ、琵琶湖一周サイクリングマップの作成と一般配布が始まった。自転車道の本格的な整

▲図13　地域振興局（当時）制作のサイクリングマップの例（一部）（© 滋賀県東近江地域振興局）

▲図14　滋賀県道路課（当時）制作の琵琶湖一周サイクリングマップ（表面の一部）（© 滋賀県土木交通部道路課）

備がなかなか進まない中で自転車利用を進めるための苦肉の策だったとも言えるが、ビワイチをめざす全国のサイクリストに人気の地図となった。

部局やセクターの垣根を越えた推進体制をつくる

2011年には、日常生活や観光における選択肢のひとつに自転車を加える「+cycle」を進める「自転車がかえる湖国の暮らし〜+cycle（プラス・サイクル）推進プラン」（以下、プラスサイクル推進プラン）が策定された。これは「滋賀県交通ビジョン」に基づき設置された「滋賀県自転車利用促進協議会」の議論を経て生まれた施策だ。翌年にはこのプランを推進する組織として事業者・市民・行政の連携による「滋賀プラス・サイクル推進協議会」（以下、プラスサイクル協議会）が設置されている。

滋賀県の自転車政策は、この頃から主にプラスサイクル協議会を中心に動いていくことになる。

プラスサイクル協議会にはワーキンググループ（WG）として、安全利用WG、情報発信WG、サイクルママWG（現在は情報発信WGに統合）が設置され、2013年にツーリズムWGが追加されている。

プラスサイクル協議会の委員は、学識経験者、自転車関連NPO、自転車事業者、交通事業者、観光関係団体、自転車利用者、交通安全関係団体、環境関係団体、県内市町、警察、教育委員会からなる［表1］。他に、旅行社や市町の観光担当課などがツーリズムWGにのみ参加している。特筆すべきは、自転車利用者として、スポーツ自転車に乗るサイクリストだけでなく、老人クラブ連合会や子育てネットワークが参加していることだろう。また、通常こういった組織の事務局は行政の担当部局のみが務めることが多いが、プラスサイクル協議会の事務局は設立当時から滋賀県交通政策課（当時）、道路課（当時）、スポーツ課の他、五環生活と輪の国びわ湖推進協議会が加わって構成された。

地元団体と行政の協働での事業推進

今に続く滋賀県のツーリズム中心の自転車政策が本格化するのは、プラスサイクル協議会が地道な議論を積み重ねた2016年からになる。主な施策を［表2］にまとめた。

これらのうちソフト事業の多くは、以前から民間の立場で自転車活用を進めてきた地域の活動団体の力を活かし、官民の協働事業として進められている。滋賀県が認めるビワイチ公式ウェブサイトや、ナショナルサイクルルートの公式ウェブサイトにも、輪の国びわ湖が設立時から運営してきた「びわ湖1周ウェブサイト」が指定されている。民間、それも現場を知らない中央のコンサルタントのような大手ではなく、地元で地道な活動を積み重ねてきた団体の活力が生かされているのが滋賀県の自転車政策の大きな特徴と言えよう。

滋賀プラス・サイクル推進協議会委員名簿

会長	滋賀県知事
学識経験者	立命館大学 台南應用科技大學設計學院
自転車関係団体	滋賀県バイコロジーをすすめる会 滋賀県自転車軽自動車商業協同組合
自転車事業者	自転車ライフプロジェクト サイクルショップライフ
交通事業者	一般社団法人　滋賀県バス協会 近江鉄道株式会社 西日本旅客鉄道株式会社　京滋支社 琵琶湖汽船株式会社
観光関係団体	公益社団法人　びわこビジターズビューロー
自転車利用者	滋賀県老人クラブ連合会 滋賀子育てネットワーク
交通安全関係団体	公益財団法人　滋賀県交通安全協会
環境関係団体	一般社団法人　滋賀グリーン活動ネットワーク 滋賀県地球温暖化防止活動推進センター しがローカルSDGs研究会
国	滋賀国道事務所
県内市町	大津市地域交通政策課　大津市観光振興課 彦根市交通政策課　彦根市観光交流課 長浜市文化観光課　近江八幡市観光政策課 近江八幡市交通政策課　草津市交通政策課 草津市商工観光労政課　守山市商工観光課 栗東市土木交通課　東近江市公共交通政策課 米原市シティセールス課　愛荘町みらい創生課 愛荘町商工観光課　多賀町企画課
警察	滋賀県警察本部交通企画課 滋賀県警察本部交通規制課
教育委員会	滋賀県教育委員会保健体育課

事務局	輪の国びわ湖推進協議会 滋賀県文化スポーツ部スポーツ課 滋賀県商工観光労働部観光振興局ビワイチ推進室 滋賀県土木交通部交通戦略課 滋賀県土木交通部道路保全課

▲表1　滋賀プラス・サイクル推進協議会の構成
（2023年4月現在｜出典：滋賀プラス・サイクル推進協議会　委員・事務局名簿）

2016年	・「滋賀県自転車の安全で適正な利用の促進に関する条例」策定 ・「自転車安全利用指導員」を設置 ・全国からのビワイチの起点として「米原駅サイクルステーション」設置［**図15**］ ・「サイクルサポートステーション」の設置（2023年5月時点で350カ所以上） ・「サイクルサポートステーション講習会・情報交換会」開催（2016年から現在まで毎年） ・「サイクルツアーガイド講習会」の開始（〜2019年、プラスサイクル協議会主催）［**図20**］
2017年	・滋賀県商工観光労働部観光交流局（現・観光振興局）に「ビワイチ推進室」を設置 ・「サイクルモードインターナショナル」など、様々なイベントへの出展や海外へのプロモーション ・琵琶湖一周サイクリングマップを「ぐるっとびわ湖サイクリングマップ」にリニューアルし、日本語、英語、中国語（繁体字）版を制作（現在は「ビワイチサイクリングマップ」）［**図16**］ ・県内全域を自転車で楽しむ「ビワイチ・プラス」コースを開発（以後、現在まで改訂を重ねる）
2018年	・「ビワイチ総合推進ビジョン」策定 ・タンデム自転車の公道走行の解禁 ・「BIWAICHI Cycling Navi」アプリの公開
2019年	・「滋賀県自転車活用推進計画」策定 ・「自転車通勤モデル事業（体験事業）」実施（〜2021年） ・ビワイチ・プラス応援イベントで様々な自転車乗車体験とキックバイク教室を開催（現在まで毎年） ・ビワイチが第１次ナショナルサイクルルートに指定され、ルート上の走行環境の整備が進む
2021年	・サイクルツーリストのマナーアップのため「ビワイチマインド」を作成、啓発［**図17**］
2022年	・「ビワイチ推進条例」を策定し、11月3日を「ビワイチの日」と制定
2023年	・「第２次 滋賀県自転車活用推進計画」策定 ・子ども向けビワイチガイドツアー「ビワイチの子推進事業」実施

▲**表2**　2016年以降の滋賀県の主な自転車政策・事業（2023年6月現在）

▲図15　米原駅サイクルステーションのびわこ一周レンタサイクル（© 輪の国びわ湖推進協議会）

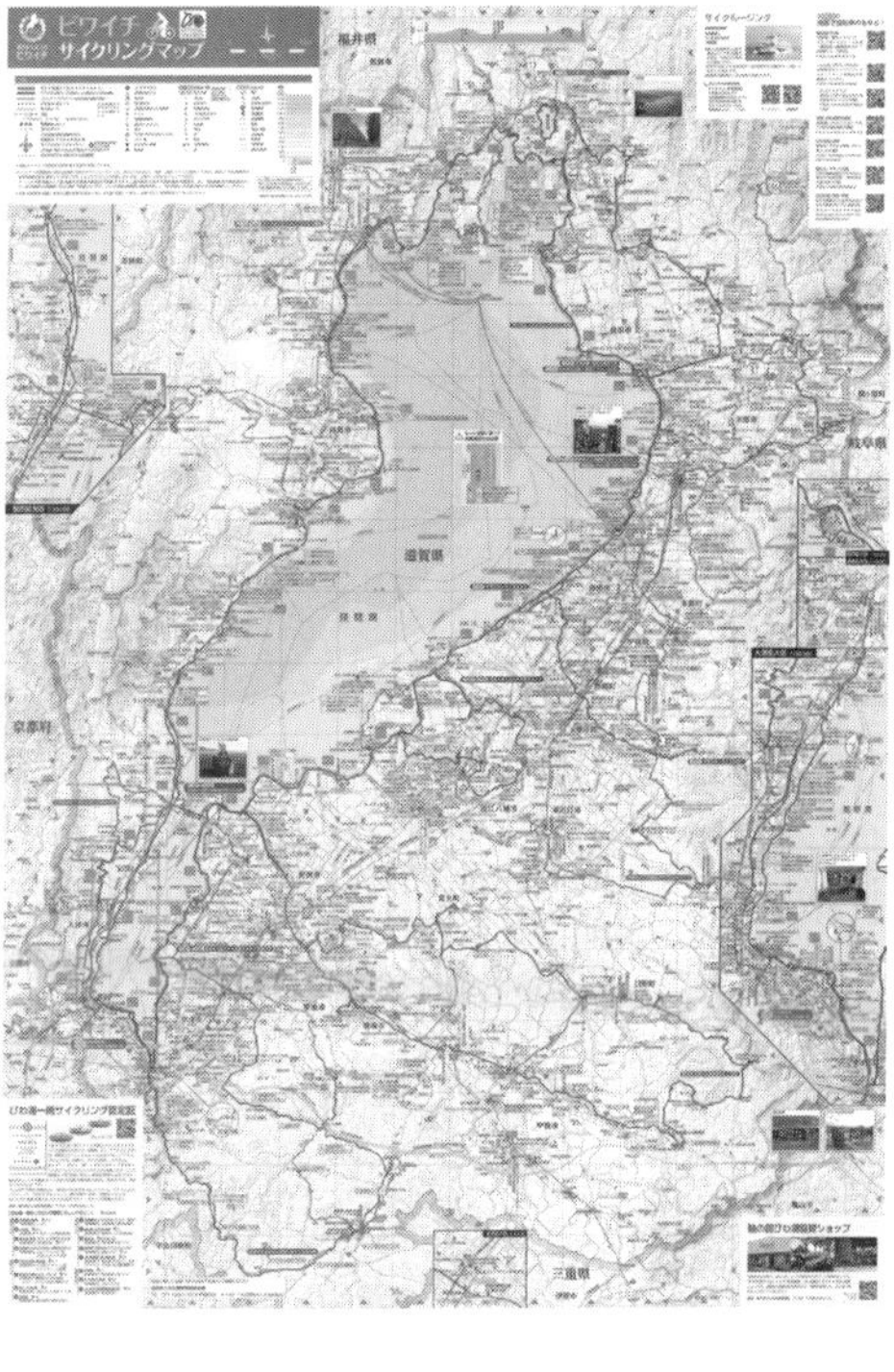

▶図16　ビワイチサイクリングマップ日本語版（裏面）
（© 滋賀プラス・サイクル推進協議会）

ビワイチマインド３つの『こ』
各々の心がけで、地域も来訪者もみんなが楽しく
こうどうで示そう、ゆずりあい【共有】
車や歩行者とゆずりあいながら
ルールを守り走ります。
住宅の近くはゆっくり走ります。
ことばで示そう、こんにちは【交流】
仲間で声を掛け合って走ります。
人や他の自転車の近くを
通る時はあいさつします。
こころにゆとりと楽しみを【発見】
見どころや美味しいものを
楽しみながら、
余裕を持った日程で走ります。

▲図17　滋賀プラス・サイクル推進協議会の作成したビワイチマインド
（© 滋賀プラス・サイクル推進協議会）

▲**図19**　ビワイチの日パンフレット
（2022年度｜© 滋賀県商工観光労働部ビワイチ推進室）

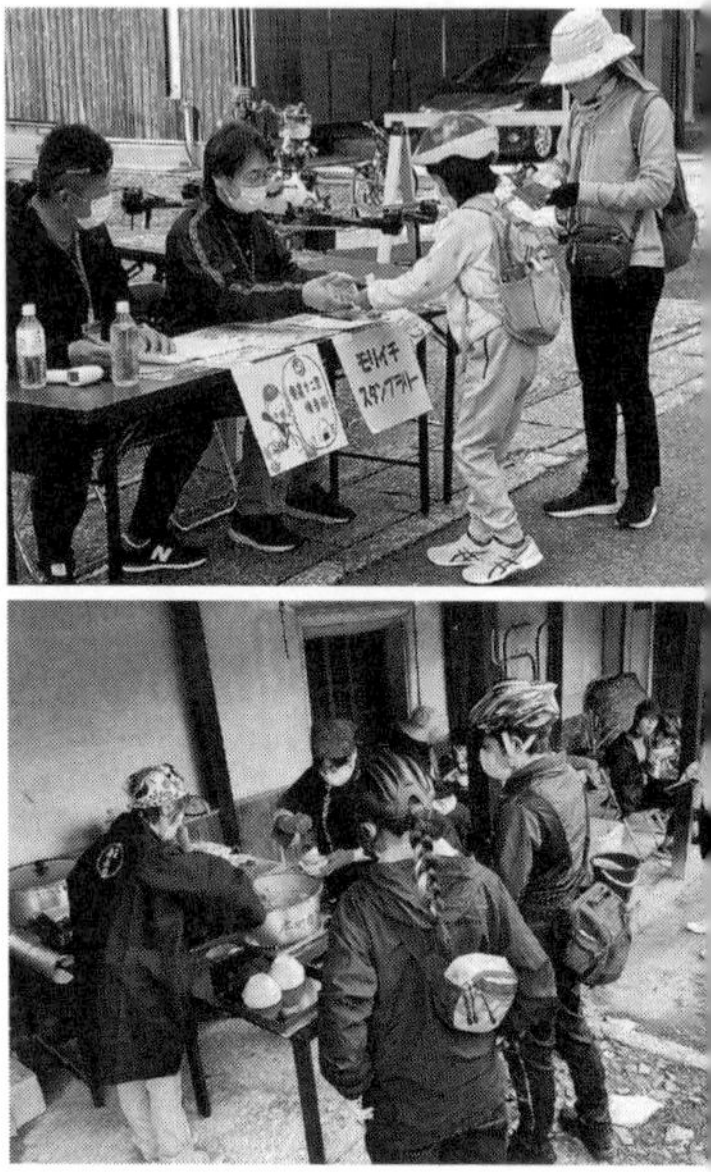

▶**図18**　モリイチ・スタンプラリー
（© びわ湖守山・自転車新文化推進協議会）

また、県内の各市町にも協働事例は広まっている。先駆けとなった守山市は、ビワイチ推進の施策を進めるにあたり、２０１６年からのパンフレット配布やブース出展、２０２０年の自転車活用推進計画の策定などにおいて、地元団体と様々な協働が行われた。さらに２０１６年にびわ湖守山・自転車新文化推進協議会（びーもサイクル協議会）が民間と共同で設立され、ファミリー層からスポーツサイクリストまで市民５００人が参加するサイクリングイベント「モリイチ・スタンプラリー」が毎年恒例の行事として定着した［**図18**］。草津市や野洲市、甲賀市、日野町ではサイクリングマップが作成され、サイクリングイベントを開催、日野町では自転車通勤の体験事業も実施されている。その他にも、実行委員形式や協議会形式で様々なイベントが各地で開催されている。

２０２２年、滋賀県は議員主導による「ビワイチ推進条例」を策定し、11月3日を「ビワイチの日」

と制定した［図19］。県内の市町や市民団体、事業者らと協力して様々なイベントを開催し、よりいっそう自転車の輪を広げようとしている。

自転車まちづくり成功のポイント

ここまでみてきたように、滋賀県下では、市民と行政が二人三脚のチームワークでツーリズムに端を発した自転車まちづくりを推進してきた。こうしたプロセスに当事者として関わってきた経験をふまえて、以下では「自転車のまちづくり」を成功させるためのポイントを4つに概括する。

なお、このポイントを整理するにあたっては、ビワイチの先を走るサイクルツーリズムの聖地「しまなみ海道」を擁し、自転車政策が日本でもっとも進んでいる愛媛県での動きを取材した経験（前述の参考資料『サイクルツーリズムの進め方』に詳しい）も役立っている。自転車活用を積極的に進める地域として、愛媛と滋賀には多くの共通点を見出せる。

ポイント1　熱心な市民が地域で活動している

滋賀の場合は、先駆けとなる自転車まちづくり団体がいくつもあり、その中から五環生活と輪の国びわ湖推進協議会というコミュニティビジネス的に活動を進める団体が生まれた。2010年代にはさらに多くの団体が誕生し、それぞれの地域で活動を続けている。

こういった市民団体がサイクルツーリズムに求められる地域資源を発掘し、マップやガイドブックの制作、レンタサイクルなどのサイクリストのニーズに応える事業を行っていったことで、自転車のファンも自転車ま

▲図20　滋賀県サイクルツアーガイド講習会（© 滋賀県）

ちづくりに関わる人たちも増え、地域がサイクリストを受け入れるための土壌が耕されていった［図20］。

愛媛県では、「NPO法人シクロツーリズムしまなみ」が前身団体時代を含めて活動していたことが、その後の愛媛県の取組み推進の大きな力になっている。

ポイント2　行政にビジョンとリーダーシップがある

地域を変えるためには、その土地の地方自治体の動きが重要となる。自治体に「自転車の活用によって地域をよくしていく」というビジョンが存在し、条例や計画で方向性が定められると、担当部署が設置されたり予算措置がとられたりするなど必要な経営資源が振り向けられるようになる。そうして行政にしかつくりだすことができない新しい仕組みが、社会の中に実現していく。滋賀の場合は、プラスサイクル推進プランがそのビジョンにあたる。

ビジョンを実現する上でおさえておきたいのは、行政内に部署を横断する推進体制を整えることだ。愛媛県の場合は「自転車新文化推進課」が音頭を取り、12の課や室、地方局の自転車関連の施策をつないで調整している。滋賀県では、プラスサイクル推進協議会の事務局に土木交通部交通戦略課および道路保全課、道路保全課交通安全対策室、文化スポーツ部スポーツ課、観光振興局ビワイチ推進室が名を連ねている。2つの課を兼務する職員もいる。

またこのような庁内連携の動きを活発にするために重要なのが、首長のリーダーシップである。滋賀県でも愛媛県でも現職知事が推進を打ち出し今に至る。

ポイント3　協働で進める

自転車活用に限らず多くの場合がそうであるが、地域で事業を強力に進めていくためには、民間と行政の連携が非常に重要になる。官民協働の組織をつくりステークホルダーをつなぐことで、それぞれが知恵や力を出し合って、単独ではなし得ない新しい動きをつくり出していくことができる。自転車活用についてインセンティブを持っていなかった主体が、協働組織に加わることで自分事化し、推進に乗り出すという効果もある。

また、市民団体は小回りがきき、きめ細やかに自転車利用者や地域のニーズを拾い上げ、柔軟な発想で事業の種をつくっていくことが得意である。行政がそれに予算を付け仕組み化すれば、地域を大きく変えていくことができる。たとえば愛媛県では、サイクリスト支援のためのレスキュー体制整備やサポートステーション設置などは市民からの働きかけで県や今治市が施策化し、実現している。滋賀県では中高生向けの安全啓発ポスターや幼児の保護者向け・中学生向けの自転車生活案内の冊子の制作、また自転車通勤の推進事業などが実現している【図21】。市民が提案したことを行政が事業にすることによって、自転車政策が進んでいる側面が大きい。さらにその行政が枠組みをつくった事業の現場は、市民によって支えられている（例：図20）。

逆に、地域にもともと活動していた市民団体などの民間組織があるのに、行政がそれを見出さず、独自で事

▲図21　親子向け啓発冊子（© 滋賀プラス・サイクル推進協議会）

▲図22　走行環境の整備が進むビワイチルート（© 輪の国びわ湖推進協議会）

業を進めている場合がある。連携が取れていないばかりか、民間が行っていたものと類似の事業を行政が行うことによって、最悪の場合は元からあった活動をつぶしてしまうことにもなりかねない。たとえば、民間が行っていたレンタサイクル事業に行政も乗り出し、採算を考えない廉価でサービスを提供することで、民間の事業が成り立たなくなるようなケースである。

愛媛県と滋賀県の担当者に取材したとき、図らずも同じ言葉を聞くことができた。「市民団体が先に地域を耕してくれていたので、事業を進めやすかった」と。先行して活動する団体に敬意を払い、その事業を尊重し、生かしていこうとする姿勢が見える。一方で、市民の側も新規事業の立ち上げや事業の変更時などの節目において行政と相談し、調整して進めようとしている。よい関係性を持って協働が行われている地域では、自転車のまちづくりも進み易い。

ポイント4　自転車を使って楽しく便利な環境を整える

最後のポイントは、第1部で述べられてきた環境整備である。自転車活用を進めるためには、まず一にも二にも利用環境を整えることだ。残念ながら滋賀県では、他の施策に比べて道路整備は遅れがちである。ソフトに比べてハード整備には目に見えるコストがずっと多くかかる（車のための整備に比べれば取るに足らないはずだが）ことと、政策決定のための合意形成が難しいことがあるのだろう。ナショナルサイクルルートに選定されたことによって国からの予算がつきビワイチルートの整備は進んできたが、生活道路における自転車走行空間はまだ不十分なままだ［図22］。

安全で楽しく便利かつ快適に自転車に乗れるようになれば、「自転車に乗ろう！」などと呼びかけなくても利用者は増える。逆に、現在はそうではないので、車を選ぶ人が多くなる。

脱炭素社会の構築が叫ばれる現代、また超高齢社会への対応のためにも、公共交通とあわせて自転車の活用を進めることは必須である。市民としてできることは、自転車のファンを増やす取組みでユーザの声を大きくし、また可視化すること。ルール遵守やマナーアップのキャンペーンなどを通じ、自転車を普段あまり使っていない人にも好感・親しみ・興味を抱いてもらえるようにすること。それをもって道路管理者に働きかけていくことである。行政に提案して協働事業とすれば、効果は大きくなる。自転車まちづくりを行いたい市民らが力を付けていきながら継続的に働きかけ続けることで、行政も環境整備に乗り出すきっかけとなるだろう。

考え方の違う他の活動団体や行政など他セクターとは対立姿勢を取るのではなく、互いの違いを尊重し、一致点を見出して可能なところから協力するようにしていけば味方が増え、徐々に互いの距離が縮まって協働できる事業が充実していき、ゴールに近づいていく。

滋賀を「輪の国」にする

輪の国びわ湖推進協議会では、サイクルツーリズムシンポジウムや輪学、ビワイチ公式ガイドブック制作な

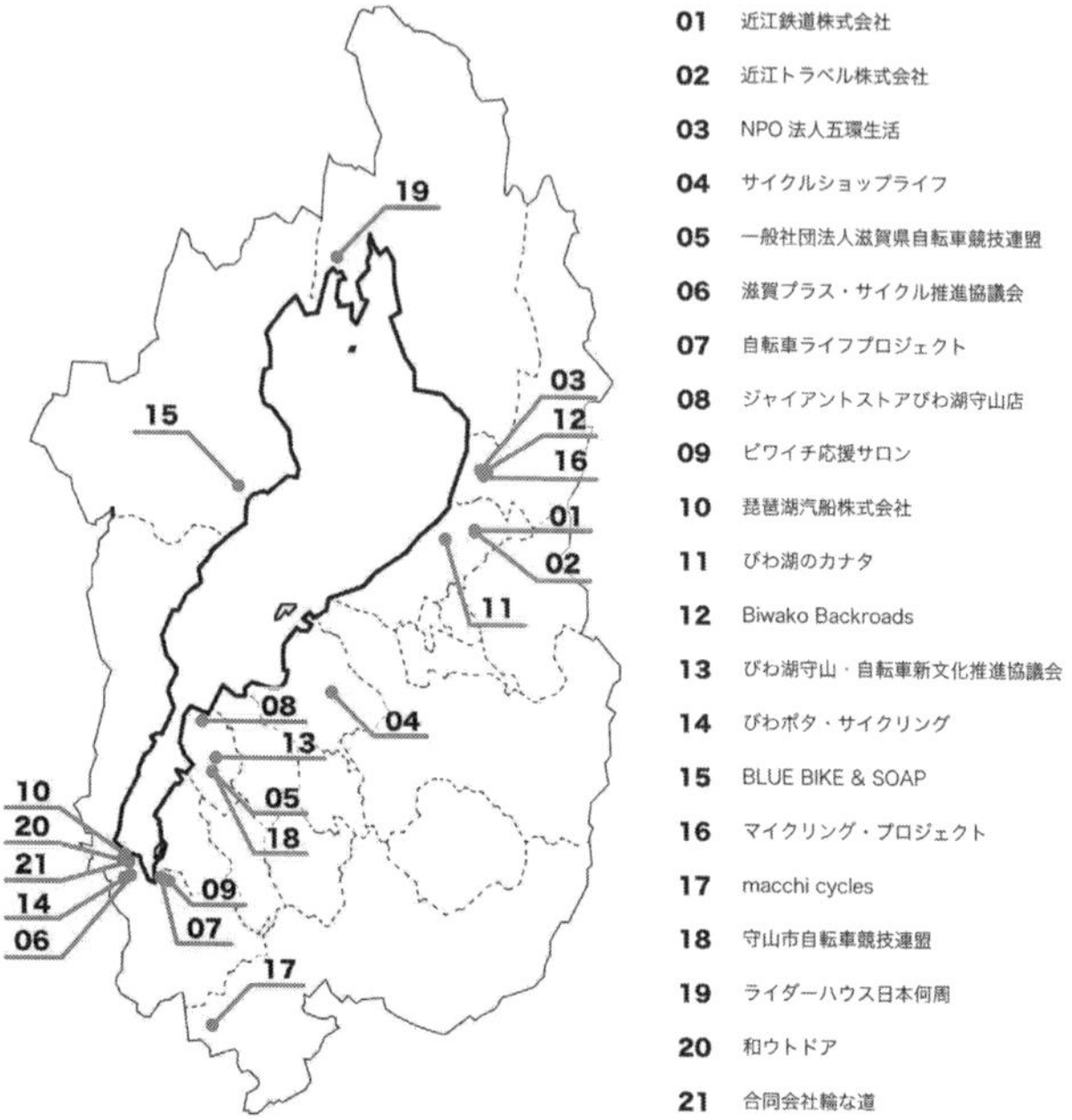

01	近江鉄道株式会社
02	近江トラベル株式会社
03	NPO法人五環生活
04	サイクルショップライフ
05	一般社団法人滋賀県自転車競技連盟
06	滋賀プラス・サイクル推進協議会
07	自転車ライフプロジェクト
08	ジャイアントストアびわ湖守山店
09	ビワイチ応援サロン
10	琵琶湖汽船株式会社
11	びわ湖のカナタ
12	Biwako Backroads
13	びわ湖守山・自転車新文化推進協議会
14	びわポタ・サイクリング
15	BLUE BIKE & SOAP
16	マイクリング・プロジェクト
17	macchi cycles
18	守山市自転車競技連盟
19	ライダーハウス日本何周
20	和ウトドア
21	合同会社輪な道

▲図23　輪の国びわ湖と協力関係にある滋賀県内の団体・事業者マップ（© 輪の国びわ湖推進協議会）

どを通じて、県内の様々な自転車まちづくり団体とネットワークを深めている。理想の自転車のまちについて何度も夢を語り合い、そのために足りないことややるべきことについて整理を進めてきた。行政とも共同で事業を進める中で信頼関係を築き、率直に意見交換のできる間柄にある［図23］。

これまではビワイチを中心にサイクルツーリズムを通じた事業展開が多かったが、いよいよ自転車の日常利用の推進に向けて本腰を入れるよう社会に促す時期であると考えている。脱炭素社会への対応として、環境面から自転車活用を進めることも待ったなしの状況だ。

遺憾なことに、現在の滋賀での取組みはツーリズム偏重と言える。ビワイチやビワイチ・プラスを喧伝してきた結果として滋賀を旅するサイクリストは増えたが、オー

◀**図24** 県内の中学生の自転車通学風景。服装の指定に加え、車体やヘルメットも好きに選べないのは自転車利用のイメージと体験の質を損ねてしまう要素だろう。地点間の距離が長くなる地方部では、走行性能が高いとはいえないママチャリ／シティサイクルの弱点が強く出てしまう（寄り道が禁止ならなおさらである）。空間整備と合わせてこうした学校の規則も見直してもらいたいところだ

バーツーリズムの一種と言うべきか、地元住民との軋轢も各所で起こっている。地域の人が自転車＝迷惑というイメージを持つようでは自転車のまちづくりはおぼつかない。自転車ツーリストのマナーアップにも注力しつつ、やはり地域住民の自転車の利用環境のハードを整えるとともに、安全利用に資するルールの周知とマナーアップの取組みに注力することも必須である。

同時に、高校までは自転車に乗っていた子どもたちが完全に車に乗り換えてしまわないように、自転車に乗ることがよい体験として身につくよう、通学用自転車及びヘルメットのあり方の見直しを求めることも大切だろう［**図24**］。QOLを上げるためにも、質の高いサイクルツーリズムを展開する上でも、まずはそこに暮らす人々が自転車に乗りやすく自転車を楽しみ日常的に利用している環境を整えることは大切な課題だ。市民の声を盛り上げ、大きな形にして、他セクターと協働しながら、実現に向けて着実に歩みを進めていきたい。

※　サイクルツーリズムの振興には地域住民が自転車を活用し易い環境を整えることが不可欠であることについては、前出の『サイクルツーリズムの進め方』に詳しいので参照いただきたい。

8章

JAPAN

日本
〈総論〉今よりもっと自転車が選ばれる社会へ

宮田浩介・早川洋平

ニーズ

顧みられてこなかった豊かな日常自転車文化

ニューヨーカーの16%が自転車で移動するようになるなら、私だったら何でもします。東京は自転車の走行インフラがほとんどないのに自転車による移動が16%を超えているのですから、少し予算をかけて走行空間を整備すれば、コペンハーゲンやアムステルダムと肩を並べられるでしょう。

——ジャネット・サディク＝カーン元ニューヨーク市交通局長（２０１９年５月、東京にて）

世界ナンバー3の「自転車がごく当たり前の国」

自動車の（生産）国として確固たる地位を築いてきた日本は、自転車利用大国でもある。移動の際のメイン交通手段に自転車が使われる割合（交通分担率）は16％で、オランダとデンマークの25％に次ぐ世界第3位なのだ（2章冒頭部参照）。日本の自転車利用度、そして利用者層の幅広さは、しばしば国際的な注目の的になっている。自転車フレンドリー都市の格付けコペンハーゲナイズ・インデックス（1章参照）では2011年、東京に第4位の座が与えられ、自転車の浸透度や女性ユーザーの多さなど様々な点で他の刺激となる都市、と紹介された[1]。

自転車での移動が（少なくとも市街地〜郊外では）誰にとっても珍しいことではなく、日々の風景の中に溶け込んでいる――こうしたインクルーシブな日常自転車文化（「文化」などと意識されない文化）は、第1部で示した通り、今まさに世界各地の都市が手に入れよう、あるいは取り戻そうと奮闘しているものだ。

ガラパゴスなどではないオマフィーツ＝ママチャリ文化

19世紀末イギリスの自転車ブームに端を発し、世界のあちこちで芽吹いた日常自転車文化は、激烈なモータリゼーションを経てほぼ消滅したが、オランダやデンマーク、日本においては生き残った。そこではイギリスの「ロードスター型」を祖先とする生活自転車が活躍し、オランダであれば「オマフィーツ」（＝おばあちゃん自転車）、日本では「ママチャリ」と呼ばれている[2]。ママチャリは日本特有のものでも「ガラパゴス」でもなく、日常自転車先進国に共通のオーソドックスな車種なのだ。

跨がり易いフレームに、泥よけ、チェーンカバー、ライト、荷台、カゴ、スタンド、サークル錠を備え、身

▲**図1**　ママチャリで東京都内の街角を移動する女性。車体は近年の主流となっている電動アシストつき、かつ前後に子どもを乗せることを想定したタイプだ。子どもの送迎に車ではなく自転車が使えることは、当事者にとっても社会全体にとっても大きなプラスになる

体を起こした姿勢で乗れる（子どもだって乗せられる）、インクルーシブな生活自転車［**図1**］。ロンドンでは2012年に「オランダにおけるダッチ・バイク（オマフィーツ）と同様の存在」である日本のママチャリを扱う自転車店「Mamachari」がオープンしているが[3]、オマフィーツ＝ママチャリ的な自転車が容易に入手・利用できることは、日常自転車文化の繁栄に不可欠の要素といっていい。世界のシェアサイクルの車体構成がオマフィーツ＝ママチャリのそれと似通っているのも、偶然ではなく必然だ。

日本の暮らしの一部となって久しいママチャリはしかし、実は先進的かつ普遍的であるにもかかわらず、国内では十分に評価されていない。「ママチャリほど多芸多才で、実用的、健康的で、ビジネス、都市、そして地球によいものはありません」と著書『世界が称賛した日本の町の秘密』で語っている研究者のチェスター・リーブスは、同書でオランダやデンマークや中国にも言及しつつ、「世界で最も偉大な自転車国家」・

日本のママチャリ文化が「過小評価、もしくは無視され、場合によってはバカにまでされて」いることを嘆いている。(4)報道、広告、公共ポスター、各種情報サイトなどで、スポーツ自転車を推す一方でママチャリを貶す傾向がみられるというのだ。女性の日常自転車利用［図2］を下に見るミソジニー的な現象とも考えられるママチャリ軽視は、日本の自転車政策が世界の目指すインクルーシブな方向性から外れてしまっている原因のひとつ、克服すべき課題であろう。

既にそこにある「自転車町内」というコンパクトシティ

オランダとデンマークにおける自転車の交通分担率の突出した高さは、オマフィーツ＝ママチャリ系の生活自転車の普及だけでなく、走行空間をはじめとする自転車インフラの整備によっても支えられてきたものだ。だがそれなら、インフラ面で大きく遅れている日本でもなお、世界で3番目によく自転車が使われているのはなぜだろうか。

前掲のリーブスの著書によれば、その鍵は「日本中で、とくに大人数の人が生活している平野部や平坦な盆地で見かけることができる」「自転車町内」にある。(5)「最高レベルの自転車町内」は、「学校、役所の派出所、コミュニティセンター、病院、診療所、薬局、郵便局、交番など、重要な生活施設が家のそばに立地」するまちで、「商店街が存在することで完成」し、「日常的に必要なものが徒歩、もしくはママチャリで簡単に手に入れ」られる。(6)パリの「15分都市」構想（5章参照）を思わせるコンパクトな生活圏が日本には既にあり、それが自転車での移動にぴったり、というわけだ。

自転車町内はまた、車依存を抑制する都市空間でもある。道が狭く区画も細かくて交差点が多いため車でス

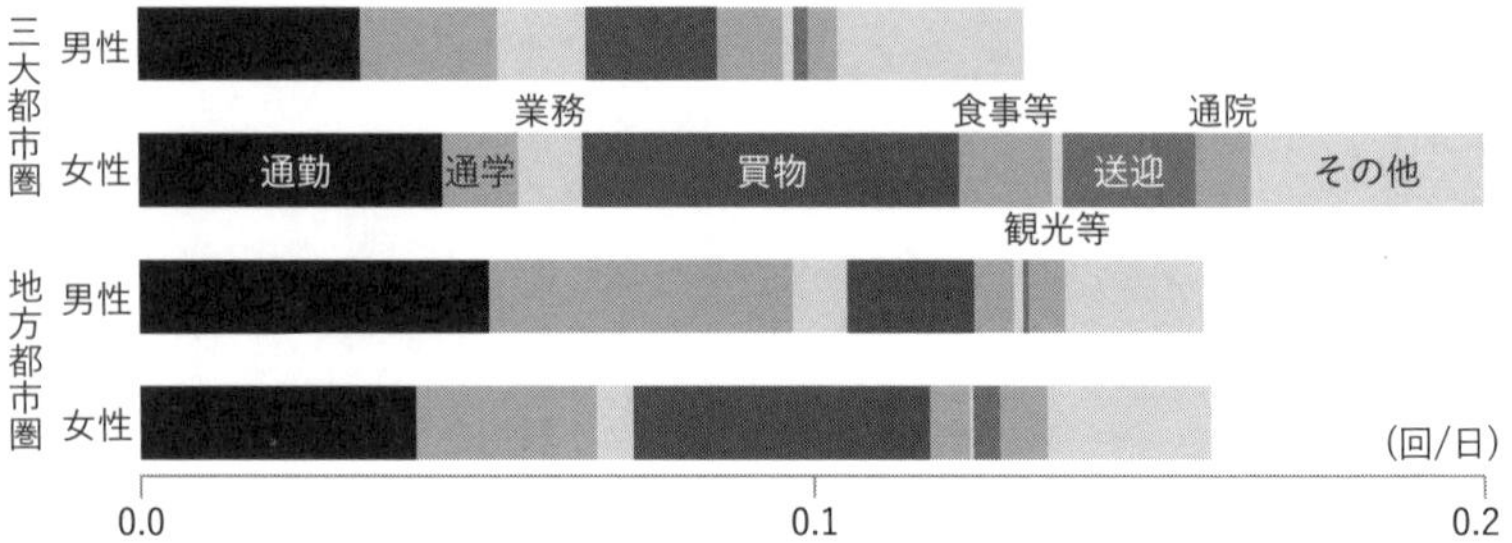

▲**図2**　男女別にみた、移動目的ごとの1日あたり自転車利用回数（平日）。女性が買い物や送迎を男性より多く負担しており、三大都市圏ではそれを主要因として女性が自転車を使う頻度が高くなっている（国土交通省「都市における人の動きとその変化〜平成27年全国都市交通特性調査集計結果より〜」所収のグラフを元に作成）(7)

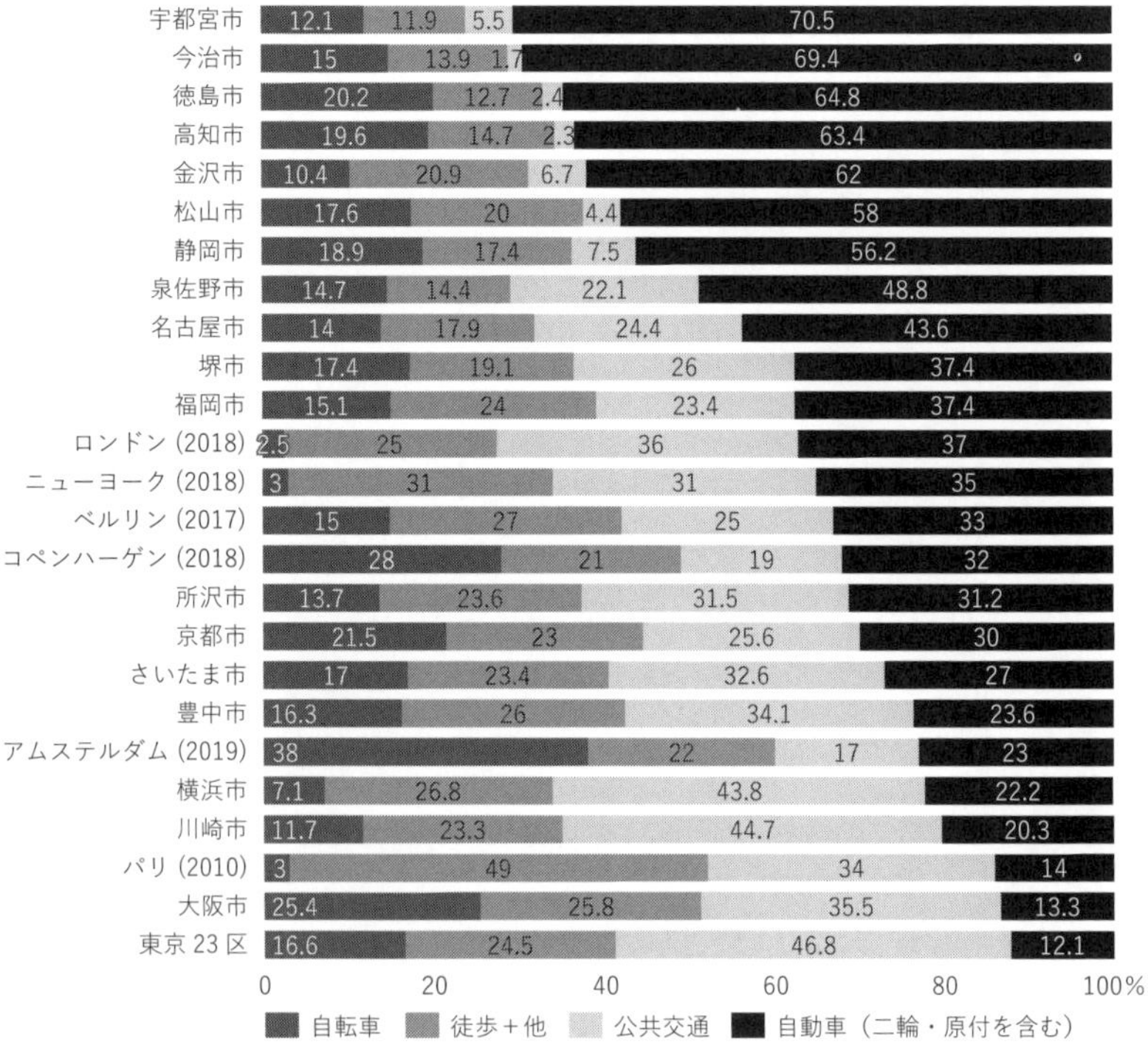

▲**図3**　内外諸都市における代表交通手段ごとの構成比（車依存度順）。国内の都市は自転車の分担率の高さ、車の分担率の低さ、自転車まちづくりにおける知名度などからピックアップした（データ出典：国土交通省、Transport for London、NYC DOT、BMDV、City of Copenhagen、Gemeente Amsterdam、Mairie de Paris資料）(8)

ピードを出して通り抜けるのには向かないし、駐車できる場所も少ない[9]。車を駐めておくにも動かすにも何かと時間や費用がかかる町内では、自ずと他の移動方法が選ばれるのだ。

強力タッグで車依存を抑える公共交通と自転車

自転車町内はもちろん、個々の小宇宙に閉じているわけではない。多くの場合その中心には鉄道駅があり、自転車を使った日々の移動は、リーブスも指摘するように「素晴らしき公共交通システムに繋がっている[10]」。

公共交通と自転車のタッグは、組み合わせての利用であれ別々の利用であれ、車への依存を抑える上でとりわけ重要になる。内外の都市の交通手段構成を比べてみると、車の分担率の低さでは東京23区、大阪市、川崎市、横浜市がアムステルダムを抜いており、豊中市、さいたま市、京都市、所沢市は、コペンハーゲン、ベルリン、ニューヨーク、ロンドンよりも先を行っている［図3］。こうした日本のまちは、発達した公共交通、またそれと支え合い補い合う徒歩や自転車での移動の多さにより、諸外国で大きな課題となっている脱・車依存を既に世界有数のレベルで達成しているのだ。

デザインなき自転車町内の限界

行き届いた鉄道網やコンパクトな町内に助けられ、豊かな日常自転車文化が栄えてきた日本。しかしこれらの要因は、いずれも自転車利用のために用意されたものではない。ワールドクラスのオマフィーツ＝ママチャリ文化の本邦への定着は、（車体を別にすれば）ニーズに向き合ったデザインや政策の直接の成果ではなく、主として20世紀アメリカ式の空間デザインが及んでこなかった（それに抵抗してきた）場所における、副産物的、

▶**図4**　道路空間の不公平な配分。チリのアーティストによるものだが、こうした状況は日本でもありふれている
(© Fabian Todorovic @fabiantodorovic)

自然発生的な結果なのである。この草の根的なたくましさは賞賛されるべきだが、放ったままにしておくことは正しくない。今たまたま成り立っているその「生態系」はバランスが揺らげば崩壊しうるものだし、そこには満たされてこなかったニーズ、失われてきた人命、幸福、尊厳があるからだ。

日本では2021年に498名が自転車乗車中の事故で亡くなっており、343名（70％）は車が相手だった。自転車利用者が亡くなる事故の類型で最も多い出会い頭の衝突（同年40％）は、狭く見通しの悪い「自転車町内」的な都市空間の弱点と、車という危険源に正面から対峙する施策の欠如を浮き彫りにしている。また、町内から幹線道路に出た自転車利用者には、車道では車に追突される（出会い頭事故の10倍の死亡率）などのリスクが、歩道では歩いている人の安全・安心を脅かしてしまう可能性がつきまとう。道路空間は車を（分担率が低くても）優遇する形で配分・運用され［**図4**］、バスと自転車というグリーンで人の輸送効率に優れた交通モード同士が、しばしば不幸な対立関係に追い込まれている。公共交通は都市部において車利用の抑制に大きく貢献している反面、多くを背負わされ過ぎているといってよく、特に鉄道の車内と駅構内の激しい混雑は、ストレスフルで弱者に厳しい環境を生んでいる。

そしていうまでもなく、日本には自転車町内など存在しない地域の方が多い。列島を見渡せば、全国70の都市圏で移動の際に選ばれている主な手段の圧倒的トップは車である（2015年のデータでは平日45・1％ 休日61・7％、うち三大都市圏では平日31・5％ 休日50・7％、地方都市圏では平日58・8％ 休日72・3％）。郊外～地方部で自転車が日常の中に残っているのは何より10代の通学のお陰だが、そこに関わる学校や行政の取組みは、概して利用促進よりも抑制の性質が強い。自転車利用者の約4割を10代が占め、20～50代は各1割以下に落ち込む群馬県では、100m未満の移動でも4人にひとり、300～500mで2人にひとり、1・5km以上になると8～9割の人が車を使う。まちは拡散（スプロール化）し、公共交通は低迷、送迎に頼ることも多い子どもたちの肥満率も高く、お年寄りは外出ができなくなる不安を抱えている。このような、またこれらにとどまらない弊害を伴う車依存が、日本の大多数の地域の現実なのだ。人口10万人あたりの交通事故死者数の全国平均は、最も少ない東京都のおよそ2・7倍にあたる。

都市の内外のいずれにおいても、安全・安心で健康的、幸福で持続可能な社会を築いていくには、今よりも自転車の利用を伸ばす必要がある。求められているのは、自転車町内のような自然発生的・副産物的なものに任せておくのではなく、自転車による移動がもっと多くの人に、もっと多くの場面で選ばれる環境を意図的につくることだ。世界トップのオランダを含む諸国が歩みを進める中で、日本が足踏みをしていてよいはずはない。

デザイン

ユーザー目線が抜け落ちた日本の自転車インフラ

利用推進ではなく「対策」から始まった駐輪場整備

自転車利用を直接の対象とした環境整備で日本が世界に誇れるものがあるとすれば、それは駐輪関係だろう。その代表格が全国の駅周辺に整備された総数1万4620の駐輪場で、約469万台分のキャパシティが鉄道と自転車の連携を支えている。スーパーなどにも大抵は駐輪スペースがあり、初めての店に自転車で行く場合も置き場所の心配をする必要はまずない。空間に余裕の少ない市街中心部でも、道路の一部を転用可能にする道路法施行令などの改正（2005年、2007年）や一定規模以上の店舗などを新増築する際の附置義務条例（2013年までに154の自治体が制定）などを背景に、駐輪施設が確保されていることが珍しくない。

駐輪にまつわる行政の考え方の出発点はしかし、溢れ出すニーズを「問題」とみなしての「対策」であった。「放置自転車対策」の一環として1980年代から強制撤去とセットで進められてきた駐輪場整備は、需要にマッチした供給により「放置」が減るという（当たり前の）ことを証明し、結果として多くの人が満足できる環境が構築されるようになってきた。けれどもこれはあくまで「対策」の洗練であり、自転車をもっと便利に、という視点からのデザインではない。2012年に国土交通省が策定した「自転車等駐車場の整備のあり方に

▲**図6**　東京都港区新橋駅そばの桜田公園に整備された、408台を収容する機械式の地下駐輪場（登録制）。省スペースな地上部の機器で自転車の受け渡しができる。江戸川区の葛西駅では同様のシステムで6480台、合計で9400台の駐輪キャパシティを確保している

▲**図5**　神奈川県川崎市、武蔵溝ノ口駅そばの駐輪場のひとつ。同駅周辺には合計およそ5000台分の駐輪施設が整備されている。写真のように電動アシスト自転車、チャイルドシートを装着した自転車の専用区画も増えているが、海外規格のカーゴバイクなどへの対応はまだこれからだ（© 藤田有佑）

▲**図8**　横浜市の京急鶴見駅周辺では車道の一部も小規模分散型の駐輪スペースに転用されている（© 藤田有佑）

▲**図7**　新宿駅周辺のあちこちにある路上駐輪スペース。小規模分散型の設備は買い物や食事などに便利だ。主に鉄道に乗り換えるための大規模集約型とは用途が違うので、それぞれのニーズに応えることがポイントとなる

関するガイドライン」も、ニーズの把握と「きめ細かな対応」を強調しているが、「需要の適正化」と称した自転車利用抑制策を示しつつ、車依存の問題には触れていなかった。[11] この後ろ向きな性質は2016年のガイドライン第2版で改善され、自転車の経済効果や車からの転換の社会的意義、バス停や電停にも駐輪場を設置することの必要性が盛り込まれている。

「対策」にばかり注力しがちな行政にとって、駐輪「問題」はある意味で得意分野といえる。需要と供給のミスマッチは「放置自転車」の形で自動的に可視化されるからだ。走行空間となると、満たされないニーズはそのように明白には表面化せず[12]、事故が（たびたび）起きでもしない限り、そこに問題があるとは認識されにくい。1980年公布の「自転車の安全利用の促進及び自転車駐車場の整備に関する法律」も通称こそ「自転車法」だが中身は駐輪場整備がメインで、日本の自転車走行インフラは今なお、駐輪施設のような発展［図5～8］を果たせていない。

歩道の利用度が世界一？な日本の自転車ネットワーク

走行空間に話を進めるにあたってまず指摘しておきたいのは、自転車で歩道を走れるのは日本だけではない、という事実だ［図9］。たとえばアメリカでは全50州の半分[13]、オーストラリアでも6州のうち4州が全年齢を対象にこれを法で認めている。日本の特異性は、自転車の交通分担率が高く、ゆえに歩道にも実際に多くの自転車利用者がみられる点にある。

歴史的には、日本における自転車での歩道通行の適法化はモータリゼーションの激化と「交通戦争」状況に由来する。自転車乗用中の交通死は1960年にピークに達し（2084人／年）、以降も横ばいが続いた［図10］。

▲図9　ロサンゼルスの街角を自転車でゆく人。市内全域で許可されている歩道通行を、見たところ自転車利用者の約半数が選択していた（2018年）

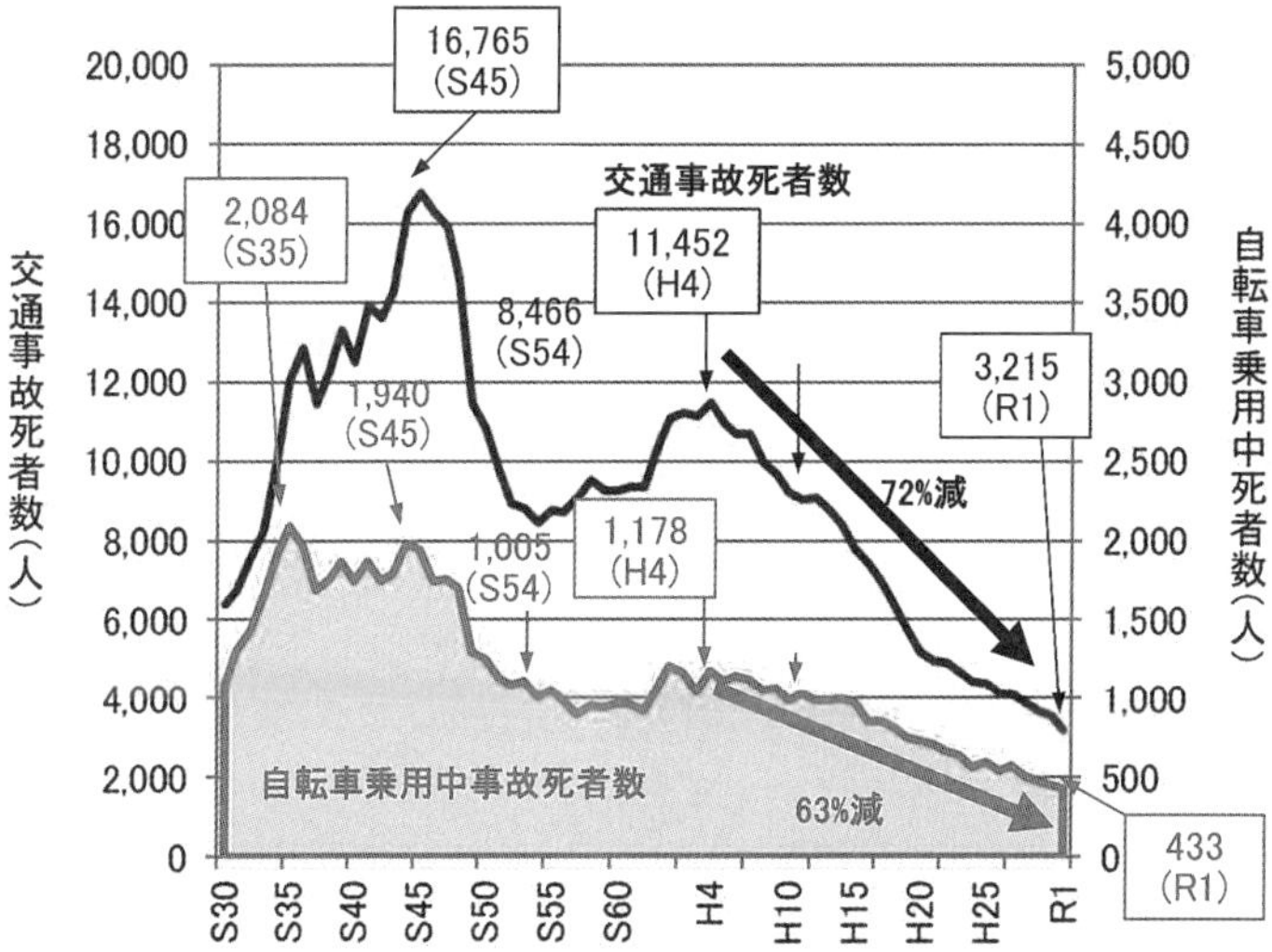

▲図10　「交通事故死者数の推移」（© 国土交通省）(14)

交通死全体は右肩上がりに増え、歩行者、特に子どもの犠牲が相次いだこともあって大きな社会問題となると、取締りや安全教育と平行して、歩道や信号機などの整備が進み始めた。そんな中、1970年の道交法改正により、身を守るために自転車でも歩道を使うという選択が公認されたのだった。

1970年といえば忘れてはならないのが、「自転車道の整備等に関する法律」（略称「自転車道法」）の成立だ。「もっぱら自転車の通行の用に供することを目的とする道路又は道路の部分」あるいは「自転車及び歩行者の共通の通行の用に供することを目的とする道路又は道路の部分」の設置を自治体の努力義務とした同法[15]は、オランダのような国と肩を並べる未来への鍵となりうるものだった。だが車偏重の思想が主流となっていた日本では、「もっぱら自転車の通行の用に供することを目的とする」インフラへの投資は本格化しなかった。自転車道法に合わせた1970年の改正道路構造令には（現在の国際標準に照らして理想的とはいえない）自転車道とともに自転車歩行者道が追加され、利用者をより狭い空間に押し込んでしまえる後者ばかりがつくられてきたのだ（2006年4月時点で両者の総延長の95％超）。

日本の自転車利用は歩道（自歩道を含む）が受け皿として定着していった1970年代の10年で急成長し（保有台数は約2200万台増、1・75倍に）、自転車乗用中の死者数と交通死の総数はともに半減した。いずれも複合的な要因によるものだが、自転車町内と（自）歩道の存在が、あらゆる人に開かれた日本の日常自転車文化の繁栄と安全性向上に寄与してきたのは間違いないだろう。内外の研究を総合すると、自転車利用者にとって歩道通行のリスクは車道と同等、もしくは低いと考えられ［**表1・2**］、また車の流れから分離されたネットワークは、安心感と利便性をもたらしてくれる。諸外国の走行インフラにも歩道を共用するタイプはよくあり、このことからも日本の（自）歩道は質的に特殊なわけではなく、利用度が抜きん出ているに過ぎないといえる。

研究	要旨	研究としての問題点
古倉（2004）[16]	アメリカの事故統計と自転車利用実態アンケートの組み合わせにより、自転車での歩道通行は車道通行の6.7倍危険と推計。他にも歩道通行を危険とする主張が多数。	アンケートは歩道を主に通行する若年層が対象外のため、歩道の通行率を実際より低く、事故率を高く誤推計している。また、幹線道路と生活道路、自転車レーンと混在通行といった違いを区別していないため、車道に分類される空間なら何であれ歩道より安全との誤解を招く。他にもチェリーピックや擬似相関、部分と全体の同一視、単なる憶測などの問題がみられる。
鈴木・屋井（2008）[17]	ドライビング・シミュレーターで車から自転車利用者がどう見えるかや運転にどう影響するかを実験。交差点左折時は車道より歩道の自転車の方が発見されにくいと考察。	見落とし易さの定量的な比較は車の左折直前のもので、曲がり始めてからのデータは恣意的に省かれている。また、死角が大きく殺傷力の高い大型トラックの運転シミュレーションはしていない。
国土交通省（2011）[18]	全国の自転車通行環境整備モデル地区の事業結果を集計。整備後の事故減少率は自転車レーンを引いた路線が最大という結果も報告。	自転車道より自転車レーンを整備すべきと主張する研究者らに論拠として引用されている報告だが、事故発生率は路線延長あたりで計算されており、自転車道、自転車レーンなど、道路の特定の空間の事故率を示すものではない（正しくは空間ごとに事故件数÷自転車通行台数で求める必要がある）。また対照群がなく、事故の減少が整備以外に起因する可能性を排除できていない。
国土交通省・警視庁（2013）[19] 国土交通省・警察庁（2015）[20]	交差点内に矢羽根をペイントし自転車利用者を直線的に誘導するモデル整備事業の調査報告。整備後は車道通行が大半を占めるようになり、事故が減少したと報告。	歩道と車道の通行台数調査では、朝のラッシュ時のみが対象とされたり、道路右側歩道の自転車交通量が除外されたりした結果、車道通行率が実態より大幅に高く出ている。事故については集計期間の設定に不自然なズレがあり、整備後1年間の発生件数が実際の半分以下になっている。
出口ら（2019）[21]	埼玉県内の路線を対象に自転車通行空間が整備された前後の事故発生状況を調査。自転車の車道通行が増えたが死亡・重傷事故は増えておらず安全面に問題はないと考察。	調査対象路線には矢羽根マーキング、自転車レーン、自転車道、歩道の視覚的区分など多種多様な整備形態があるが、これらを「自転車通行空間」と一括して分析。発表スライドでは研究と無関係な栃木県の幹線道路（調査対象路線より規制速度が高く車線数も多い）の車道に引かれた矢羽根の写真を使っており、矢羽根は交通の激しい環境でも有効との優良誤認を招く。

▲表1 国土交通省・警察庁の有識者委員会や各地の自転車活用推進計画などで取り上げられてきた、車道走行を安全面で優位とする研究

研究	要旨	政策の観点からみた意義
Wachtel and Lewiston (1994) (22)	パロアルトの3路線で自転車通行台数を数え、その路線の事故統計と突き合わせることで、交差点では歩道通行が車道通行の1.8倍危険と推計。	古倉（2004）の「6.7倍」が大幅な誤推計である可能性を読み取れる。事故率は通行空間だけでなく通行方向や年齢層、男女でも異なるとの分析結果も注目に値する。
Lusk et al. (2011) (23)	モントリオールの自転車道のある6路線と自転車道のない対照6路線の自転車通行台数あたりの事故率を各ペアで比較し、自転車道（いずれも対面通行）のリスクは平均で車道の0.7倍と推計。	アメリカの設計指針で確たる根拠なく否定されてきた自転車道の安全性を客観的に評価。車道主義が蔓延する状況に一石を投じた。Wachtel and Lewiston（1994）の推計についても、単路事故を含めれば歩道と車道のリスクに有意差はなく、順走に限れば歩道通行のリスクは車道の半分だと指摘。
Schepers et al. (2011) (24)	オランダ各地の幹線道路と生活道路の無信号交差点を対象に、自転車・自動車交通量や通行空間の種類から事故件数を予測するモデルを構築。車道から2～5m離した自転車道が最も安全で、車道混在や自転車レーンはそれより高リスクと報告した。	「自転車道は単路で安全でも交差点で事故リスクが高い」という過去の研究結果に対する反証のひとつになった。また、一口に自転車道といっても交差点の幾何構造によって事故率が変わることを報告した。
Teschke et al. (2012) (25)	トロントとバンクーバーで入院した自転車利用者に事故当日の移動経路を尋ね、その中から事故に「遭わなかった」地点をランダムに選んで対照群とする手法により各種通行空間の事故率を比較。自転車道が圧倒的に安全だと報告した。	路上駐車の有無や生活道路かどうかでも車道通行のリスクが変わること、自転車利用者が走りたくないと感じる通行空間ほど実際の事故リスクも高いことを明らかにし、従来の「安心と安全は違う」論を部分的に否定した。
横関ら（2015）(26)	千葉県内の28路線で自転車通行台数を観測し、事故統計と組み合わせて歩道と車道の事故率を比較。車道の方が数倍～数十倍危険と報告した。	分析対象は単路部の事故のみだが、駐車場などの路外から進入してきた車との事故も含めており、その場合も車道通行の方が事故率が高いとの結果を示している。「歩道は一見安心だが車が出入りする箇所で危険」論に対するひとつの反証となった。

▲**表2**　日本の行政には取り上げられていない、自転車での車道走行のリスクに関する研究

だが典型的な（自）歩道やそれに類する海外の自転車走行空間は、車の危険性から人を遠ざける有効な「対策」となる一方、結局は車の流れを優先し他に不利益を負わせているアンフェアなデザインの一形態であり、これから目指すべきものではない。徒歩や車椅子などで移動する人の安心・安全を自転車利用者がしばしば損なってしまうこうした共用スペースは望ましくないし、自転車インフラとしても貧弱だ。本当に必要なのは、車の脅威という根本問題に向き合い、なおかつ便利で快適な人の行き来を伸ばしていくデザインの実践、すなわち「意図せざる自転車町内＋（自）歩道」から「静穏化された生活道路＋世界基準の自転車道」へのアップデートである。

自転車利用者に選ばれる穏やかな生活道路

繰り返し述べてきたように、日本の日常自転車文化を支えてきたもののひとつには、自然発生的な「自転車町内」がある。そこでみられるような、車の交通量が少なくスピードも低い生活道路では、誘導されずとも多くの自転車利用者が車道部分を走っており、歩道や路側帯を歩く人との分離が成立している[27]［図11］。

近年の日本では自転車に乗った生身の人をとにかく車道に移そうとする政策が進められているが、その主要ツールとなっている車道左端の混在通行マーキング（ピクトグラム）は当初、元から穏やかな環境の生活道路に用いられ、走る位置の目安と正しい向きを示すものだった。混在マーキング単体に期待できるのはあくまでこのガイド機能であり［図12・13］、車の多い道、流れの速い道の静穏化ではない。

生活道路を自転車ネットワーク形成に活かすためのポイントは、車道混在マーキングを増やすよりも、車の混入を（地区住民の車も含めて）減らすこと、速度も自転車レベルまで落とさせることにある[28]。前者には自転車

▶**図11**　東京都中野区、東中野駅付近。自転車に乗った人が自ずと車道部を使い、徒歩の人と分かれて通行できている（ただしここは歩道が狭過ぎる）

▶**図12**　自転車町内の好例といえる東京都足立区の西新井大師道。一方通行（自転車を除く）の車道部両側に「自転車ナビマーク」がペイントされている

▶**図13**　車道混在マーキングが役立ちそうな道の一例（車の速度も抑える必要がありそう）。向かって右側にだけ路側帯（歩行スペース）があり、そこに自転車利用者が誘引されて逆走状態になっている。こうした現象は小交差点の押しボタン信号機（向かって右側にしか装置がないことが多い）によっても生じる

◀**図14**　元々の20km/h制限が画一的なゾーン規制で30km/h制限に引き上げられてしまったケースも

◀**図15**　東京都墨田区本所のゾーン30プラス実装例。一方通行の車道を自転車で反対向きに走る人のために、簡易構造物で保護された空間が設けられている（順方向は混在通行となり、車のプレッシャーを嫌ってか歩道を選ぶ自転車利用者も多い）。警察庁は2022年に「連続した自転車ネットワークの確保」のため一方通行規制の自転車への適用を原則として解除するよう通達しているが、まだ徹底されておらず、こうした専用空間の整備となると極めて珍しい

◀**図16**　京都の中心部を縦横に走る細道は20km/h制限が標準的で、大通りに囲まれたそれぞれの地区は実質的にゾーン20といえる。とはいえこの狭さの道なら、車道部が不釣り合いに多い区分にせず、全面をシェアード・スペース化した方が景観上も好ましい

を除く一方通行規制や車止めによるフィルターが、後者には狭窄やシケイン、ハンプ、移動オービスといった物理デバイスや装置が効果的だ（車のための空間を明示しないことやレンガ調の舗装などにより、人が主役の道と直感できる雰囲気をつくり出すとなおよい）。街路を徒歩や自転車での移動に優しいものにするこれらの施策はしかし、コミュニティ道路（1981年～）やコミュニティ・ゾーン（1996年～）などの事業を経てもなお、散発的にしか導入されていない。2011年から全国に広まった面的な速度規制「ゾーン30」［図14］でも、2016年度末時点の3105カ所のうち物理デバイスで強制力を持たせたゾーンは129カ所のみだった。2021年から「ゾーン30プラス」の新名称の下で物理デバイスの設置が増え始めたのは一歩前進だが［図15］、そもそも時速30kmでの線引きは衝突された歩行者の死亡率を根拠にしたもので、生きるか死ぬか以前に車に怯えなくてよいというユーザー体験の価値は考慮されていない。幼児やお年寄りも行き交う暮らしの場としての道では、しっかりした歩道がない場合には速度上限をもっと低くする必要がある[29]［図16］。

ペイントだけの自転車レーンは路駐レーンになりがち

狭い生活道路以外では、濫用といっていい車道混在マーキングの他、自転車レーン（自転車専用通行帯）も各地で整備されるようになってきた[30]。しかしレーンは往々にして路駐車で寸断され、交差点では右折車線の確保のためにあっさり打ち切られがちだ［図17～19］。路駐車は1台だけでもレーンの機能を数十mにわたって無効化し、自転車利用者の通行を格段に難しくする。路駐ニーズの高い市街地ではそれが何台も何台も並んでいるのが常で、普通の人が普通に使えるレーンはほぼ存在しないのが実情だ［図20・21］。

道路交通法では、停車も駐車も「他の交通の妨害とならないようにしなければならない」と定められている[31]。

つまり自転車専用通行帯を塞いでの駐停車は違法行為にあたり、警察も通報には応じるのだが、自発的で厳格な取締まりはまれだ。警察がドライバーに車を移動させたとしても、数分後には別の車がそこに路駐される。諸外国の例が示す通り、持続的な措置として有効なのは構造物を用いた分離なのだ［図22・23］。

路駐車で自転車レーンが機能しなくなるという当たり前の事実がようやく公的に直視されるようになったのは、レーンの仕様を初めて法令レベルで定義した2019年の道路構造令改訂によってであった。ところがこの改訂でも、実効性の高い対策である構造物による分離は、路駐車そのものを活用するパーキング・プロテクテッド方式を含め盛り込まれなかった［図24］。またレーンの標準幅員も1・5mと不十分で、利用者同士の追い越し時に一般車線へのはみ出しが起きにくい1・7mには届いていない。

ニーズに反して整備されてこなかった自転車道

構造物で車と分離した自転車走行空間というと、主要な形態は自転車道または自転車歩行者道となる。しかし先述した通り、1970年の「自転車道の整備等に関する法律」で努力義務を負った行政がつくってきたのは、自転車道ではなく自・歩の分離のない自歩道ばかりだった。「自転車道は車の空間を不足させ渋滞を引き起こす」といった考えは根強く、自・歩分離を主目的に国交省と警察庁が共同で主導した自転車利用環境整備モデル事業（2008〜2010年）でも、全国98地区の総整備延長のうち自転車道［図25・26］は11%に留まり、78%が自歩道となってしまった。

自転車道ができているところでも、走路内や直近に街灯の支柱などが配置されていたり、大小の交差点で寸断や急角度の折り曲げが起きたりと、円滑な通行を妨げる要因が少なくない。それでも一定以上の品質の自転

▶**図17**　法務省と日比谷公園の間の自転車レーン。慢性的に路駐レーン状態になっているが、取締まりは重点路線にもかかわらず滅多に行われていない

▶**図18**　交差点に近づくと、右折車線のために自転車レーンは断たれてしまう。典型的なケースでは自転車専用空間の空白が数十m以上に及ぶ

▶**図19**　右折車線がなければないで、右折待ちの車を避けようとするドライバーが自転車利用者の存在をよく確かめないままレーン内に進路変更してくることがある。この危険な運転行動は単路部でも、沿道の店舗などに入るための右折待ちに絡んで起こる

▲図21　かなりのレアケースといえる、側溝部分込みで2.5mのゆったりした自転車レーン（東京郊外の都道247号線の一部区間）。車の交通の激しくない道ではこうしたペイントのみの幅広レーンでも満足な環境になりうるが、それも路駐需要がゼロに近ければの話だ（この道でも大抵ところどころでレーンが塞がれている）

▲図20　路駐車を避けて進む自転車利用者に注意を呼びかける看板（国会通り）。管理者がやるべきなのはレーンが塞がれないようにすることだ

▲図23　デンマークを参考にニューヨーク市をはじめとする北米各地で導入が増えている「パーキング・プロテクテッド」自転車レーン（3章参照）の東京版（文京区白山）。駐車車両を防護壁の代わりにする画期的レイアウトだが、社会実験として先行整備された品川区のものと同様、ドアゾーン余白を設けていない点が大きな問題だ[32]

▲図22　樹脂ポールによる分離が施された自転車レーン（東京都新宿区、議事堂通り）。この方式は国内ではまだ珍しいが、簡易構造物でも効果は一目瞭然だ。ただ残念なことに、レーンはこの先の交差点手前で打ち切られてしまう

▲**図24**　改正道路構造令では 歩道｜駐車帯｜自転車レーン のレイアウトが標準化されたが、かつてこのレイアウトを用いていた海外諸国では既にパーキング・プロテクテッド方式や自転車道への転換が進んでいる（2、3、9章参照）。レーンを塞いでの（二重）駐車、急に開いたドアへの衝突、ドアを回避して後続車に衝突されるリスク、安心感の低さなどの問題が明らかになったからだ

▲**図26**　空間の限られる中で様々な工夫をこらして整備された、東京都三鷹市のかえで通り自転車道（モデル事業路線）。島式バス停の横では歩道との境界に緩傾斜の縁石を用い、ユーザーが転倒を心配せずに使える有効スペースを増やしている

▲**図25**　モデル事業で整備された東京都江東区亀戸の自転車道。バス停は島式だ。幅員や線形など理想的でない点もあるが、実際に多くの人に利用されていることの意味は大きい

車道は利用率が高く、[33]構造物による分離保護の重要性を物語っている。ただしそうした自転車道も大抵は幅が2mしかなく、利用者同士の追い越しやすれ違いには狭い。[34]道路構造令は車道の車線については路線の種・級に応じた幅員基準を示している一方、自転車道に関しては最低値の2・0mのみの指定で、これより広い設計は日本の行政組織において採用されにくいのだ。1978年の道交法改正に伴い定められた歩道通行可能な「普通自転車」の最大幅60cmが歩道以外でも設計上の前提とされてきたことも、空間配分の貧困の一因となっている。

モデル事業などにおける自転車道の整備はまた、スポーツ寄りの自転車愛好家たちからも激しい攻撃を受けた。1930年代のイギリスや1970年代のアメリカ（3章参照）と同様、（成人・男性・健常者中心の）「サイクリスト」たちの間では車道主義、車との（形式上の）対等さが重視され、不完全な自転車道は改善するより拒絶すべきものとみなされたのだった。予算や空間確保、合意形成といった課題に頭を悩ます行政にとって、車偏重の道路デザインを変えずに自転車サイドのニーズに応えたことにできるこの状況は渡りに船だったろう。

国際標準から大きく外れた設計ガイドライン

モデル事業による自歩道依存からの脱却が狙い通りに進まず、自転車愛好家らからは自転車道バッシングを浴びた国土交通省と警察庁は2012年、「自転車は車道が原則」を前面に押し出した「安全で快適な自転車利用環境創出ガイドライン」を発行した。その内容はタイトルとは裏腹に、オランダのようなインフラ先進国の知見では自転車道が必要なところでも自転車レーンで済ませることをよしとし、しかも路駐車の存在を考慮しないなど、安全快適な環境の創出とは程遠いものだった。大多数の人のニーズからの逸脱は2016年の改

▲図27　東京都世田谷区の国道20号線。幹線道路に車道混在マーキングを施しても、ほとんどの人にとってそこを走ることは自転車利用時の現実的な選択肢とはならない(35)

定ガイドラインでさらに顕著になり、自転車レーンでも不十分な幹線道路に「暫定形態」として車道混在マーキングを用いることが容認された［図27］。世界各地で日常自転車文化の形成（再興）のためのインクルーシブな走行空間整備が加速した2010年代、日本ではそれとは正反対に、1970年からの宿題をやり直すのではなく投げ出すに等しい車道主義の指針が立てられ、幅広い層の自転車利用のためのデザインとその実装は停滞してしまったのだ。

都市戦略

日本のまち×自転車の未来をめぐる5つのポイント

コペンハーゲナイズは2019年のインデックスにおいて、年齢や性別を問わないママチャリ文化が維持されている東京に16位の座を与えつつ（最高は2011年の4位）、世界の都市が躍進する中で評価を下げた理由として、保護型の走行空間ネットワーク形成の遅れを指摘した[36]。

日本が盛んな自転車利用を失わず、社会全体のために伸ばしていくには、これまでできていなかったユーザー目線のインフラ整備に正面から取り組むしかない。結局はそれにつきるのだ。その基本的な考え方については1章、具体的な空間デザインについては2章2節と9章の設計カタログを参照してもらうのが早いだろう。ここでは日本での実践に関わる論点を5つにまとめ、どんな未来を私たちが望み、形にできるかの道筋を提示して本書本編の結びとしたい。

1 「地球沸騰時代」のモビリティシフト

2023年7月末、グテーレス国連事務総長は会見で「地球温暖化時代は終わり地球沸騰時代に入った」と述べ、一刻も早い行動を世界のリーダーたちに呼びかけた[37]。他のG7諸国と同じく（生温いともされる）

2050年までの温室効果ガスネットゼロ化を表明している日本では、全体の18%のCO_2を排出する運輸部門（2019年）の削減ペースが最も遅い。同部門の排出量の約86%を占める自動車の入れ替えは必須と考えられるが、日本の消極性がしばしば批判されるゼロエミッション車（ZEV）へのシフトがもし急速に起きたとしても、それにより解消されるのはあくまで車社会の弊害の一部分に過ぎない。

世界の都市では気候危機対策として、また健やかで豊かな社会のために、車の使用そのものを抑制する動きが加速している。そしてこれと一体になっているのが、暮らしの中の自転車利用を支える環境づくりなのだ。

2017年施行の自転車活用推進法の「基本理念」も、「自転車の利用を増進し、交通における自動車への依存の程度を低減すること」を「公共の利益の増進に資するもの」と位置づけ、車の社会負担（気候危機の加速、環境汚染[38]、騒音、振動、平時および災害時の渋滞、自他の健康への悪影響）にも間接的ながら（自転車はそれを減らす、という書き方で）言及している（ただし車による死傷被害には触れていない[39]）。しかしこの「公共の利益」のための車から自転車へのモビリティシフトの理念は、全国の具体的施策に十分に反映されていない。

2 移動の自由という権利と幸福

気候危機のような大きなスケールの事実とは対極にある、個々人の「モビリティ」の意味も再確認しておきたい。mobilityとは「移動できること」であり、移動の自由は人の最も根本的な権利といえる（これを制限するのが懲役刑だ）。物理的モビリティは教育や職業などの様々な機会へのアクセス、すなわち社会的モビリティの基盤をなすがゆえに、あらゆる人に公平に提供されなければならない。

20世紀には車が万人のモビリティを担うものとされたが、車偏重はむしろモビリティの貧困と過剰［図28］

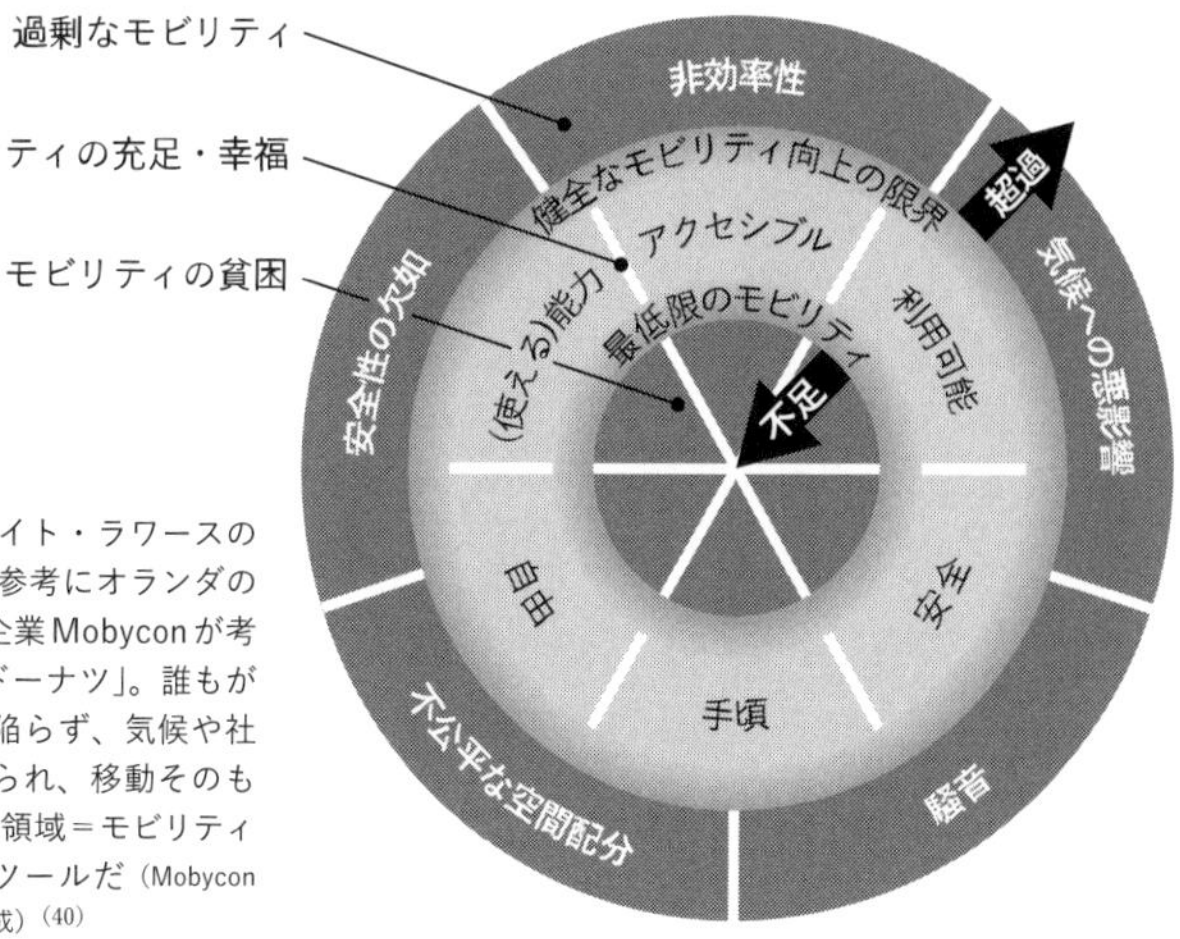

▶**図28**　経済学者ケイト・ラワースの「ドーナツ経済学」を参考にオランダの交通コンサルタント企業Mobyconが考案した「モビリティドーナツ」。誰もがモビリティの貧困に陥らず、気候や社会への悪影響も抑えられ、移動そのものを楽しめるバランス領域＝モビリティの幸福を探るためのツールだ（MobyconのMobility Donutを元に作成）[40]

を生む。車は年齢や能力を問わず誰もが任意に使える道具ではないし、殺傷力や空間占有率の高さが他の人の歩行や自転車利用の妨げになる。車が前提のまちでは日常の目的地が拡散して徒歩や自転車はさらに選ばれにくくなり、公共交通も衰退する。そうして車依存の袋小路から出られなくなってしまう環境は、生活習慣病や高齢運転のリスクはもちろん（2039年には日本の3人にひとりが65歳以上となるとされている）、移動の幸福度という観点からいっても望ましくない。コロナ禍でリモートワークに切り替えた世界各地の約1000人（48%はオランダ居住者）を対象にした調査では、「通勤が恋しいとは全く思わない」割合は車通勤だった人が最多（55%）、自転車通勤だった人が最少（9%）となっている［**図29**］。

　モビリティの多様性を破壊せず、豊かに保ち伸ばすこと。All Ages and Abilities（あらゆる年齢と能力）を合言葉とする（3章3節参照）21世紀型のインクルーシブな自転車走行空間ネットワークは、そのための重要なピースのひとつなのだ。それはハンドサイクル（手漕ぎ自転車）やシニアカー、電動車椅子などのユーザーの自立した外出を支え、自転車での歩道通行を減

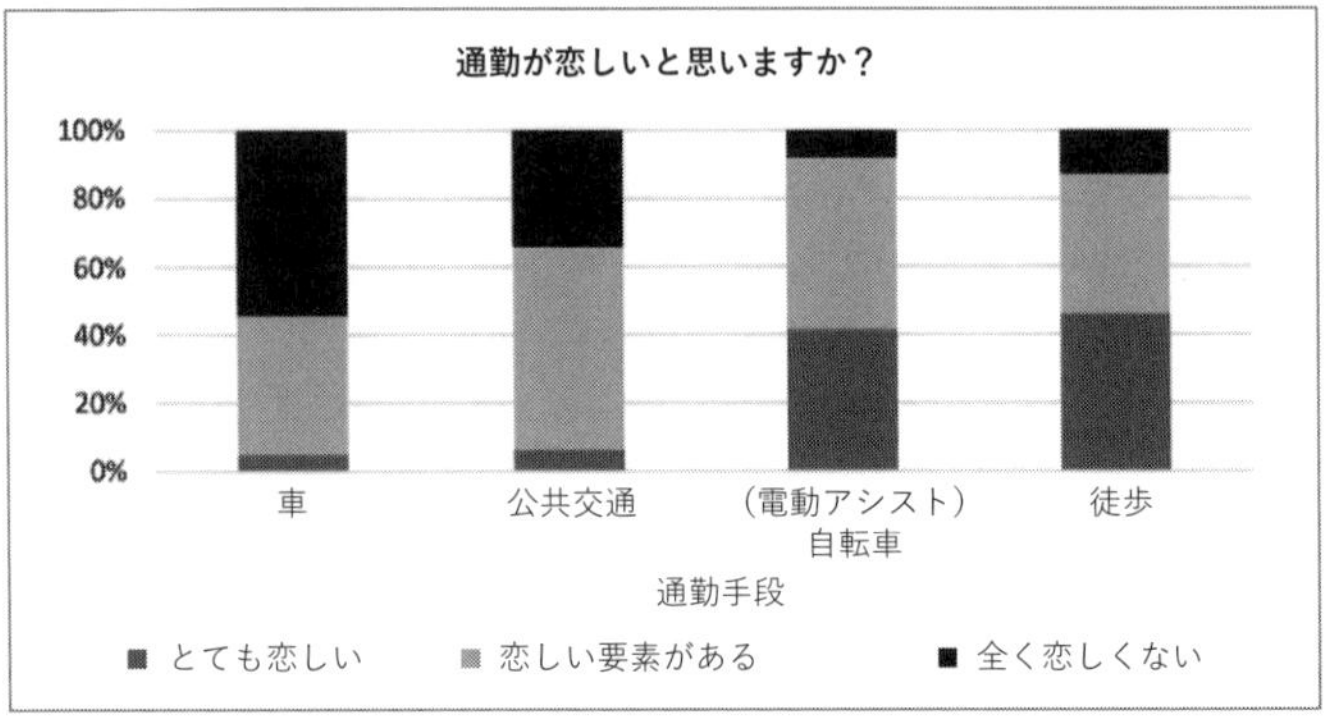

▲図29 以前の交通手段別にみた、リモートワークに移行した人が通勤を恋しいと思う度合いの比較。「とても恋しい」では、1位の徒歩と2位の自転車がいずれも40％以上、3位の公共交通と4位の車はともに10％未満だった。一度に大勢が乗れてCO_2排出が少ない鉄道やバスも、ユーザーが好んで利用している度合いは車と同程度に低いようだ

（Ori Rubin らによる What can we learn from the COVID-19 pandemic about how people experience working from home and commuting? の Figure 4を元に作成）[41]

らし（3章2節参照）、自転車利用の向上によって公共交通の活性化（地方部）や混雑緩和（都市部）を助ける。ちょっとそこまで行くのに車が選ばれることが少なくなれば、本当に車を必要とする人の移動もスムーズになる。

3 自転車が選ばれるスマートな道とまち

幹線道路の自転車道と静穏化された生活道路があらゆる発着点を途切れ目なく結ぶ、安心・安全で快適、そして目的地に早く着く[42]高品質な走行空間ネットワーク[43]は、交通手段としての自転車の競争力を高める。そこに人の感覚を喜ばせてくれるものが多く含まれればなおよい（その一要素であり木陰を提供してくれる街路樹は、酷暑が深刻化する夏場に自転車や徒歩で移動する人の命を守るインフラといえる）。

だが良好とみえる自転車ネットワークができても、車の領域に切り込んでいない場合、モビリティシフトの規模は限定的になる（2章3節参照）。自転車の利便性向上だけでは片手落ちで、直接の車依存対策が欠かせないのだ。具体例としては、隣接する地区同士の間の最短経路を車では通

◀**図30**　近江鉄道のサイクルトレイン利用風景
（© 一般社団法人 滋賀グリーン活動ネットワーク エコ交通研究会）

れないようにして近距離利用を抑制することや、個々の（集合）住宅の脇ではなく周辺の主要道路のそばに共同駐車場を設け、すぐに車に乗れる気軽さを打ち消すことなどが挙げられる[44]（いずれも静穏化施策の側面を持つ）。

郊外や地方部で既に車を前提としたスケールにまちの機能が拡散している場合も、自転車ネットワークの整備だけで全体のモビリティシフトを狙うのは難しい。世界で最も走行環境が充実しているオランダでも、自転車での1トリップの平均距離は3・6km、電動アシスト自転車で5・9kmだ。しかし300〜500mの移動で2人にひとり、1・5〜5kmでは8〜9割の人が車を使う群馬県のようなケースを考えれば、できることはまだまだいくらでもある。長期的には生活圏の方を集約するコンパクトシティ化が望まれるが、まずは現在の自転車利用を支えている10代の通学を安全快適で楽しいものにする空間整備からだろう。レジャーのイメージの強いサイクリングロードもこのために活かせるし、通勤ルートにもなる。駅やバス停の周辺の駐輪施設に加え、混雑しない路線の鉄道車内に自転車を直に持ち込めるサイクルトレイン〔図30〕も双方のユーザー増への貢献が期待できる。

自転車が選ばれるかどうかに影響を及ぼすのは、「リアル」世界の道やまちだけではない。デジタル世界の情報もまた、人の根本的権利であるモビリティの将来を左右する。「ＭａａＳ」（Mobility as a Service）や「スマートシティ」といったコンセプトが注目される中、移動時に見る地図のスマホアプリ率が既に62％に達している日本で、駐輪場の場所・料金・空き状況、ルートの早さ・楽さ・安全さなど自転車利用に関するデータは量・質ともに貧弱な状態にある。

4　利用促進と「安全」のナラティブ

世界3位を誇る日本の自転車利用度は、実は全国で低下している。[45] 一方で車は、圧倒的多数の地域でシェアを伸ばしている。車関連の企業努力や公共投資による優遇の強力さが最大の理由だろう。だがこれまでの自転車政策が自転車という交通手段の魅力を高めてこられなかったことも確かだ。

２０２３年4月、日本では自転車に乗る際にヘルメットをかぶることが「努力義務」となった。（まともなヘルメットは頭部の保護に一定の役割を果たすものの、着用の強制は自転車から人を遠ざけることが分かっており、そのせいで車による移動が選ばれることが増えれば、社会が抱えるリスクはかえって大きくなってしまう。クリス・ボードマン（4章3節参照）の言葉を借りれば、こうした施策は自転車利用の危険性を実際よりも高く印象づけ、本当の危険の源である車の殺傷力への対処から目をそらさせる、「銃撃をやめさせる立場の者たちによる防弾チョッキ推進運動」だ。[46]

「努力義務」は罰則を伴う強制ではないが、「ヘルメットをかぶっていませんでした」というvictim blaming

（被害者叩き）が既に報道の決まり文句と化しているように、この法改正は道路上の「安全」をめぐる世の中のナラティブ（語り）を自衛ありきの方向にスライドさせた。「銃撃をやめさせる」環境整備に回せたであろう予算を割いて、各地の学校では自転車側の過失が車相手にどんな結果を招くかを実演するスタントショー「スケアードストレイト」（「恐怖による更生」の意）が、安全ルール教育としてたびたび行われている。[47]「自転車は車道が原則」、という「安全利用五則」の最初に掲げられた形式論があちこちで説かれ、インフラ設計もこれに強く引き摺られて、[48]現実の安全性、利便性、ユーザーにとっての体験の質は置き去りになっている。自転車関連事故の統計の解釈でも、行政（警察を含む）は相手方の構成率（ほとんどは車）や違反率にはまず言及せず、また軽重を区別しない単純な件数の多さや増加を、それが自転車利用の盛んさの表れであり事故「率」は高くなくても、とにかく問題とみなす傾向が強い。

公正なリスク評価に基づく真の安全はもちろん、自転車がもっと使われるまちづくりと両立可能だ。事故を防ぐ適切なふるまいがそこを通る誰にでも直感的に分かり、そして自然に実行できる空間デザインが今、世界の街路を変えていっている。優先課題はやはり車の加害力への対処であり、ＥＵでは速度超過防止アシスト（ＩＳＡ）の搭載義務によってもこれが具体化されている（２０２２年７月から全ての新型車、２０２４年７月からは全ての新車に適用）。

5　持続可能な自転車まちづくり

自転車のまちをつくるためにやるべきことは、根本的にはどこでも同じだ。人と人を隔ててしまう物理的な力の差を道のデザインで埋め合わせ、移動の自由・幸福・安全を誰もが等しく得られるようにすることである。

けれどもその実現のためのプロセスには、土地ごとに大きな開きがある。過去に決定的な岐路となったのは、第2次大戦後のモータリゼーションの激流にどう立ち向かったかであった。波に飲まれ日常自転車文化を失った国々の都市も、今こそそれを取り戻そうと動いている。

日本の政策はどうかといえば、自転車活用推進法の基本理念にある「自転車による交通の役割を拡大することを旨として」との言葉もモビリティシフトの意義も忘れられ、「活用推進」はサイクルツーリズム一辺倒になっている（にもかかわらずサイクリング人口は縮小している）。だが模範のひとつとされる滋賀の「ビワイチ」ツーリズムはそもそも、市民の手で、日常の自転車利用を伸ばすために始められたものだ（7章参照）。この目的を達成するための歩みはまだまだ止まっていない。

滋賀の例はまた、まちづくりの主体としての市民の役割を教えてくれる。数年おきに人事異動がある行政にとって、慢性的な人手不足の中、以前からの蓄積の弱い領域で、意欲的かつ一貫した事業を単独で継続していくことは難しい。そこで鍵を握るのが首長のリーダーシップであり、地域の市民を中心とする、専門知識の豊富な組織の存在だ。ビジョンを持った地元市民の関与は政策の持続可能性を高め、エビデンスの欠落や解釈の誤り、外部コンサルタントによる短絡的プランや首長の独断専行に対するチェック機能も果たす。ただし市民組織の性質も重要で、男性目線、自転車に関してはスポーツ目線への偏りにも注意しなければならない（イギリスでもアメリカでもドイツでも、これが日常自転車文化再興の足枷となってきた）。

誰が先頭を走るにせよ、始めるのは早い方がいい。インフラ整備には時間がかかる、と繰り返されてきたが、ならばこそスタートを遅らせるのはもうやめにしよう。１９７０年から数えても私たちは十分に待ったし、地球上の隣人たちの居場所が減り、大きく動ける者ばかりが生きられる未来にストップをかけなければならない。

注

(1) Copenhagenize Design Co., "The Copenhagenize Urban Cycling Index 2011 - Tokyo," *Copenhagenize*, 2011, https://web.archive.org/web/20110924035710/http://www.copenhagenize.eu/index/04tokyo.html

(2) 2章参照。チェスター・リーブス『世界が称賛した日本の町の秘密』洋泉社　２０１１年　26〜27ページでも、「ママチャリの元祖」は「イングリッシュレーサー」(アメリカでの呼称)と記述されている。

(3) Byron Kidd, "Japanese mamachari bicycles arrive in London," *Japan Today*, 2013-07-22, https://web.archive.org/web/20221127191843/https://japantoday.com/category/features/lifestyle/japanese-mamachari-bicycles-arrive-in-london

(4)『世界が称賛した日本の町の秘密』50、91〜96ページ

(5)『世界が称賛した日本の町の秘密』30ページ

(6)『世界が称賛した日本の町の秘密』34ページ

(7) 国土交通省都市局都市計画課都市計画調査室「都市における人の動きとその変化〜平成27年全国都市交通特性調査集計結果より〜」２０１７年　https://warp.da.ndl.go.jp/info:ndljp/pid/12943099/www.mlit.go.jp/common/001223976.pdf　67ページ

(8) 国土交通省「平成27年　全国都市交通特性調査　集計データ　都市別指標」 https://warp.ndl.go.jp/collections/content/info:ndljp/pid/12899867/www.mlit.go.jp/common/001229450.xlsx

Transport for London, "Travel in London," 2021, https://web.archive.org/web/20230124200947/https://content.tfl.gov.uk/travel-in-london-report-14.pdf, p. 70

NYC Department of Transportation, "New York City Mobility Report," 2018, https://web.archive.org/web/20230626215640/https://www.nyc.gov/html/dot/downloads/pdf/mobility-report-2018-print.pdf, p. 24

Bundesministerium für Verkehr und digitale Infrastruktur, "Mobility in Germany: Short report," 2019, https://web.archive.org/web/20230525074748/https://www.bmdv.bund.de/SharedDocs/DE/Anlage/G/mid-2017-short-report.pdf?__blob=publicationFile, p. 13

City of Copenhagen, "The Bicycle Account 2018," 2019, https://web.archive.org/web/20211124204310/https://cyclingsolutions.info/wp-content/uploads//2020/12/CPH-Bicycle-Account-2018.pdf, p. 6

Gemeente Amsterdam, "Amsterdamse Thermometer van de Bereikbaarheid 2021," 2021, https://web.archive.org/web/20210810101218/https://assets.amsterdam.nl/publish/pages/905215/amsterdamse_thermometer_van_de_bereikbaarheid_2021.pdf, p. 34

Mairie de Paris, "Le bilan des déplacements en 2014 à Paris," 2016, https://web.archive.org/web/20160506020729/http://api-site.paris.fr/images/77965, p. 6

(9)『世界が称賛した日本の町の秘密』31〜32ページ

(10)『世界が称賛した日本の町の秘密』66ページ

(11) 国土交通省 都市局「自転車等駐車場の整備のあり方に関するガイドライン(第1版)」２０１２年　https://warp.ndl.go.jp/collections/

content/info:ndljp/pid/12150786/www.mlit.go.jp/common/000231328.pdf

(12) たとえば評価指標が「整備された自転車通行空間の利用率」のみだと、その道を避けて他の道を通っている、自転車をやめて他の移動手段を使った、外出自体を控えている、などのケースを取りこぼしてしまう。

(13) 明示的に禁止されていない、という数え方であれば、25よりさらに多くのアメリカの州で自転車での歩道通行が認められている。

(14) 国土交通省「第１回自転車の活用推進に向けた有識者会議　資料２　自転車の活用に関する現状について」２０２０年　https://warp.ndl.go.jp/info:ndljp/pid/12899867/www.mlit.go.jp/road/ir/ir-council/bicycle-up/06pdf/02.pdf　６ページ

(15) デジタル庁「自転車道の整備等に関する法律（昭和四十五年法律第十六号）」e-Gov法令検索　https://web.archive.org/web/20221201195835/https:// elaws.e-gov.go.jp/document?lawid=345AC1000000016_20170501_428AC1000000113

(16) 古倉宗治「自転車の安全・快適・迅速な走行空間の確保及び利用促進のためのソフト面の施策に関する研究」東京大学大学院 工学系研究科 博士論文　２００４年　http://gakui.dl.itc.u-tokyo.ac.jp/cgi-bin/gazo.cgi?no=216138

(17) 鈴木美緒・屋井鉄雄「自転車配慮型道路の幅員構成が自動車走行特性に及ぼす影響に関する研究」『土木計画学研究・論文集』25巻　４７９〜４８６ページ　２００８年　doi: 10.2208/journalip.25.479

(18) 国土交通省「報道発表資料：自転車通行環境整備モデル地区の調査結果について」２０１１年７月21日　https://warp.ndl.go.jp/info:ndljp/pid/11122282/www.mlit.go.jp/report/press/road01_hh_000190.html

(19) 国土交通省 東京国道事務所・警視庁 交通部「自転車、ナビラインで歩道から車道へ。ドライバーからも好評価。〜都内初の自転車ナビライン、試行半年後の利用状況及び効果〜」２０１３年　https://warp.ndl.go.jp/info:ndljp/pid/11256813/www.ktr.mlit.go. jp/toukoku/anzen/cycle/pdf/20131225001.pdf

(20) 国土交通省・警察庁「第２回　安全で快適な自転車利用環境創出の促進に関する検討委員会　資料２　自転車ネットワーク計画の策定の促進について」２０１５年　https://warp.ndl.go.jp/collections/content/info:ndljp/pid/12899867/www.mlit.go.jp/road/ir/ir-council/cyclists/pdf5/02jitensha_03shiryou02.pdf

(21) 出口隼斗ら「安全な自転車通行空間の整備とその効果に関する研究」『第39回 交通工学研究発表会論文集』83〜88ページ　２０１９年　https://warp.ndl.go.jp/info:ndljp/pid/12899867/www.mlit.go.jp/road/ir/ir-council/bicycle-up/07pdf/06.pdf

(22) Alan Wachtel and Diana Lewiston, "Risk factors for bicycle-motor vehicle collisions at intersections," *ITE Journal*, vol. 64, no. 9, pp. 30-35, 1994

(23) Anne C. Lusk et al., "Risk of injury for bicycling on cycle tracks versus in the street," *Injury Prevention*, vol. 17, no. 2, pp. 131-135, Apr. 2011, doi: 10.1136/ip.2010.028696

(24) J. P. Schepers et al., "Road factors and bicycle-motor vehicle crashes

at unsignalized priority intersections," *Accident Analysis and Prevention*, vol. 43, no. 3, pp. 853-861, May 2011, doi: 10.1016/j.aap.2010.11.005

(25) Kay Teschke et al., "Route Infrastructure and the Risk of Injuries to Bicyclists: A Case-Crossover Study," *American Journal of Public Health*, vol. 102, no. 12, pp. 2336-2343, Dec. 2012, doi: 10.2105/AJPH.2012.300762

(26) 横関俊也ら「自転車の事故率比による通行位置別の危険性の分析―昼夜での比較―」２０１５年　https://web.archive.org/web/20230806165212/http://library.jsce.or.jp/jsce/open/00039/201506_no51/pdf/33.pdf

(27) 現状、この自然な棲み分けには、（間欠的に通る）車を気にして歩行者が端に寄り、空いた中央付近を自転車に乗る人が走るという機序が働いているようだ。車が全く通らない（車両通行止め時間帯の）商店街などでは歩く人が道路全体に広がり、自転車に乗った人がその間を縫う形になりがちである。

(28) 地域住民の運転は平均すると地域外からの通過自動車交通よりも大人しいが、そうではない地元ドライバーも少なくない。

(29) 交通事故による死だけでなく重傷も防ぐためには、時速30㎞は十分に低い速度とはいえない。10トン以上の大型車が相手だと、時速10㎞以下での接触でも10人にひとりが亡くなる恐れがある。スペインでは２０２１年の新指針により、歩道のない道路における規制速度の標準値が時速20㎞になった。

(30) 法定の自転車専用通行帯の他に専用空間としての法的効力を持たないレーンもあるが、一般の道路ユーザーに区別は難しい。

(31) なお５分以内の人の乗降や荷物の積み卸しの最中が「停車」、それ以外は乗員の有無に関係なく全て「駐車」である（道路交通法２条、47条）。

(32) 整備に関わった交通管理者の主張は、自転車レーンを通常より広い２・０ｍ幅にした（ドア開け幅０・５ｍを含めてある）というものだが、０・５ｍという値は人が車を乗り降りするのに最低限必要な開口幅に過ぎない。レーンと駐車枠の間の余裕幅を決める上で考慮すべきは、後方確認せずドアを一気に全開にしてしまう不注意な乗員の存在や、車を降りた乗員の安全地帯としての機能である。そのために必要な幅は最低３ft（約０・９ｍ）とＮＡＣＴＯの設計指針が示している。

(33) 亀戸の国道14号線の自転車道（幅２・０ｍ）は通行場所としてそこが選ばれている比率が80％前後、相模原の国道16号線の自転車道（幅３・０ｍ）は地区により89〜95％、名古屋の国道19号線の自転車道（幅３・０ｍ）は90％前後（同路線の自転車レーンは40％前後）。

(34) この幅員の技術的根拠は、日本道路協会『道路構造令の解説と運用』１９７０年版（５０３ページ）によれば１台の自転車の通行に必要な（横揺れ余裕を含む）幅を単純に２倍しただけであり、自転車利用者同士の接触の不安という心理面は考慮されていない。

(35) 東京都内では、主要幹線道路での車道通行率はマーキング施工後にむしろ低下した。

(36) Copenhagenize Design Co., "Tokyo," *2019 Copenhagenize Index*, 2019, https://web.archive.org/web/20230227153031/https://copenhagenizeindex.eu/cities/tokyo

(37) UN News, "Hottest July ever signals 'era of global boiling has arrived' says UN chief," 2023-07-27, https://web.archive.org/web/20230728202517/https://news.un.org/en/story/2023/07/1139162

(38) タイヤ由来の塵埃は海洋に放出される一次マイクロプラスチックの3〜4割を占めると推測されている。

(39) デジタル庁「自転車活用推進法（平成二十八年法律第百十三号）」e-Gov法令検索　https://web.archive.org/web/20220519212636/https://elaws.e-gov.go.jp/document?lawid=428AC1000000113

(40) Mirjam de Bok, "The elements of the Mobility Donut: Finding the balance," *Mobycon*, 2021-05, https://web.archive.org/web/20210512120202/https://mobycon.com/updates/the-elements-of-the-mobility-donut-finding-the-balance/

(41) Ori Rubin et al., "What can we learn from the COVID-19 pandemic about how people experience working from home and commuting?," 2020, https://web.archive.org/web/20230509063520/https://www.researchgate.net/profile/Samuel-Nello-Deakin/publication/341233510_What_can_we_learn_from_the_COVID-19_pandemic_about_how_people_experience_working_from_home_and_commuting/links/634e755612cbac6a3ed61898/What-can-we-learn-from-the-COVID-19-pandemic-about-how-people-experience-working-from-home-and-commuting.pdf

(42) 目的地への到達の早さは、コペンハーゲン（1章参照）でも日本でも、人が自転車を使う動機の圧倒的トップである。

(43) オランダのCROWマニュアルは、市街地で期待される自転車ネットワークのグリッドサイズを通常300〜500m間隔としている。

(44) 人の空間から離して共同駐車場を設置した例としては東京都調布市の神代団地などがある。

(45) 2010年と2020年の国勢調査（通勤・通学）を比べると、自転車利用は全都道府県で減少、自家用車のシェアは東京・神奈川以外の45道府県で増加している。2015年の全国都市交通特性調査でも、自転車利用は三大都市圏・地方都市圏の両方で減少していることが分かる。

(46) John Stevenson, "Chris Boardman: 'Helmets not even in top 10 of things that keep cycling safe'," *road.cc*, 2014-02-17, https://web.archive.org/web/20221206174059/https://road.cc/content/news/111258-chris-boardman-helmets-not-even-top-10-things-keep-cycling-safe

(47) 「スケアードストレイト」のルール教育としての効果は実証されておらず、京都では2019年4月の実演中に従業者が亡くなっている。

(48) 工学的な検討の下で道路構造が決定され交通法がその「取扱説明書」となるのが自然な形だが、日本では逆転現象が起きている。

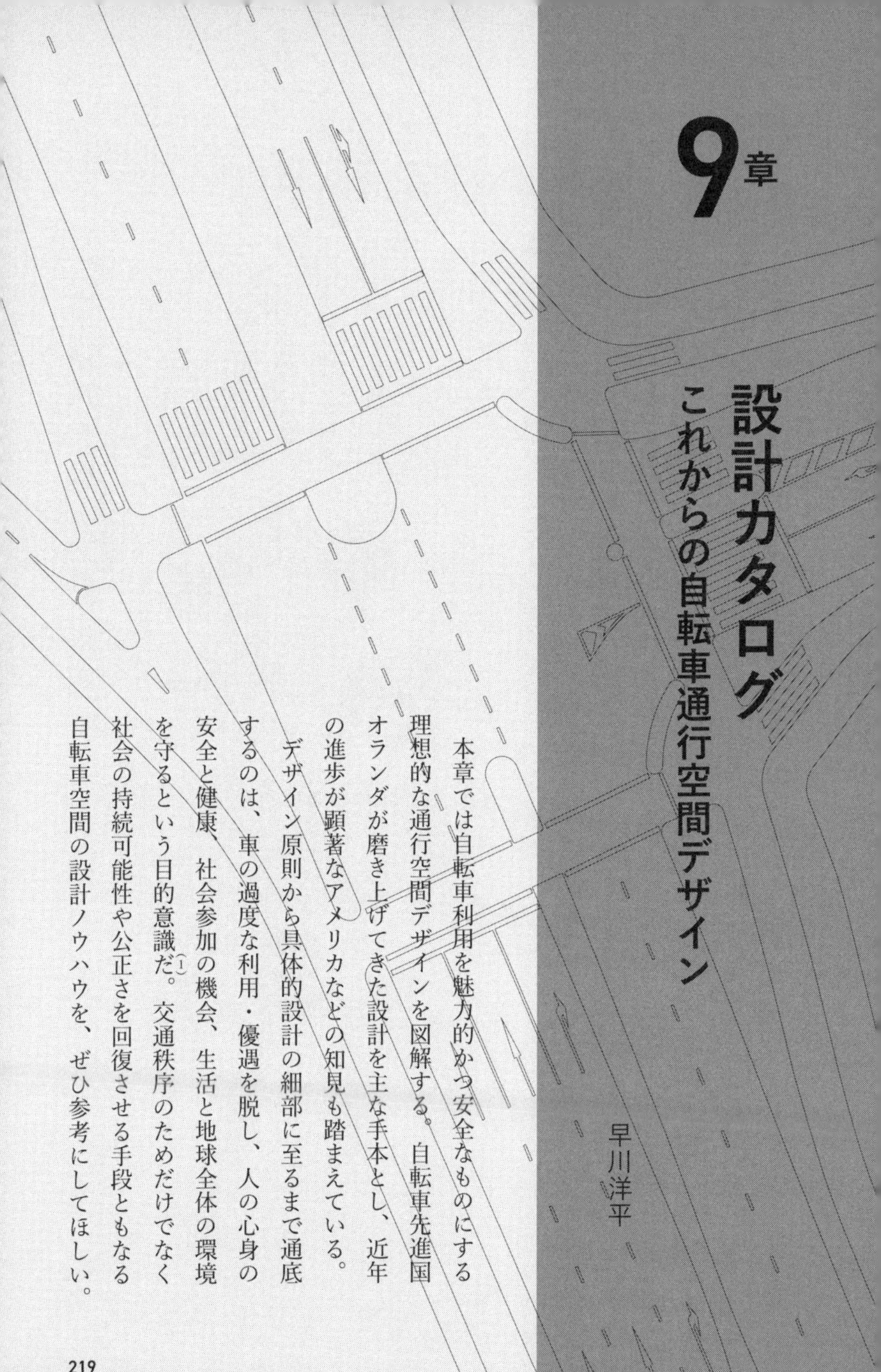

9章

設計カタログ

これからの自転車通行空間デザイン

早川洋平

本章では自転車利用を魅力的かつ安全なものにする理想的な通行空間デザインを図解する。自転車先進国オランダが磨き上げてきた設計を主な手本とし、近年の進歩が顕著なアメリカなどの知見も踏まえている。デザイン原則から具体的設計の細部に至るまで通底するのは、車の過度な利用・優遇を脱し、人の心身の安全と健康、社会参加の機会、生活と地球全体の環境を守るという目的意識だ(1)。交通秩序のためだけでなく社会の持続可能性や公正さを回復させる手段ともなる自転車空間の設計ノウハウを、ぜひ参考にしてほしい。

自転車通行空間のデザイン原則

自転車で社会に前向きな変化を起こすには、多くの人が日常的に自転車を使いたくなる環境が必要だ。図1の要件を高水準で満たす自転車通行空間なら利用者が自然と惹き付けられ、歩く人との分離も進むだろう(2)。

誰でも
○ 老若男女を問わず安心。
大型の自転車でも走れる。
× 筋力や豪胆さを求める。
普通自転車のみに対応。

安全に
○ 人は間違えるという前提で
危険源から物理的に分離。
× 車道通行の徹底を目的化。
事故は人の注意力で防ぐ。

早く
○ 車より早く着くよう優遇。
時間損失を秒単位で削る(3)。
× 車両として車と同じ扱い。
公平より平等を志向。

楽に
○ 最小限のエネルギーで
目的地に到達できる。
× 停止や押し歩き、遠回り、
凸凹など力の損失が多い。

心地よく
○ 静かで綺麗な空気の中を
並んで喋りながら走れる。
× 並走できず、車の騒音や
排気ガスを直に浴びる。

▲図1　利用者から選ばれる自転車通行環境の5要件

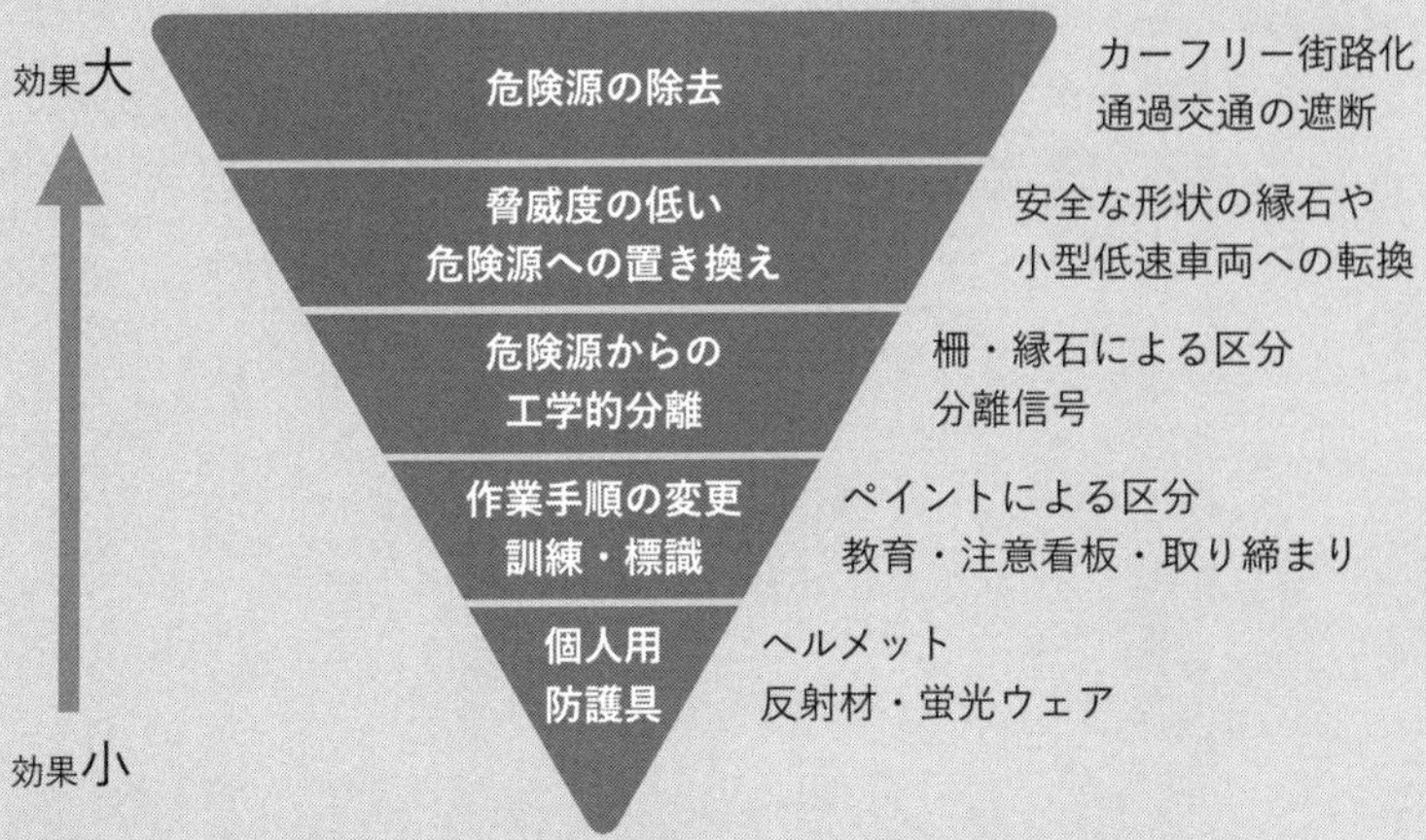

▲図C1　NIOSHのhierarchy of hazard controls [4] で分類した自転車の安全策

コラム❶

人を尺度とする交通安全体系と対策の階層構造

死亡・重傷事故を防ぐには、対策に人間の特性を織り込む必要がある。その一つが「人は間違える」ということだ。ヒューマンエラーが起こりにくく、起こっても致命的な結果に至らないよう設計しよう。複数の方向を同時に注視しなければならない状況を解消（認知負荷を分散）し、動線の交錯点で速度を抑制するのが効果的だ。もう一つは「人体は衝撃に弱い」ことだ。鋼鉄の枠に守られた車と違い、自転車では生身の体が剥き出しになる。道路の側で保護機能を肩代わりしよう。

一口に安全策と言っても、実行は容易ながら効果に乏しいもの、導入は困難だが絶大な効力があるものなどに分類できる。図C1は米・国立労働安全衛生研究所が示す階層分類に自転車の安全策を当てはめたものだ。こうして捉えると、日本は下層の対策に頼りがちで、上層の抜本策（特に利害調整を要するもの）には消極的であることが浮き彫りになる。

社会をより安全で暮らしやすく、持続可能で公平なものにするには、この上層の対策に取り組む強い意思が必要だ。金銭的費用は必ずしも大きくない。政治的決意こそが鍵である。

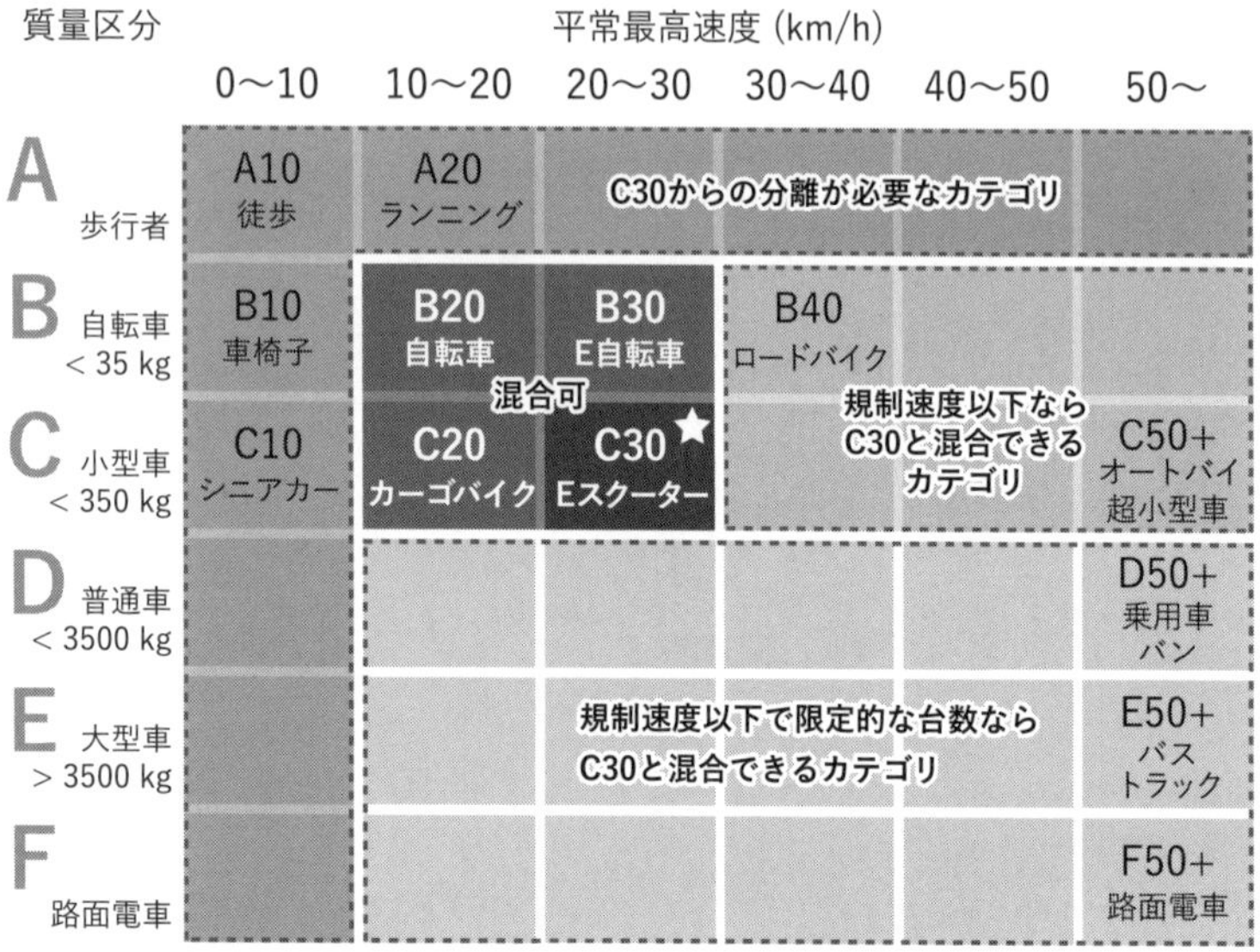

▲**図2**　質量と速度による利用者分類と通行空間の分離／混合の判断例（C30を主カテゴリにした場合）

分離と混合の判断基準

交通モード間の分離／混合は運動エネルギーの差で判断するのが適切だ。図2は質量と平常最高速度（身体的に無理をせず、または車両を違法改造せずに出せる最高速度）で交通モードを分類したもので、次のように分離／混合の判断に使う[5]。

1．道路の各空間にどれか一つのモードカテゴリを**主カテゴリ**として設定し（図ではC30）、その平常最高速度をその空間の規制速度にする。

2．速度か質量が一区分だけ遅いか軽いカテゴリは同じ空間で混合できる。二区分以上遅いか軽い場合は別空間への物理的分離が必要[6]。

3．速いカテゴリは規制速度以下なら混合可。重いカテゴリは、他に通れる空間がない場合は**従カテゴリ**として限定的に混合可。

つまり、高速走行や大型車の頻繁な通行を許容したいなら軽量・低速カテゴリの通行空間が別途必要ということだ（空間配分の具体例は図3）。

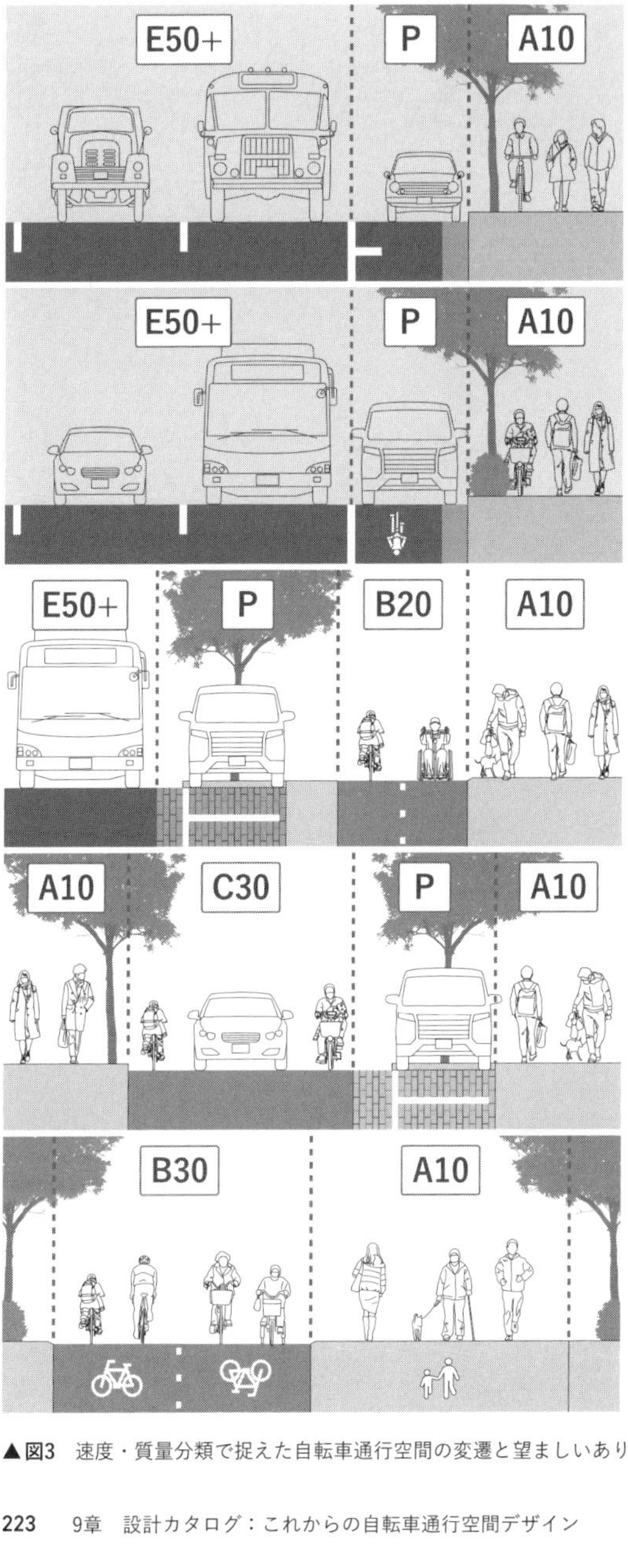

1970年代～

車の円滑な流れを優先し
自転車道の整備を先送り。

徒歩・自転車移動の人が
皺寄せを受ける。

2010年代～

実質的な空間再編をせず
小手先の対応で先送り。

歩道走行が続く一方で
車道では死亡事故も。

これからの幹線道路

子供や障害者にも配慮し
道路空間を公正に再配分。

ハンドサイクルや救急車
でも通れる広い自転車道に。

＋

これからの生活道路

車の交通量と速度を抑え
車道混在通行を安全に。

歩道がなければ15km/h
前後のボンエルフ規制に。

＋

これからの専用道路

都市間ノンストップ走行
を可能にするインフラで
5km以上の移動でも自転
車を現実的な選択肢に。

▲**図3**　速度・質量分類で捉えた自転車通行空間の変遷と望ましいあり方

設計車両

転倒の恐れがないチャイルドトレーラーやラストマイル物流を担うカーゴバイクも活躍できるように普通自転車以外での通行も想定しよう［図4］。

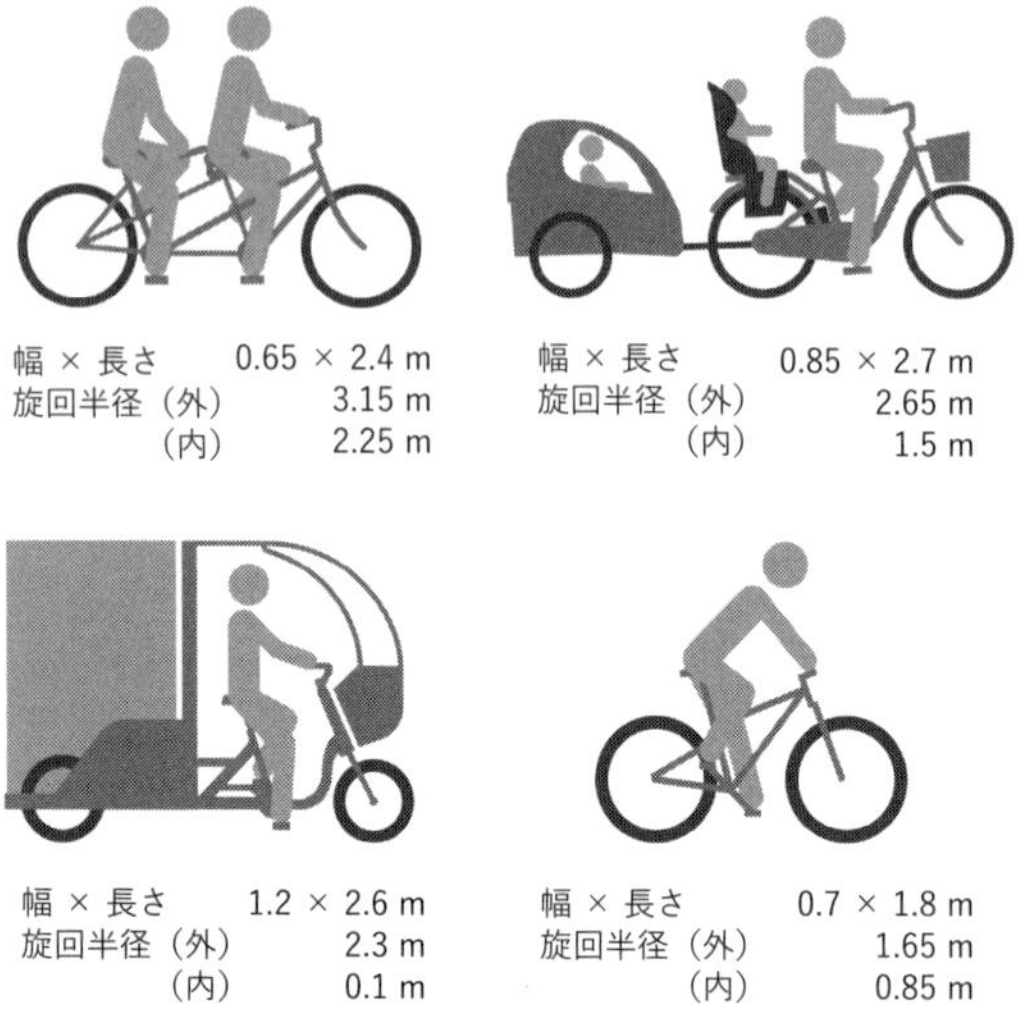

幅 × 長さ	0.65 × 2.4 m
旋回半径（外）	3.15 m
（内）	2.25 m

幅 × 長さ	0.85 × 2.7 m
旋回半径（外）	2.65 m
（内）	1.5 m

幅 × 長さ	1.2 × 2.6 m
旋回半径（外）	2.3 m
（内）	0.1 m

幅 × 長さ	0.7 × 1.8 m
旋回半径（外）	1.65 m
（内）	0.85 m

▲図4　様々な自転車の寸法と最徐行時の旋回半径[7]

コラム❷

並走対応の効用

人にとっておしゃべりは根源的欲求の一つだ。親子や友人、恋人同士が並んで話しながら移動できること［図C2］はとても大切で、せっかくの自転車道も並走[8]できない狭さだと歩道に利用者が流れてしまうことが分かっている[9]。複数列で走れる幅があれば交通容量も稼げるため、限られた道路空間を（車道に割くより）効率的に活用できるのも利点だ。

▲図C2　安全に並走できる環境は利用者の満足度を高める。並走対応の幅を可能な限り確保しよう。

建築限界

自転車通行空間のすぐ脇に物体があると手やペダルがぶつかる不安感から利用者の体感的な幅員が狭まる［図5〜7］。構造物の高さに応じた余裕を持たせよう。この余裕はカーブ[11]や交差点での見通しも良くし、単独事故のリスク（構造物への衝突や転倒）も下げる。通行空間の中に街灯の柱や機器箱を設置するのは論外だ。

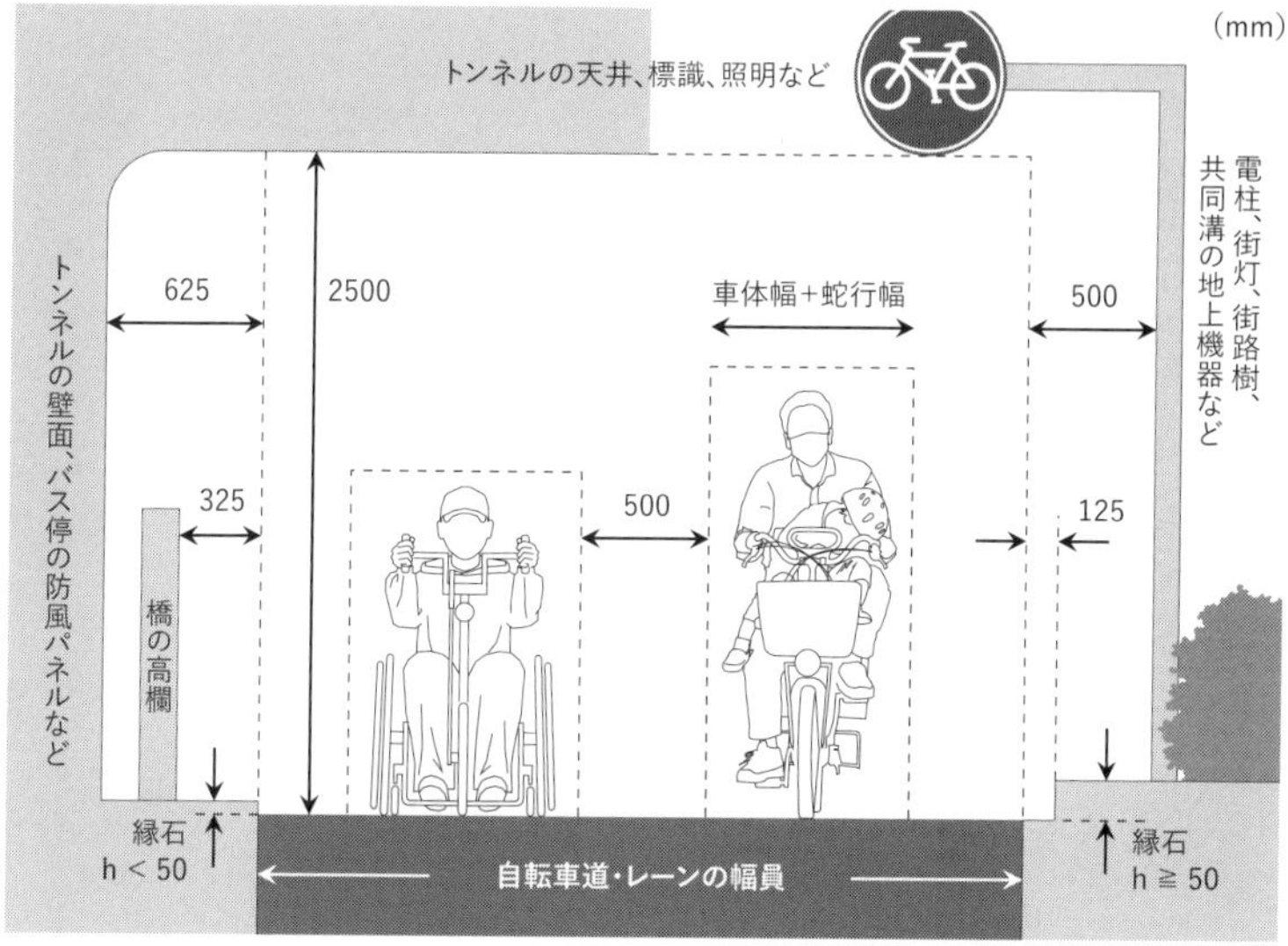

▲ 図5　安全・快適な通行に最低限必要な余裕[10]

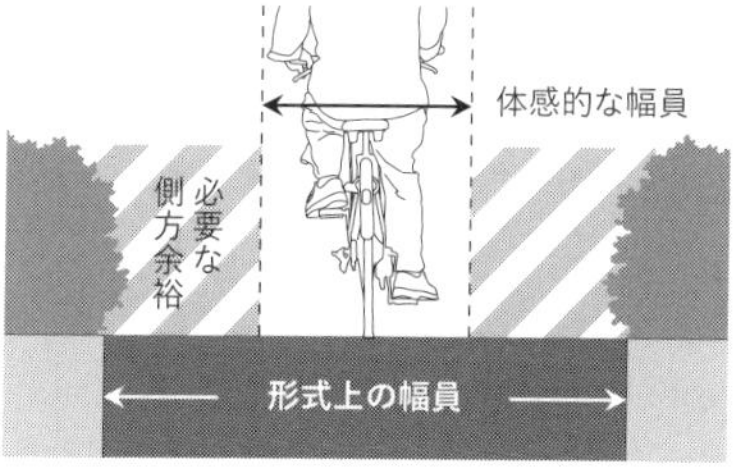

▲ 図6　ありがちな失敗。植栽が近すぎて体感的な幅員が削られている。

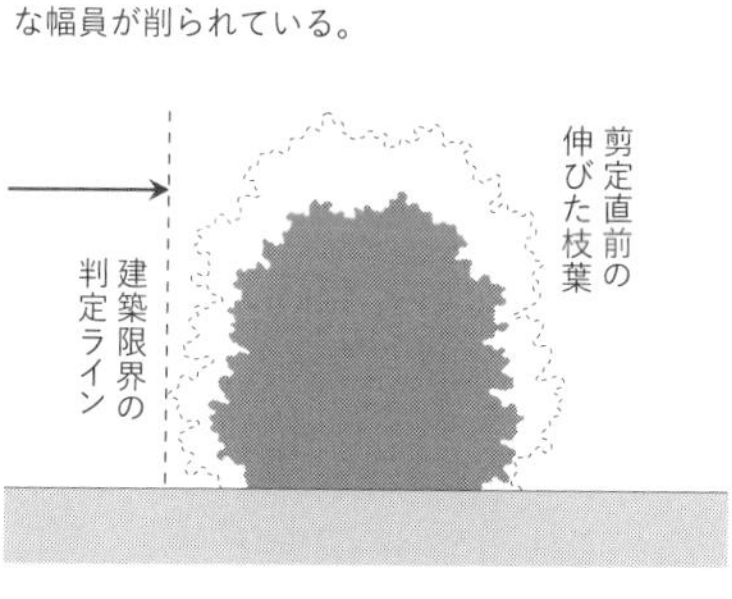

▲ 図7　枝の成長を見越した植栽配置

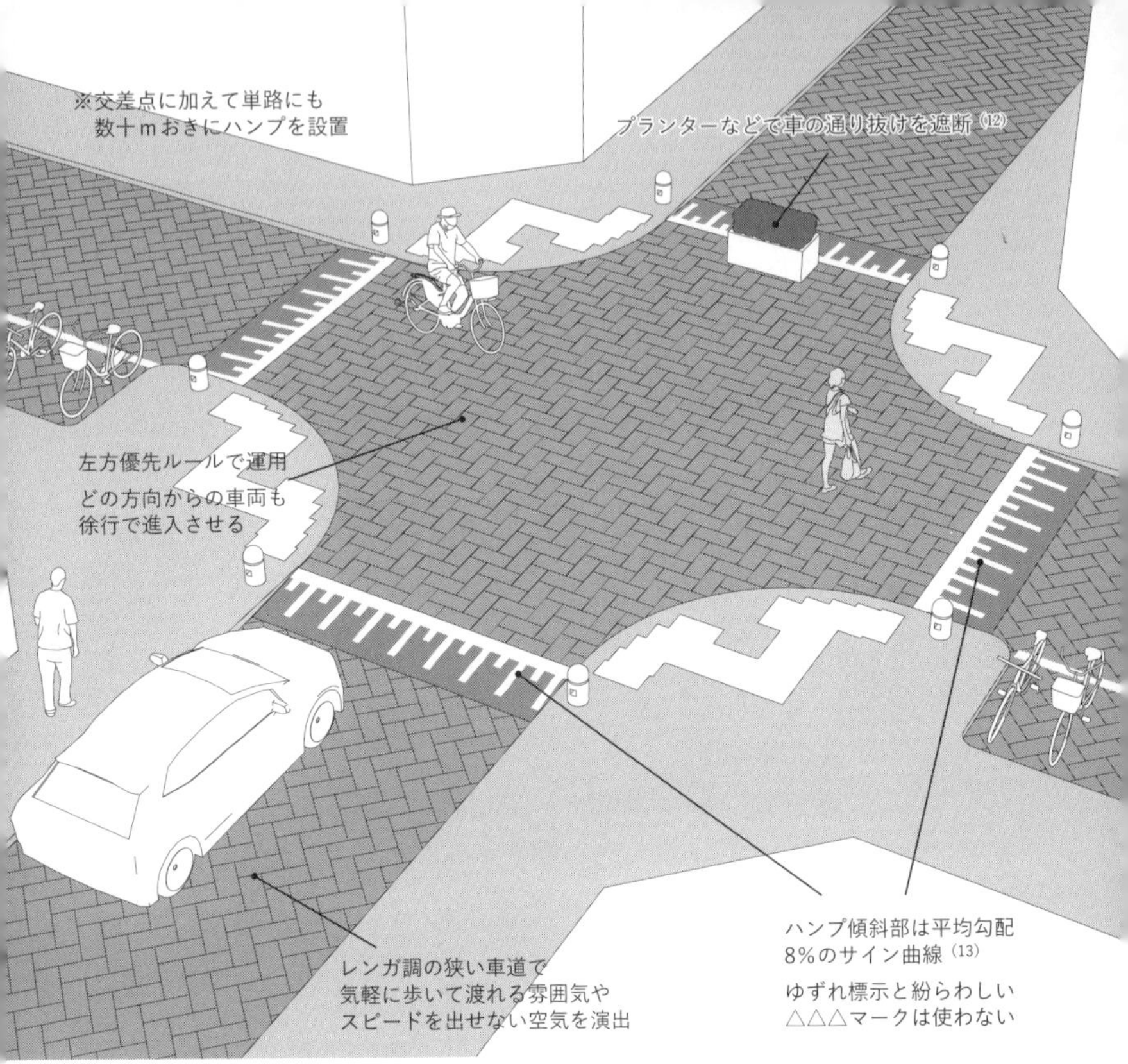
※交差点に加えて単路にも
数十mおきにハンプを設置
プランターなどで車の通り抜けを遮断(12)
左方優先ルールで運用
どの方向からの車両も
徐行で進入させる
ハンプ傾斜部は平均勾配
8%のサイン曲線(13)
ゆずれ標示と紛らわしい
△△△マークは使わない
レンガ調の狭い車道で
気軽に歩いて渡れる雰囲気や
スピードを出せない空気を演出

▲ **図8**　住宅街や商店街は人を主役に据え、車には走りにくい環境に

生活道路での混在通行

生活道路を快適な自転車通行環境にするには、車の速度と交通量の抑制が最も効く。車の流れを幹線道路や高速道路に振り向け、ネットワークレベルで自転車から分離するのだ。

対策の基本は一方通行や車止め設置による通過交通の遮断と、地区住民の短距離の車利用の抑制、ハンプやシケイン、レンガ調の舗装による速度抑制だ［**図8**］。標識や標示でゾーン30と示しても効果は薄い[14]。また、自転車の左側通行を促す表示は教育策であって環境改善策ではないことにも注意。

車の交通量が2500台／24h（自転車ネットワークの補助路線では5000台）以下で実勢速度が時速30km以下であれば混在通行が可能だ[15]。

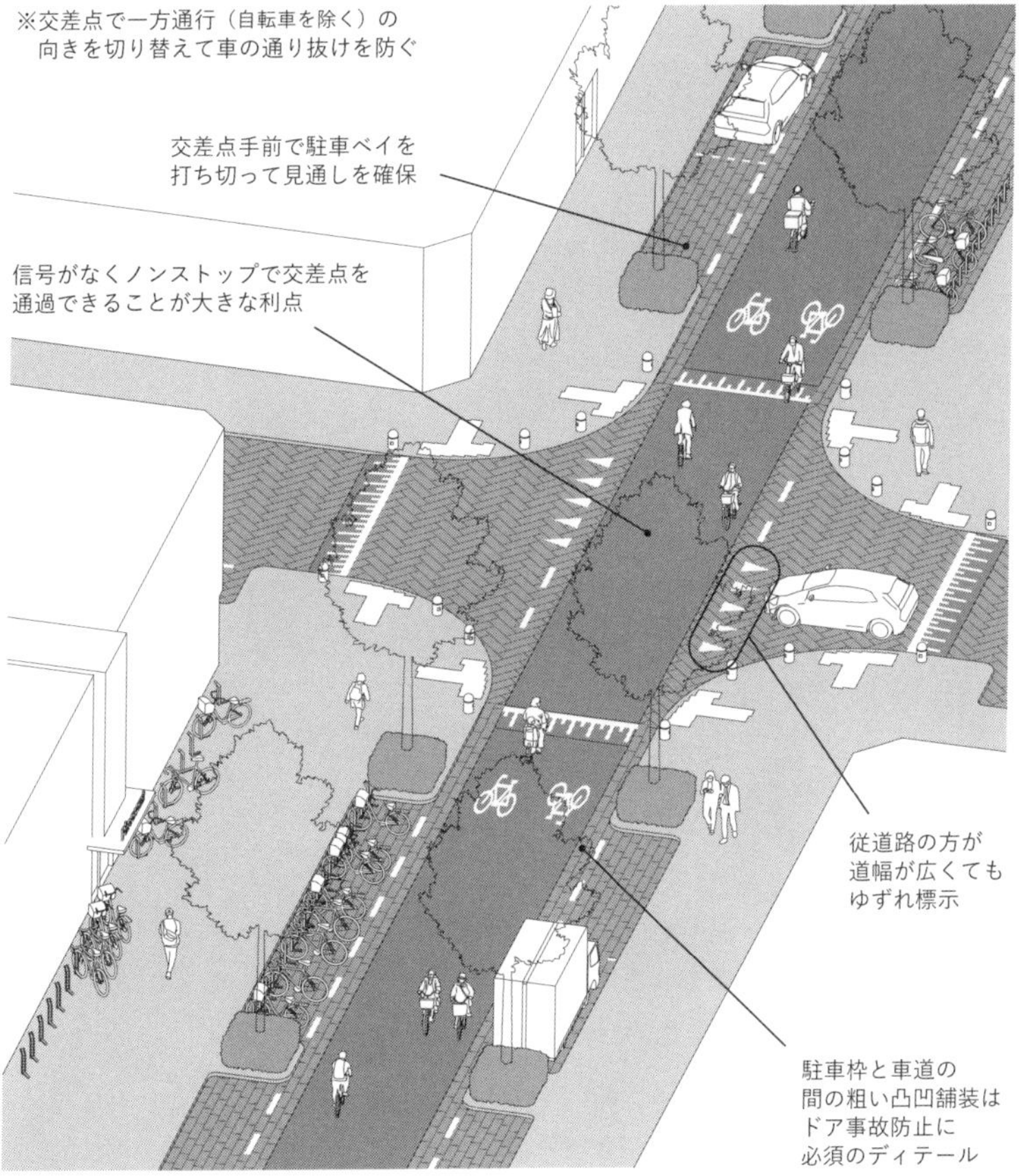

※交差点で一方通行（自転車を除く）の
向きを切り替えて車の通り抜けを防ぐ
交差点手前で駐車ベイを
打ち切って見通しを確保
信号がなくノンストップで交差点を
通過できることが大きな利点
従道路の方が
道幅が広くても
ゆずれ標示
駐車枠と車道の
間の粗い凸凹舗装は
ドア事故防止に
必須のディテール

▲ **図9**　自転車通りのデザイン要件

自転車通り

生活道路の中でも自転車交通量が1000台／24hを超える基幹路線、かつ車の交通量が自転車以下なら**自転車通り**として例外的に優先権を付けても良い(16)。

線形が緩やかで交差点の見通しが良く、歩道があることが条件だ［**図9**］。

生活道路の自転車路線化という発想は往々にして自転車利用者を幹線道路から追い出す口実にされがちだが、目的はあくまで自転車の利便性向上だ。街中では大抵、幹線道路にも自転車通行空間が必要になる。

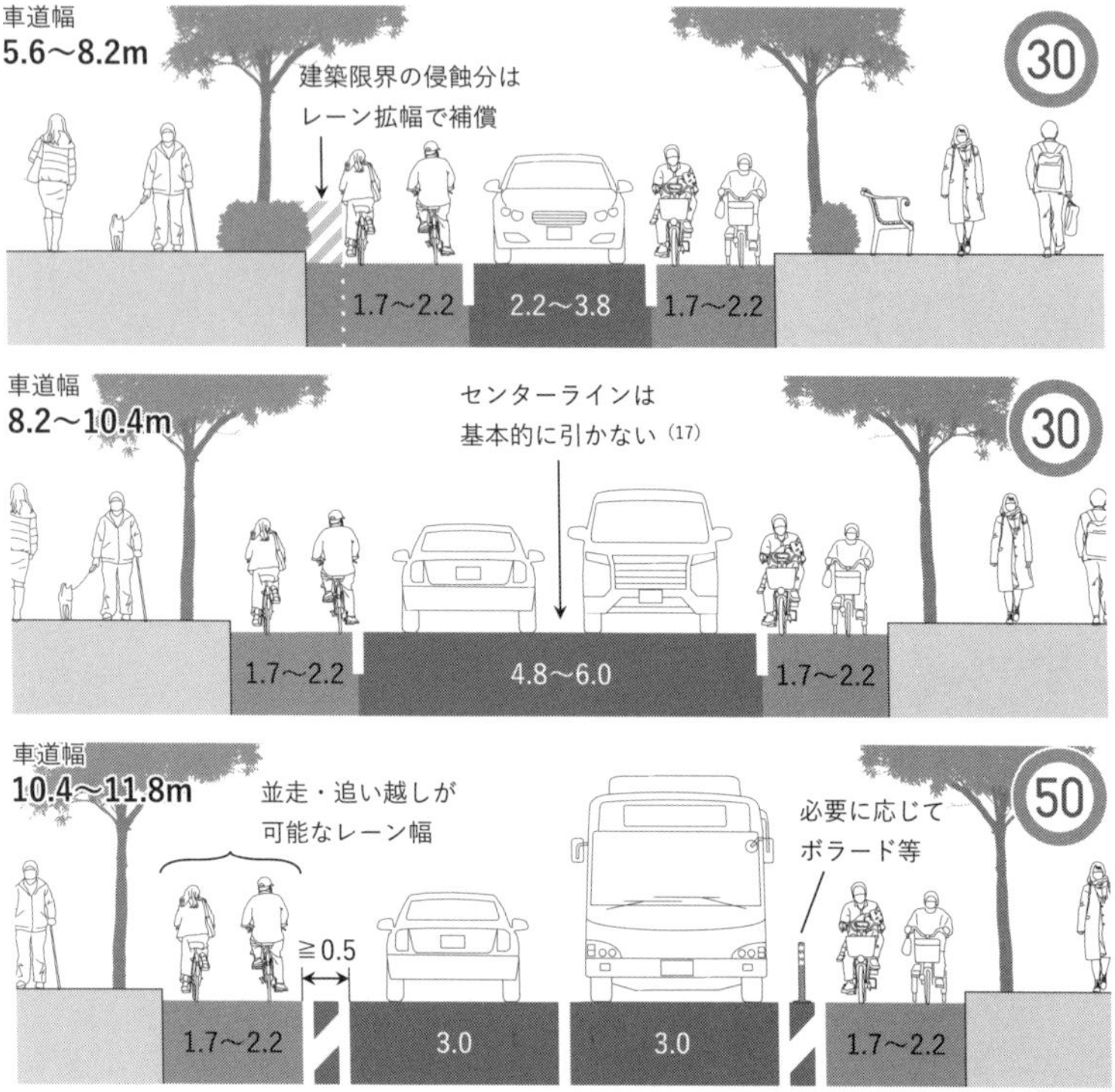

▲ **図10**　車道幅員と規制速度に応じた空間配分（駐車帯は別途必要）

補助幹線の自転車レーン

自転車レーンは自転車道より安全性と安心感が低く(18)、車の排気ガスに晒されやすい(19)ため、主要幹線には向かない。時速30km制限の補助幹線で車の交通量が4000台／24h超（自転車ネットワークの主要路線では2000台超）または車道幅員11・8m未満(20)で自転車道が整備できない(21)道路が使い所だ。

幅員は自転車利用者同士での並走や追い越し(22)ができる1・7m以上(23)が良い。車の駐停車需要がわずかでもあるなら駐車帯の併設かレーンへの侵入を防ぐ物理的な分離が必須だ(24)。

路線バスの本数が多い道では停車中のバスに進路を塞がれないようバス停を島式にして自転車移動の時間損失を減らそう［**図10〜13**］。

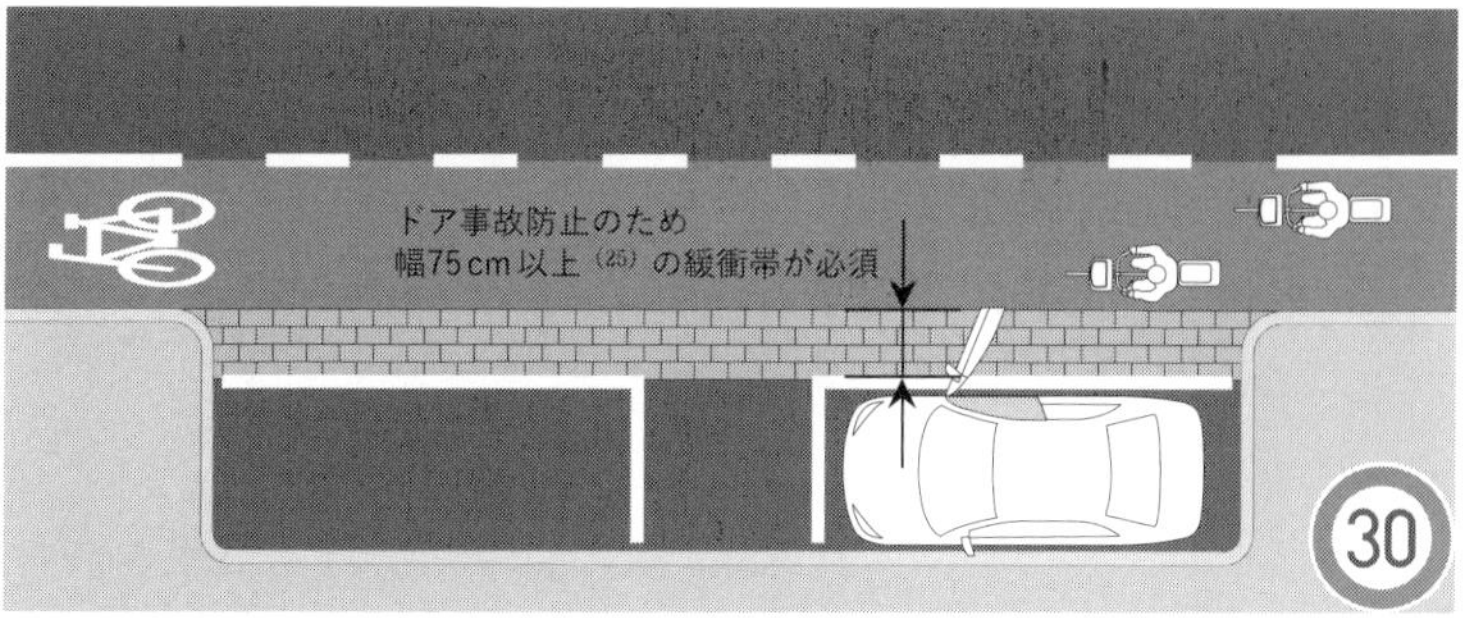

▲ **図11**　車から降りる人が不注意でドアを一気に開けても事故を防げる幅の緩衝帯(26)と、自転車で走る人がドアに近づかないようナッジする不快な凸凹舗装が重要なポイント。

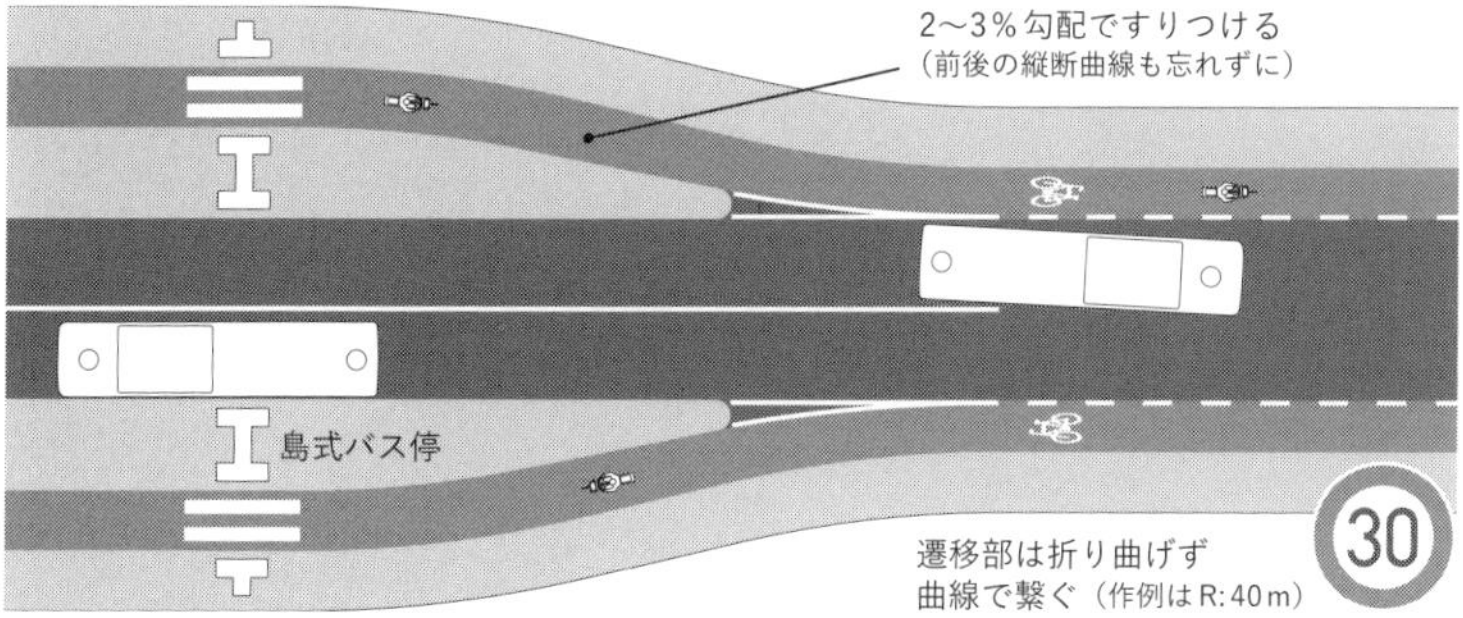

▲ **図12**　自転車レーンから自転車道への遷移と島式バス停の組み合わせ例。自転車道は雨でゴミが流れ込まないよう車道から嵩上げする。

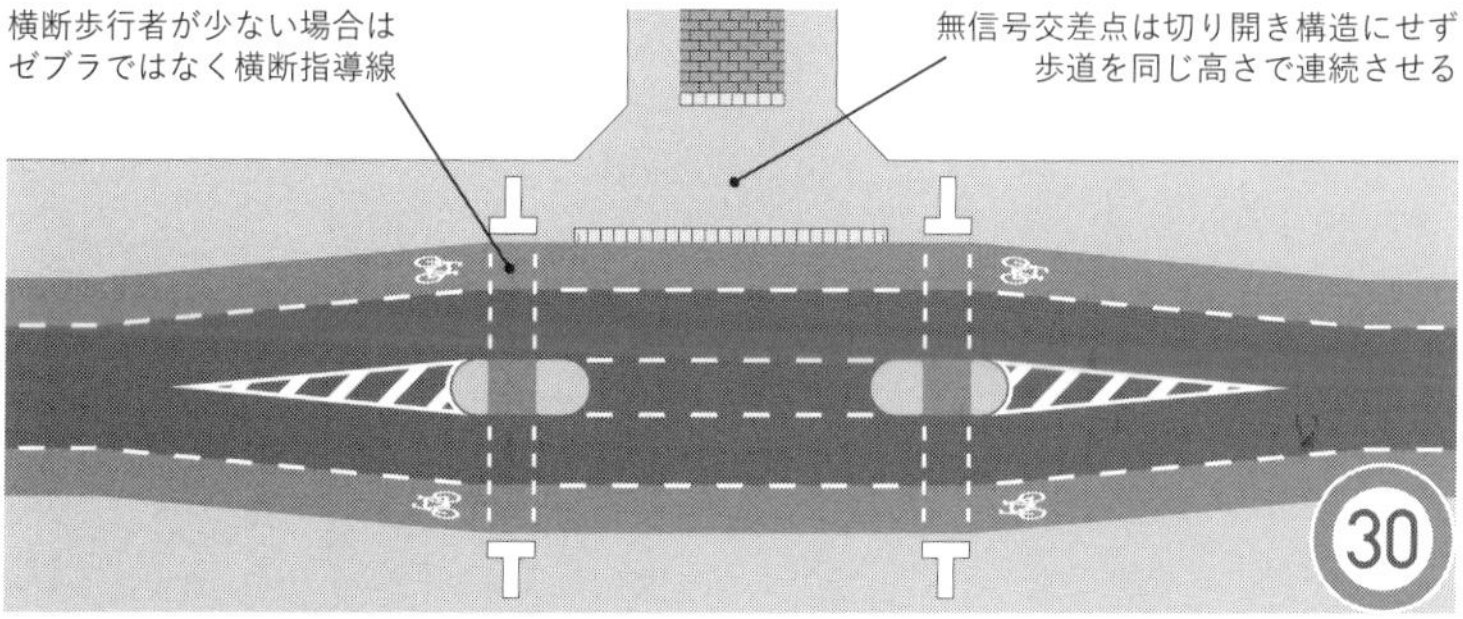

▲ **図13**　二段階横断用の交通島を設置する場合も車道の自転車レーンを打ち切ったり狭めたりせず一定幅で連続させ、自転車で走る人が車の運転者から幅寄せされないようにする(27)。

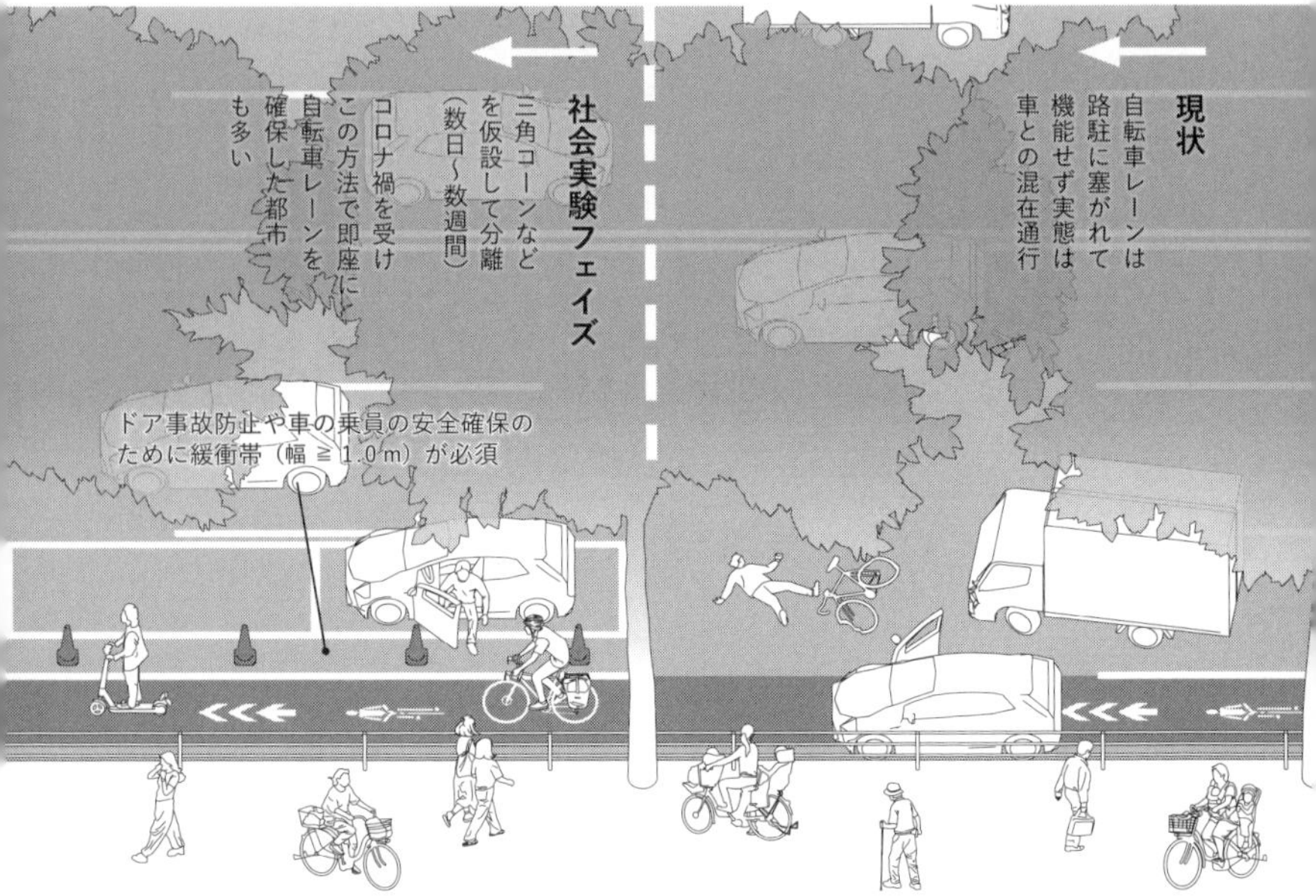
現状
自転車レーンは路駐に塞がれて機能せず実態は車との混在通行
社会実験フェイズ
三角コーンなどを仮設して分離（数日～数週間）
コロナ禍を受けこの方法で即座に自転車レーンを確保した都市も多い
ドア事故防止や車の乗員の安全確保のために緩衝帯（幅≧1.0m）が必須

▲ **図14**　幹線道路における不適切な自転車レーンと短～長期的な改善手法

主要幹線道路での追加条件

前述の通り自転車レーンは主要幹線に向かない。至近距離を掠める大型車との間に線一本あるだけでは、誰もが安全・安心・快適に走れるようにはならないからだ。自転車道の設置か時速30km制限への引き下げをまず検討しよう。段階的な改善も可能だ［**図14**］。どうしても自転車レーンを完成形態とするなら次の条件[28]を全て満たすべきだ。

1. 規制速度は時速50km以下
2. 一般車線は各方向1本までで幅員は3・0m（車の車体が自転車レーンにはみ出さない最小限の幅にして速度を抑える）
3. 自転車レーンは幅員2・0m（自転車利用者同士の追い越し・並走時のはみ出し防止）
4. 一般車線（≠駐車帯）と自転車レーンの間に幅0・5m以上の緩衝帯を設置（図10下段）
5. 駐車帯を自転車レーンと歩道の間に設けない（次ページのコラムを参照）

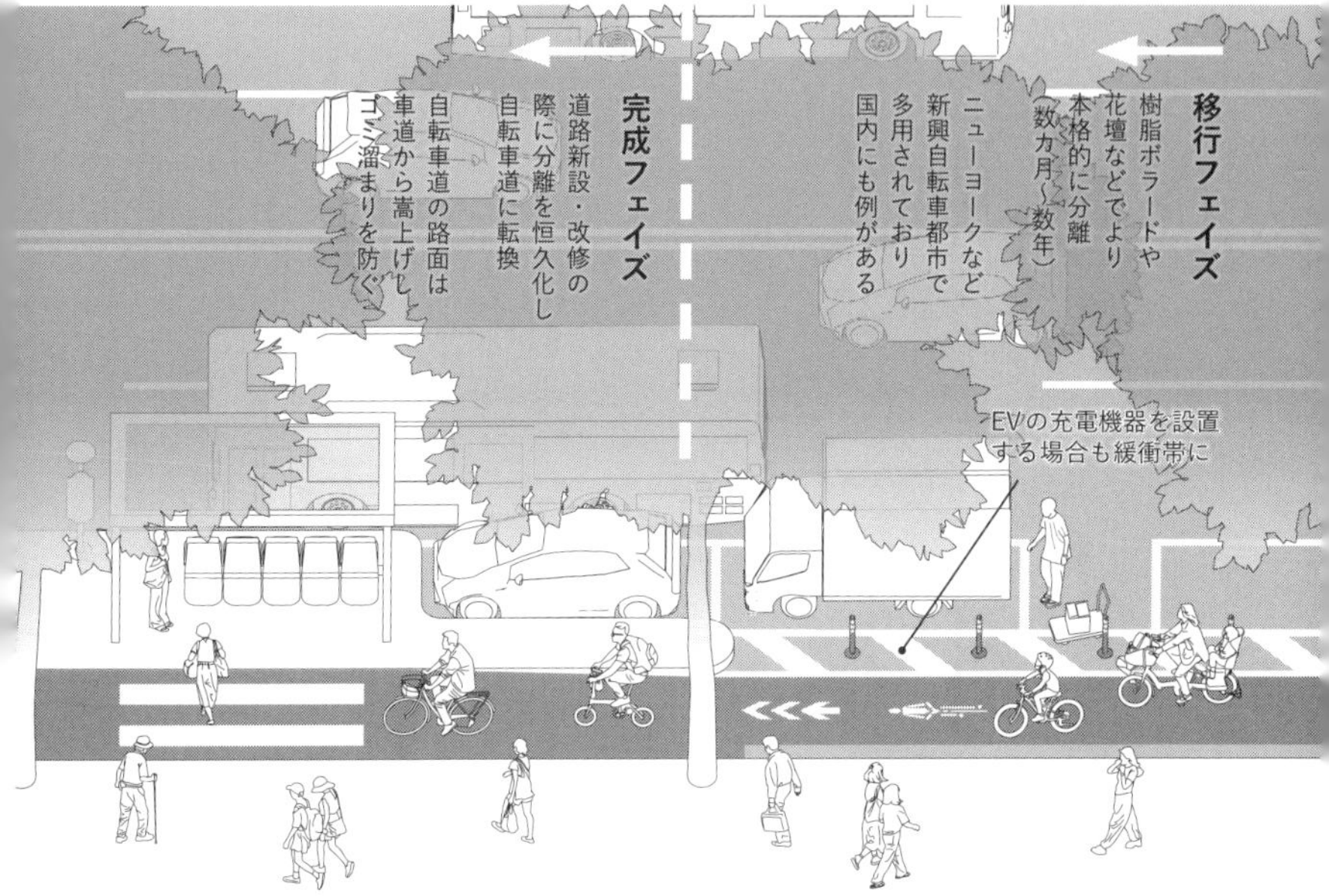
移行フェイズ
樹脂ボラードや
花壇などでより
本格的に分離
（数カ月〜数年）
ニューヨークなど
新興自転車都市で
多用されており
国内にも例がある
完成フェイズ
道路新設・改修の
際に分離を恒久化し
自転車道に転換
自転車道の路面は
車道から嵩上げし
ゴミ溜まりを防ぐ
EVの充電機器を設置
する場合も緩衝帯に

コラム③ なぜ歩道側の駐車帯はダメなのか

日本では2020年改正の道路構造令で自転車レーンと組み合わせる駐車帯は歩道側への設置が標準化された。しかしオランダの設計指針は幹線道路での同レイアウトを強く否定している[29]。車のドアが突然開くと、それを避けた自転車利用者が後続車に轢かれるリスクがあるからだ（海外ではこの種の事故が多発し、死者も度々出ている[30]）。他にも、車がすぐ横を走る不安感、排気ガス濃度の高さ、はみ出し駐車や二重駐車による通行妨害などの問題があり、利用者本位ではない。

アメリカでも1976年に歩道側駐車帯が標準化されたが、これは一部の自転車愛好家団体から強い圧力を受けた結果で、大多数の人のニーズには反していた[31]。アメリカでは2000年代に方針転換が始まったが、日本は半世紀近く遅れて同じ轍を踏んでしまっている。基本に立ち返ってインクルーシブな形態を目指そう。

自転車道

広く線形の良い自転車道［図15・16、表1・2］は安全・快適で交通容量が大きいだけでなく、緊急車両が渋滞回避に使うこともできる。高品質な設計で自転車道の利用価値を最大化しよう。

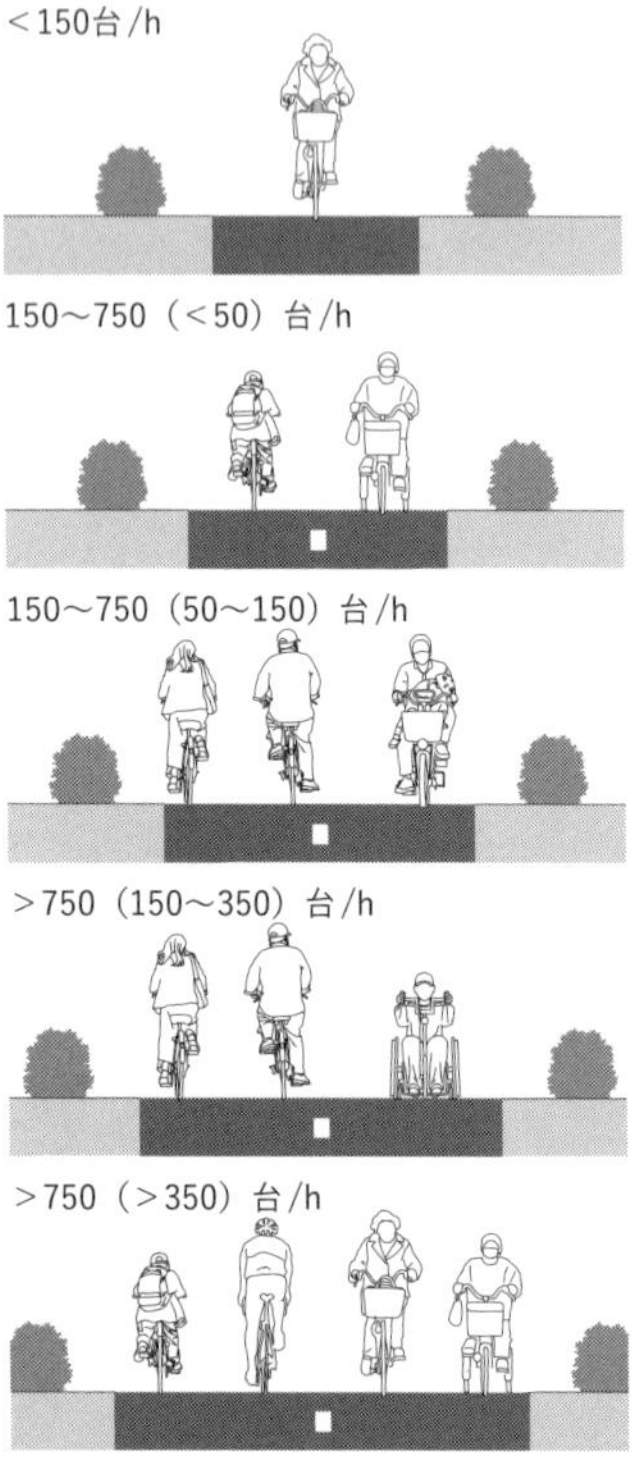
2.0 m
一方通行の最小幅。安全に乗り上げ可能な路肩が両側にあれば対面通行も可。
2.5 m
対面通行の最小幅。追い越し、すれ違い、並走が快適にできる。
3.0 m
追い越し、すれ違い、並走のうち、どれか二つが同時にできる。
3.5 m
追い越し、すれ違い、並走のどれか二つが同時に快適にできる。
4.0 m
並走するペア同士のすれ違いができる。

▲ **図15**　ピーク時の自転車交通量に応じた幅員の目安 (32)
（ ）内は対面通行の場合

表1　設計速度と幾何構造 (33)

	主要路線	補助路線
設計速度	30 km/h	20 km/h
視距 (34)	≧ 40 m	≧ 21 m
曲線半径	≧ 20 m	≧ 10 m

設計速度はレクリエーション用途か否かではなく、自転車ネットワーク上の重要度によって決める。市街地でも主要路線は高い水準にすべきだ。

国内A種基準の15km/hでは低すぎて朝の慌ただしい時間帯には多くの利用者が超過してしまうだろう。

表2　登坂負荷指数に応じた勾配率 (35)

風環境	指数目標	上限勾配	下限勾配
強風	0.033	6.67%	1.25%
弱風	0.075	7.50%	1.75%
無風	0.200	10.00%	——

急傾斜でも短距離なら負担が小さいため、勾配率に単純な上限はない。坂の高低差の二乗÷坂の水平長（m）から求めた指数が目標値になるよう決める。目標値は風環境によって異なり、強風が吹く橋では低く、無風のトンネル内では高い。例えば**無風で高低差5mなら平均勾配4%**が目安だ。

平面や緩いスロープ型の縁石なら自転車道の実効幅員を広くでき、沿道の駐輪場などへの出入りも安全になる。スロープの傾斜は車椅子での乗り越えやすさ、白杖による検知のしやすさ、徒歩や自転車での躓きにくさ、区分の明確さなどを総合すると 1：3 が最適解だ [37]。

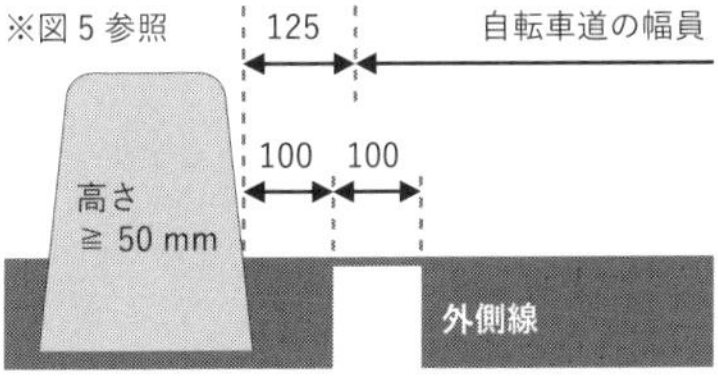

高さ50 mm以上の縁石はペダルが引っ掛かり転倒する恐れがある。どうしても使うなら125 mmの離隔を取り、自転車道の路面に外側線を引くなどして注意を促す。

国交省基準 [38] の段差5 cmの縁石は2 cm縁石と見分けにくく、誤って浅い角度で乗り上げると転倒しやすい [39]。車両乗り入れ部への設置は絶対に避けるべきだ。

▲ **図16**　縁石は転倒事故を招かないよう形状と配置に細心の注意を要する。

コラム④ 一方通行／対面通行の選択は実利的に

対面通行の自転車道は交差点で事故発生率が高い [40] が、リスク評価には個々の交差点レベルだけでなく、ネットワークレベル、集団レベルでの検討も必要だ。一方通行規制で多くの人が車道の横断を伴う迂回を強いられれば、全体ではかえって事故率が上がり得る [41]。また、事故率は車が自転車道を横断する頻度にも左右される。生活道路に出入りする通過交通の遮断も有効な対策だ。

省スペース性では、車道両側に一方通行の自転車道を引けない場合でも片側の対面通行なら収まることがあり、英米仏などでは近年そのレイアウトが多用されている。

自転車交通量の多い方向が朝夕で変わる道では、道路両側に対面通行の自転車道を引くことで、実際に使える交通容量が増え、自転車道が渋滞しにくくなる。

所要時間も重要だ。１km近く横断できない幹線道路で自転車道が一方通行だと迂回距離が途轍もなく長くなる。濠沿いなど丁字路が連続する道路では濠側の自転車道の対面通行化で信号待ちのロスが激減する（図23も参照）。

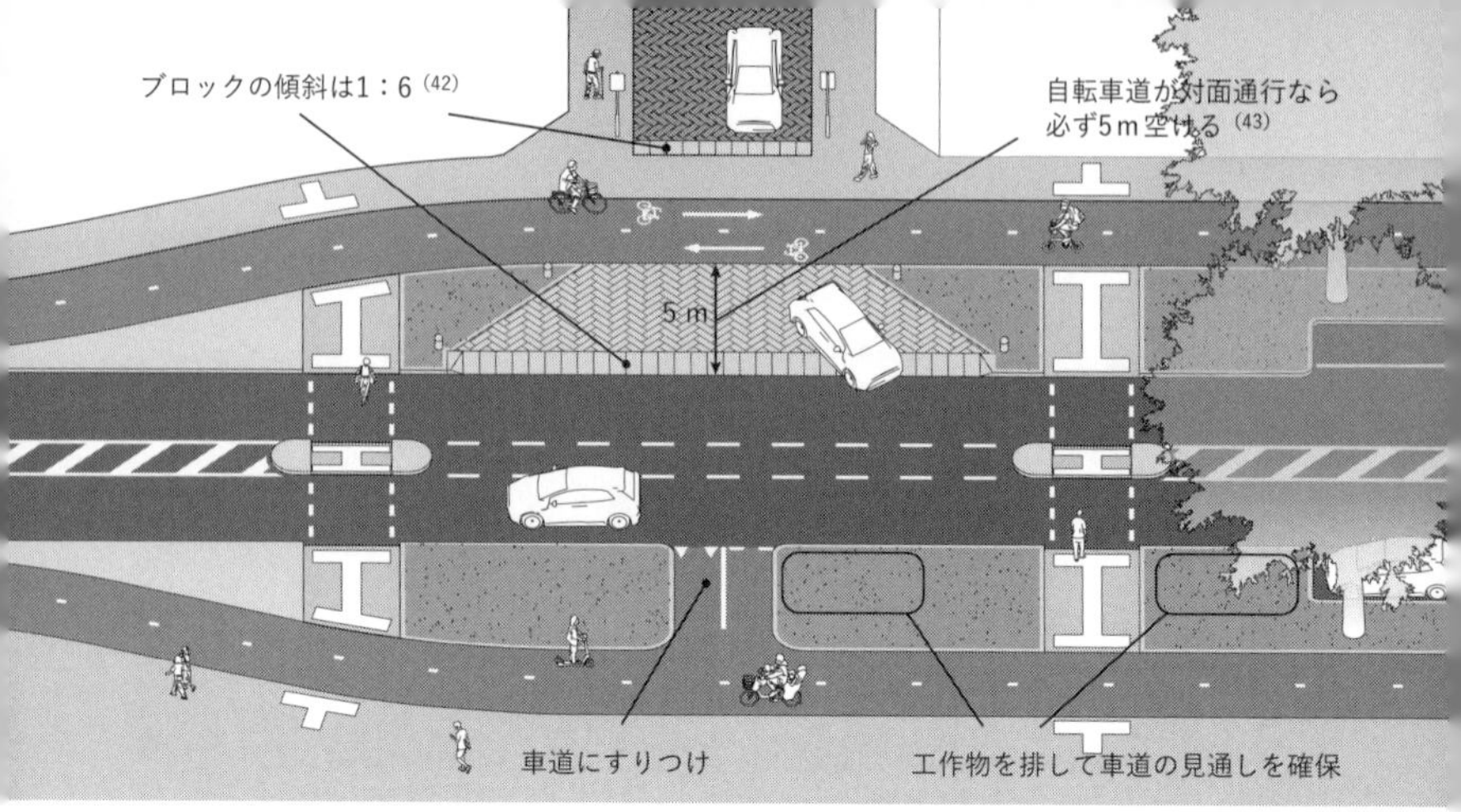

▲ **図17**　歩道と対面通行の自転車道を平面で連続させた無信号交差点

無信号交差点

　幹線道路と生活道路の交差点では歩道と自転車道を平面で連続させ車道を分断すると車の速度を抑えられ、歩行者自転車優先ルールも直感的に理解できる[44]［**図17・18**］。

　車道と自転車道を2〜5m離すと自転車で走る人を車から視認しやすく衝突回避余裕も増える[45]。特に生活道路から車を出す場合、運転者はまず歩道の手前で歩道と自転車道を確認、自転車道を横切ってから車道を確認、と認知負荷を分散できて安全だ。待機中の車体に自転車道が塞がれにくいのも大きな利点[46]。

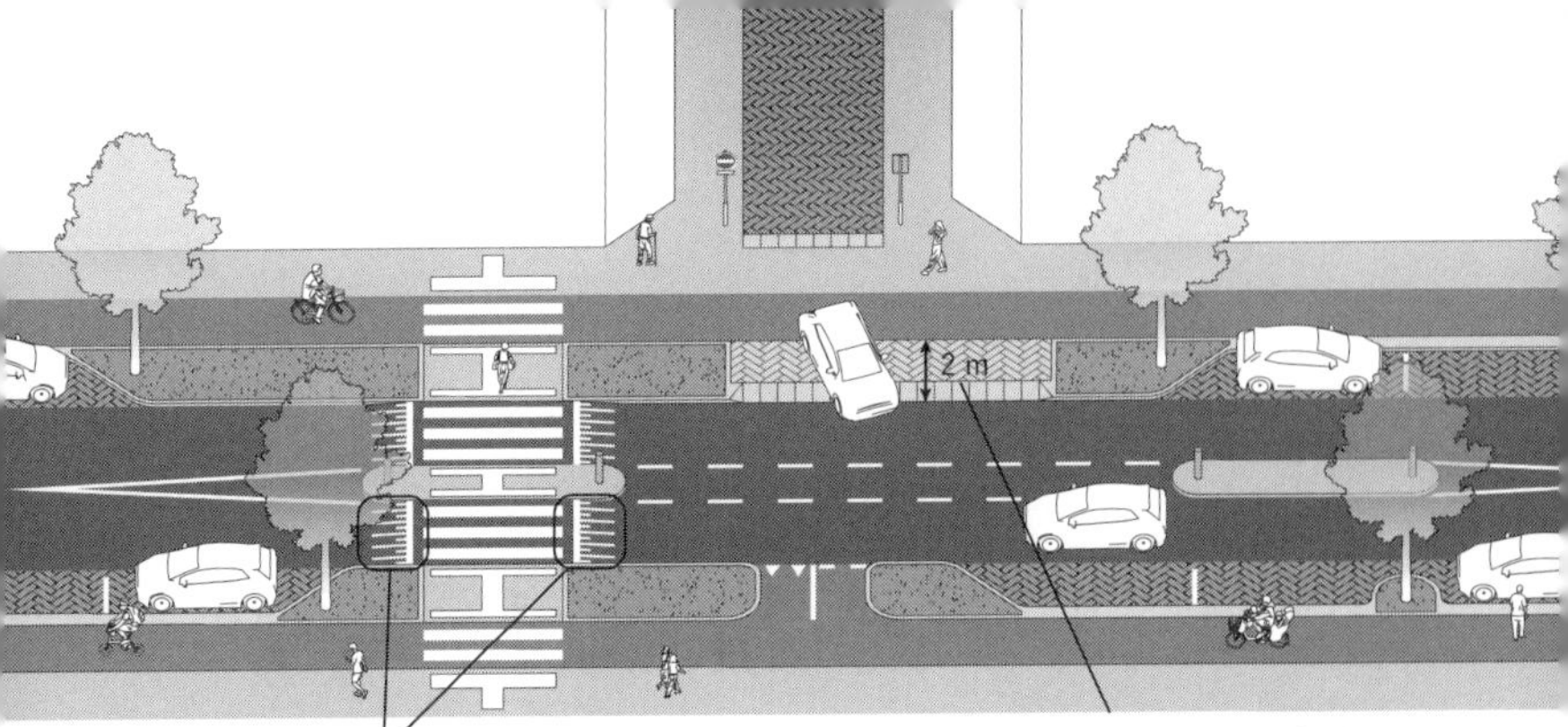
主道路の流れにギャップが多く
合流待機車が自転車道を塞ぐ
時間が短いなら5 m未満でも可 (47)
ハンプで車を減速させ運転者が
車道を渡る人を優先するようナッジ

▲ 図18　緩衝帯が狭く自転車道が一方通行の場合の無信号交差点

副道

交通が穏やかな副道は生活道路と同じく車道混在通行で良い。副道の始終端に自転車道を直結して直線的な動線を作るのがポイント［図19］。

副道の入口は上図の交差点構造を応用して車の速度を下げ、自転車で走る人との合流を安全に。用のない人が車で副道に入るのも抑制できる。

副道は車と自転車のすれ違いに最低限必要な幅4 m前後にし、ハンプも組み合わせて車の速度を抑える。

副道の出口では間違っても自転車利用者を交通の激しい本線車道に誘導しない。

▼ 図19　副道と対面通行の自転車道を直結したデザイン (48)

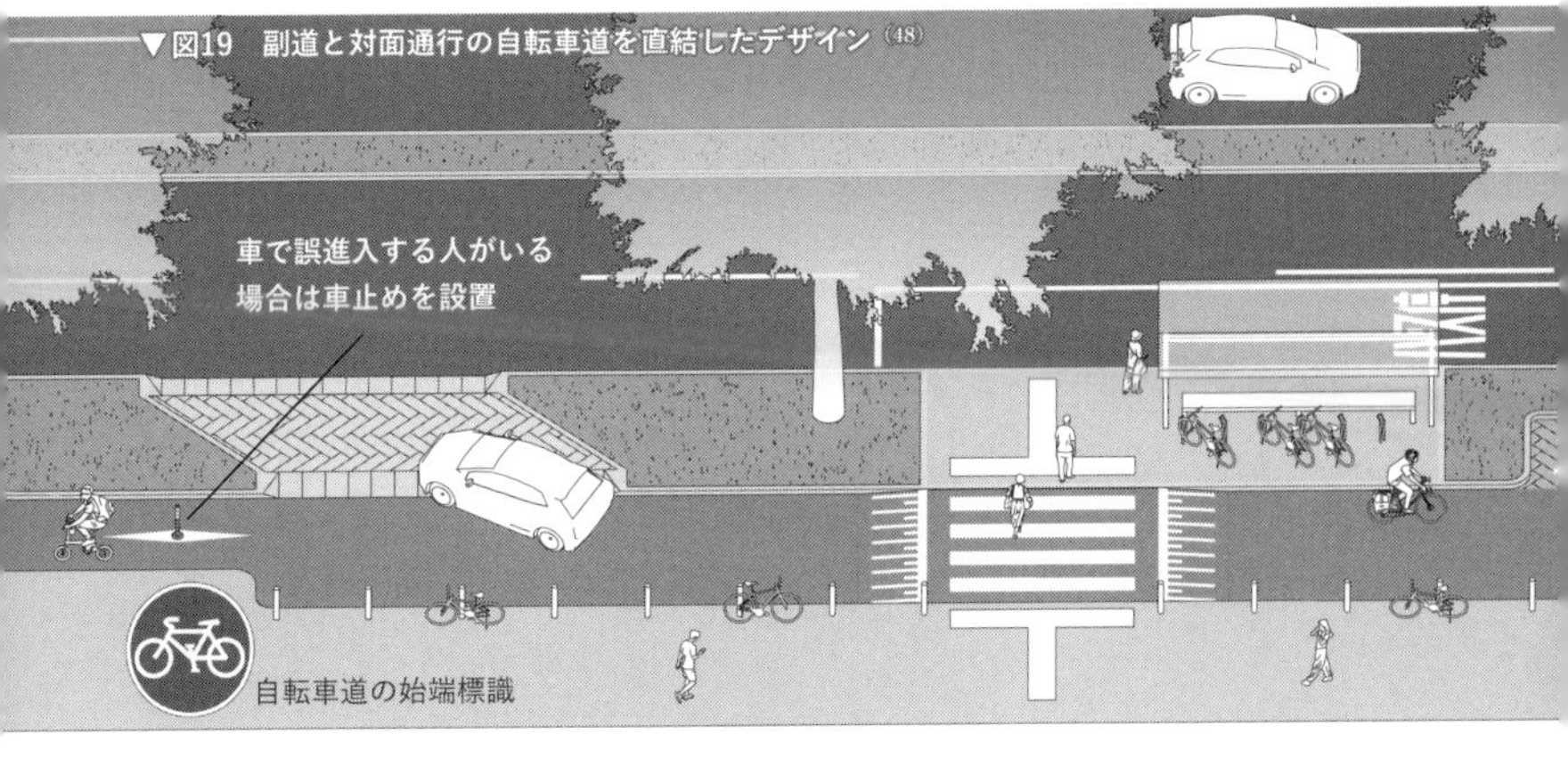

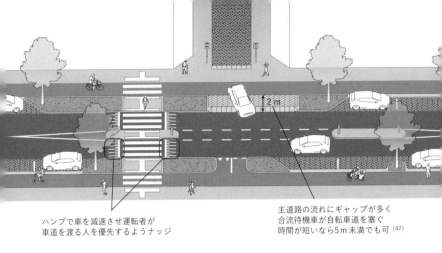

車で誤進入する人がいる
場合は車止めを設置

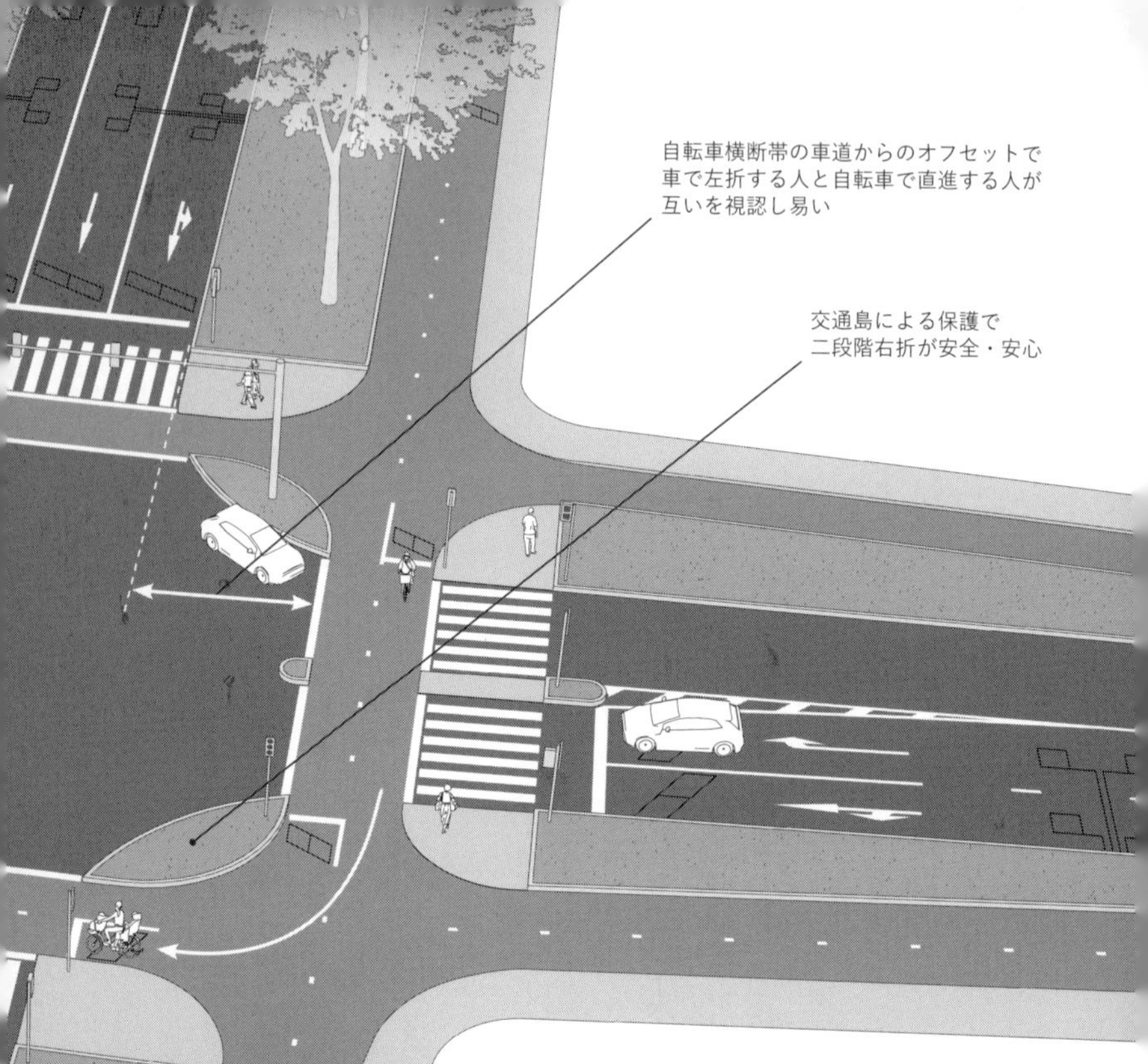

自転車横断帯の車道からのオフセットで
車で左折する人と自転車で直進する人が
互いを視認し易い
交通島による保護で
二段階右折が安全・安心

信号交差点

オランダから世界に広まった保護型交差点（protected intersection）設計は自転車移動する人にとってメリットが多い。

1. 車道の車より遥か前方[49]で信号待ちでき、横断距離（必要な青時間）も短い[50]
2. 自転車横断帯がオフセットされ、左折車との衝突を回避する時間的余裕が多い
3. 左折車との交差角度が深くなり、互いを（ミラーを介さず直接）視認し易い
4. 信号に関係なく左折（丁字路では直進も）できるので時間損失が圧倒的に少ない
5. 二段階右折が直感的で安全・安心

さまざまな交差点に応用できるよう参考例を**図20〜25**に示す。

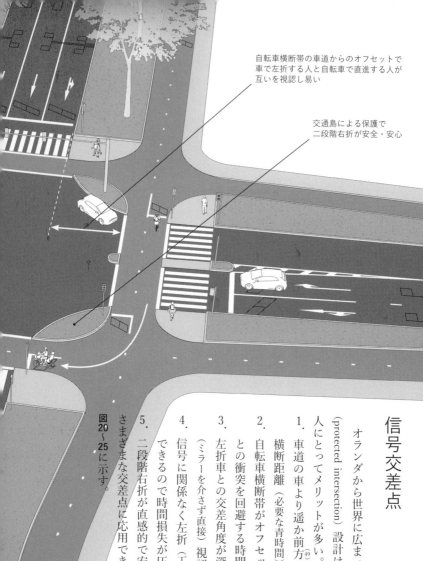

車道の停止線より10m以上前方で
スタートを切れ、横断距離も短い
信号と無関係に左折できる
段差なしで
車道にすりつけ

▲図20　主要幹線道路の十字路（歩行者の少ない郊外路線）

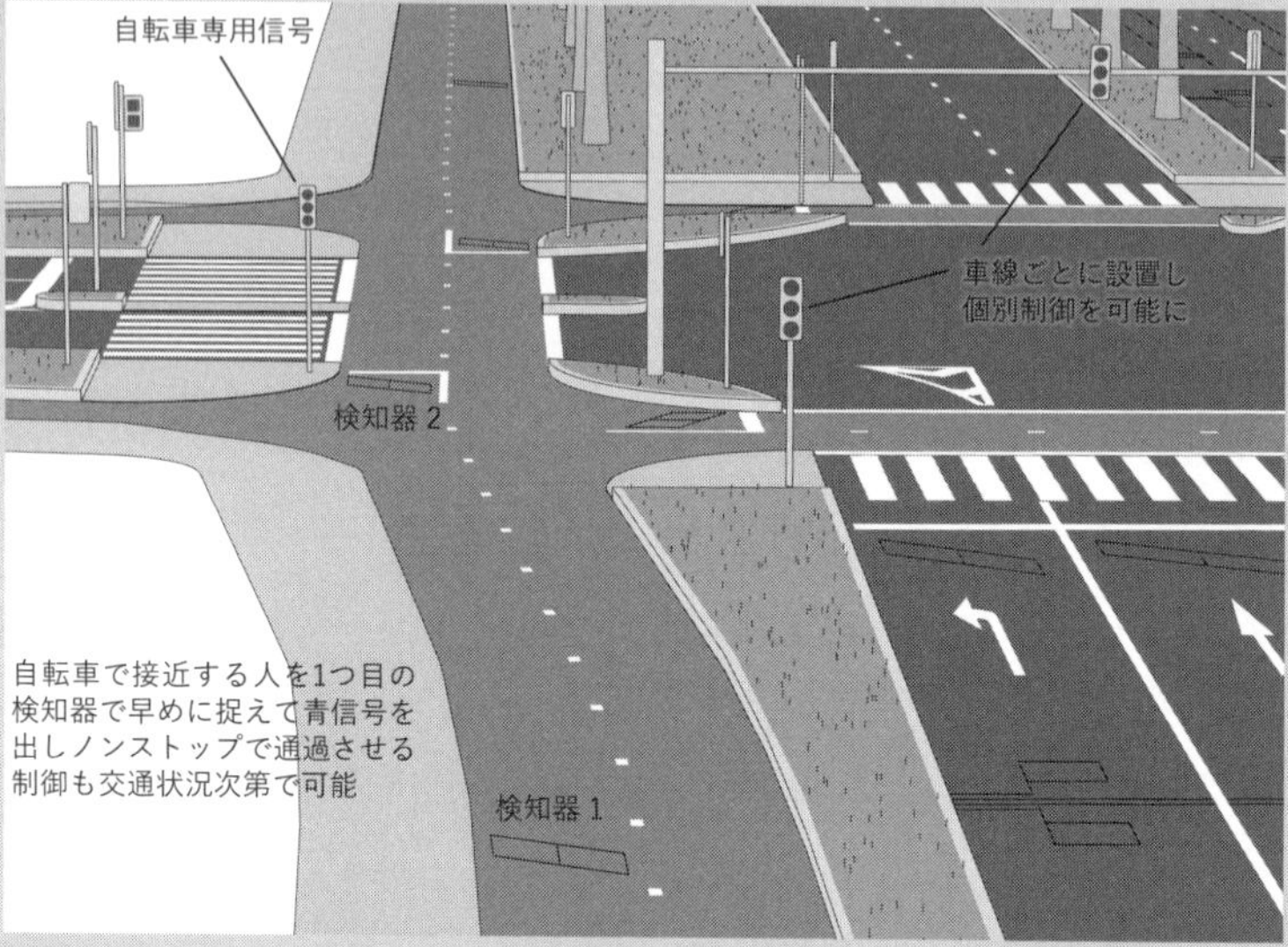
自転車専用信号
車線ごとに設置し
個別制御を可能に
検知器 2
自転車で接近する人を1つ目の
検知器で早めに捉えて青信号を
出しノンストップで通過させる
制御も交通状況次第で可能
検知器 1

▲図C3　自転車用の信号機とループコイルの配置

コラム❺

信号待ちによる時間損失の徹底削減

多すぎる信号は移動を非効率にする。再発進の労力が大きい自転車では尚更だ。二段階横断施設やハンプなどの代替策で安全確保できるなら撤去しよう。車道に信号が必要な場合も自転車であれば信号と無関係に左折（丁字路では直進も）できる構造にするのが合理的だ。

信号制御の改善はオランダが参考になる。同国はほぼ全ての信号機が感応式で、自転車道も含め各車線に検知器があり［図C3］、車両の台数・速度・方向を取得してリアルタイムで現示に反映している。[51] 例えば、車両が来なければ青現示をスキップ、接近車両を検知したら早めに青現示に切り替え、路線バスやトラムを（定時か遅延の場合に）優先、交差点の形次第で全赤時間がマイナス秒[52]など、驚異的な柔軟性で無駄を削っている。

こうした合理化を背景に分離信号を多用[53]しているのも特徴で、自転車専用信号が安全と円滑の両立に活かされている。逆にいえば、硬直的な制御の下では自転車専用信号の真価は発揮されず、存在意義も見えにくいのだ。

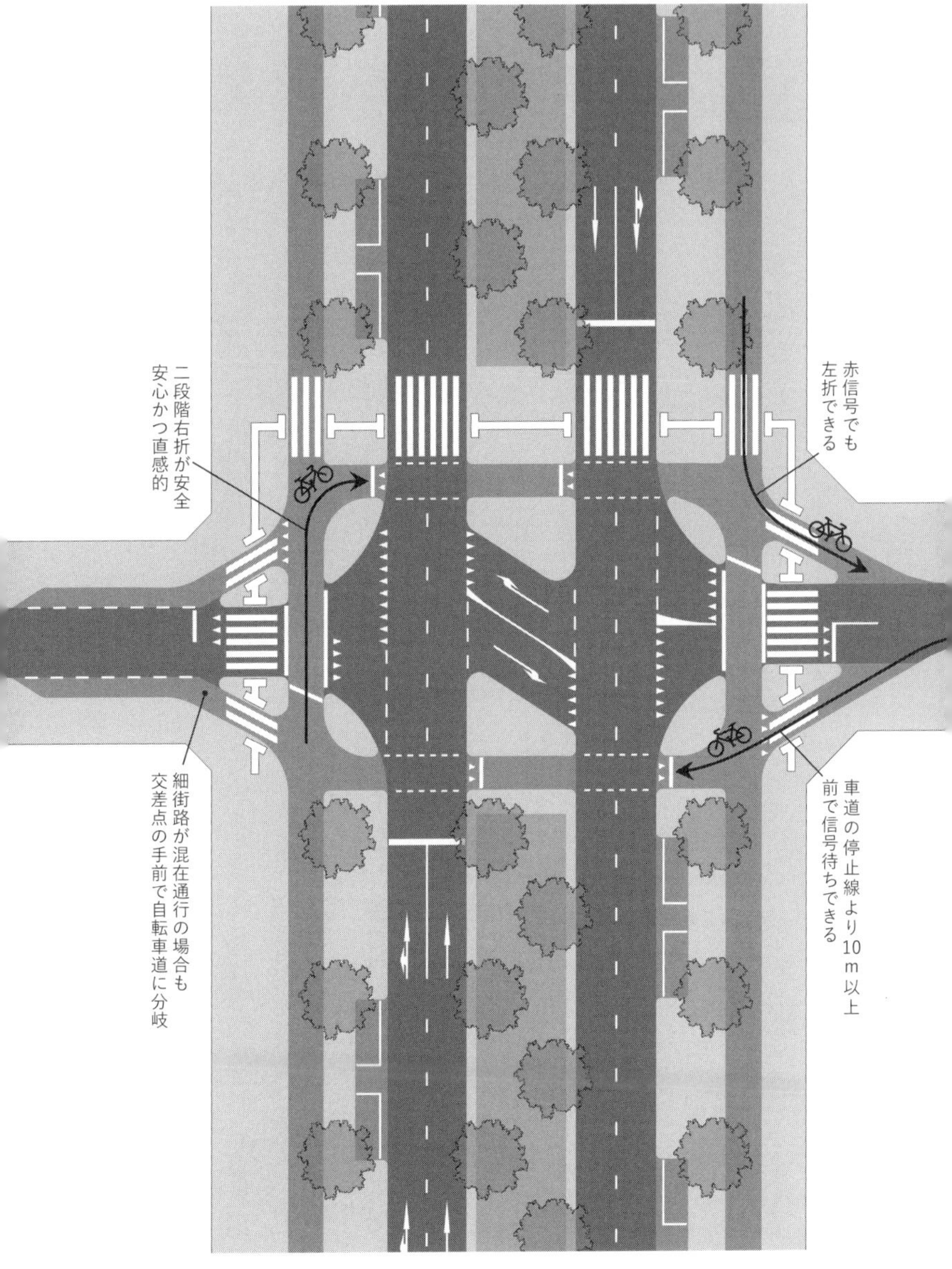
二段階右折が安全
安心かつ直感的
赤信号でも
左折できる
細街路が混在通行の場合も
交差点の手前で自転車道に分岐
車道の停止線より10ｍ以上
前で信号待ちできる

▲ **図21**　幹線道路と生活道路の信号交差点（信号故障時用の優先表示つき）

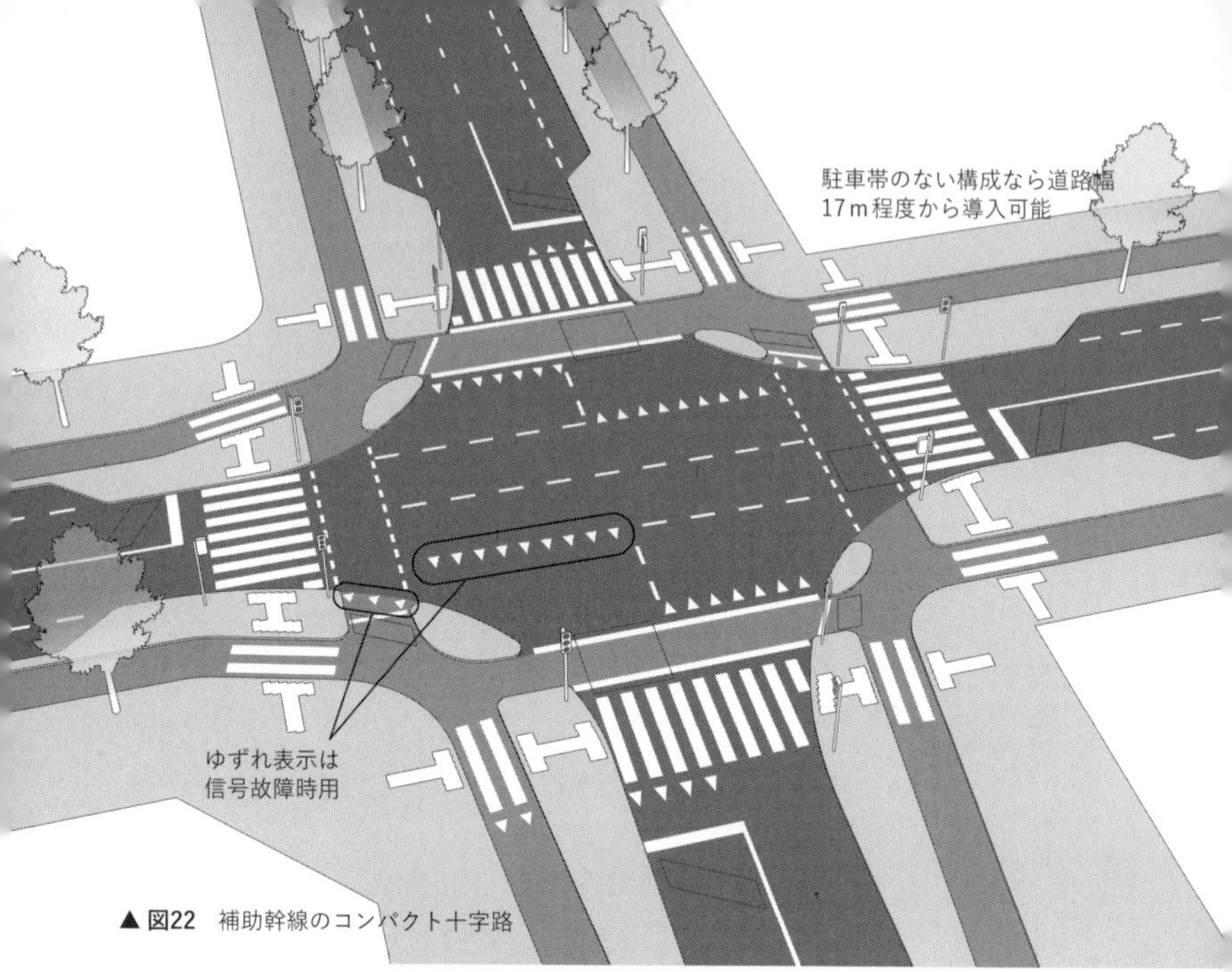
駐車帯のない構成なら道路幅
17m程度から導入可能
ゆずれ表示は
信号故障時用

▲ 図22　補助幹線のコンパクト十字路

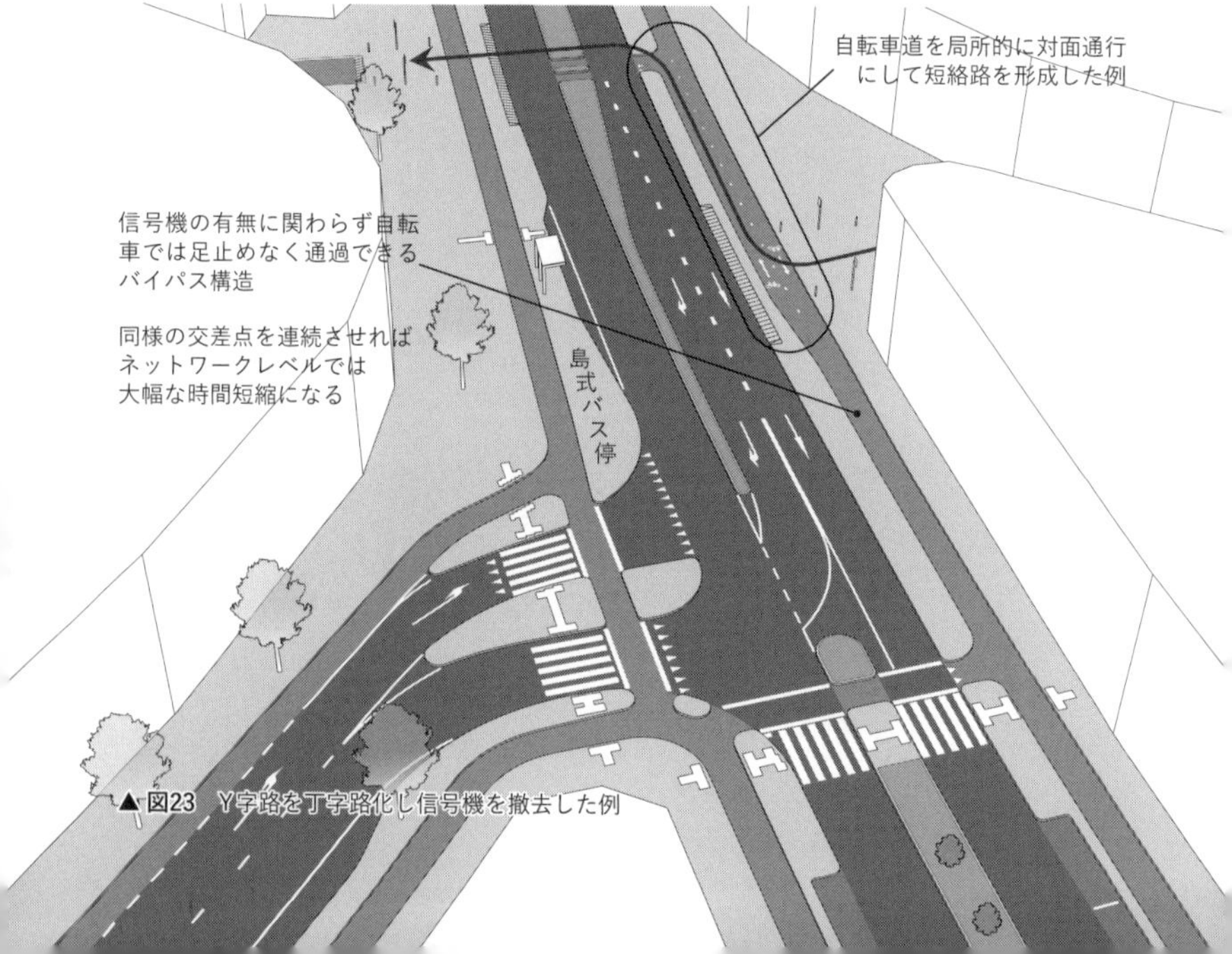
自転車道を局所的に対面通行
にして短絡路を形成した例
信号機の有無に関わらず自転
車では足止めなく通過できる
バイパス構造
同様の交差点を連続させれば
ネットワークレベルでは
大幅な時間短縮になる
島式バス停

▲ 図23　Y字路を丁字路化し信号機を撤去した例

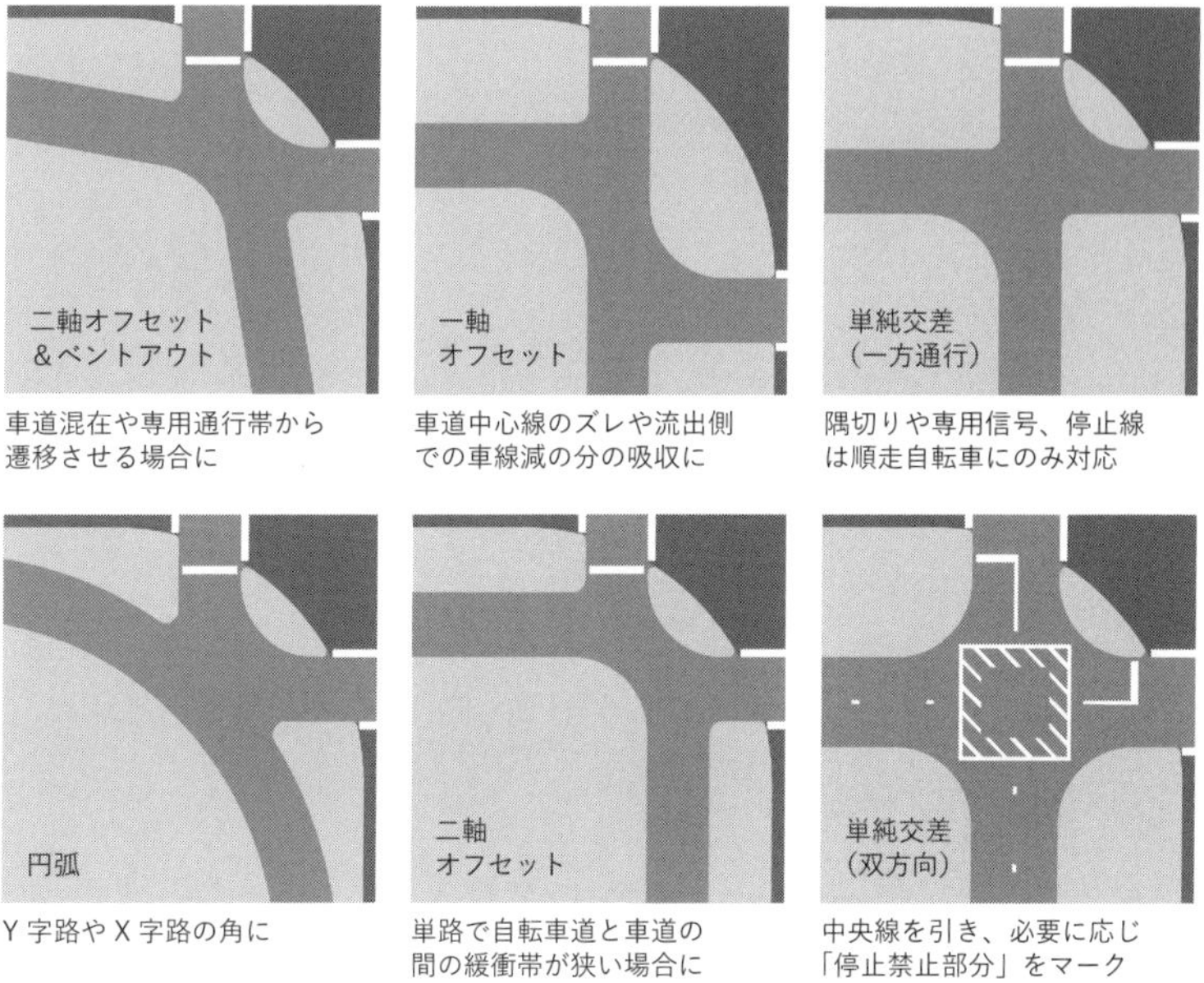

隅切りや専用信号、停止線
は順走自転車にのみ対応

中央線を引き、必要に応じ
「停止禁止部分」をマーク

▲ **図24**　交差点の角部分の自転車道レイアウト類型

▼ **図25**　既存の交差点を即席で改良する過渡的措置 (54)

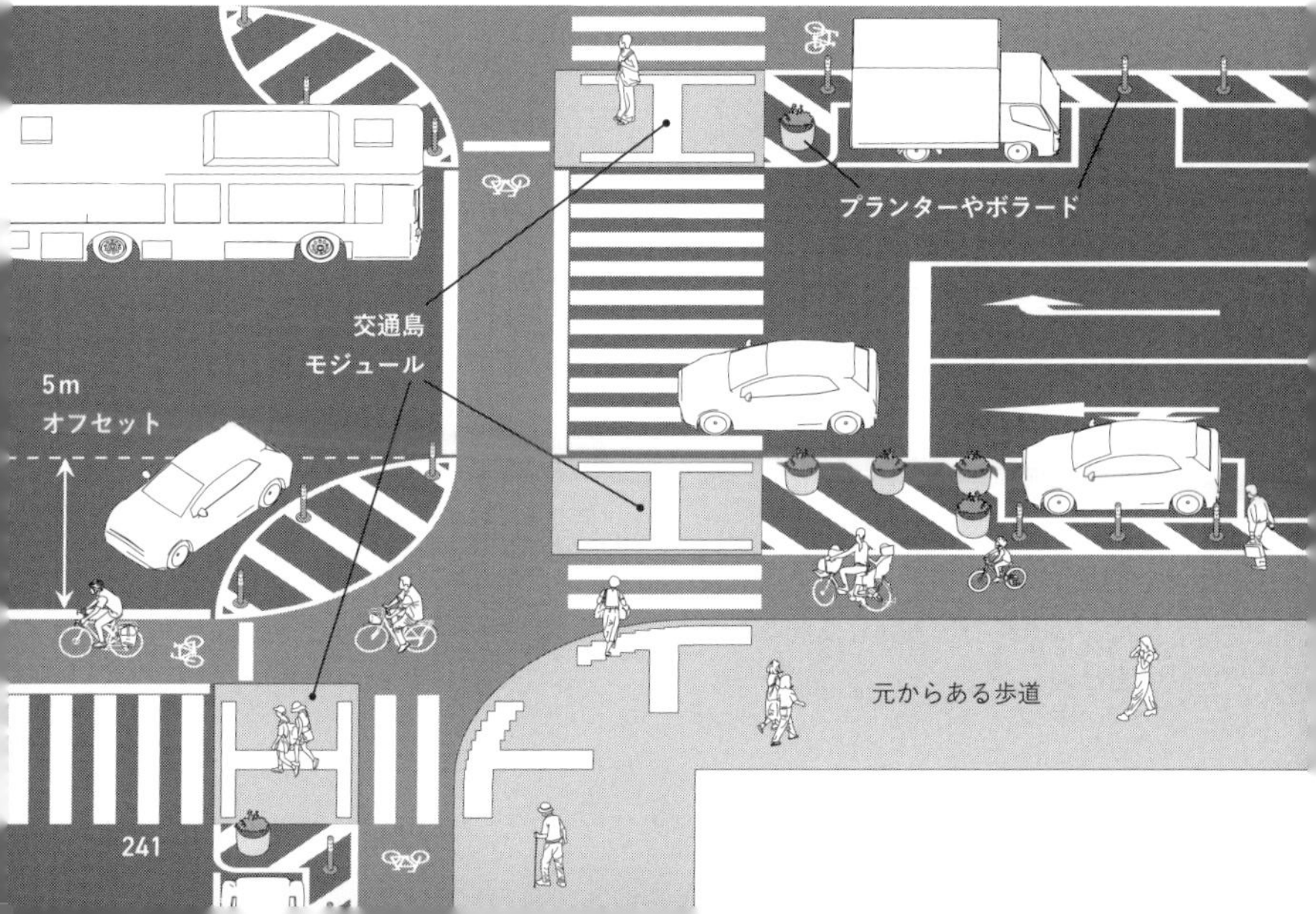

ラウンダバウト

環状交差点では環道の外に自転車道を巡らせるのが安全だ［図26～28］。環道内での混在や視覚的分離は自転車で通る人が大型車の死角に入り易く統計上も事故発生率が高い[55]。日本で事実上の標準になりつつあるデザイン（環道の端に矢羽根）は避けるべきだ。

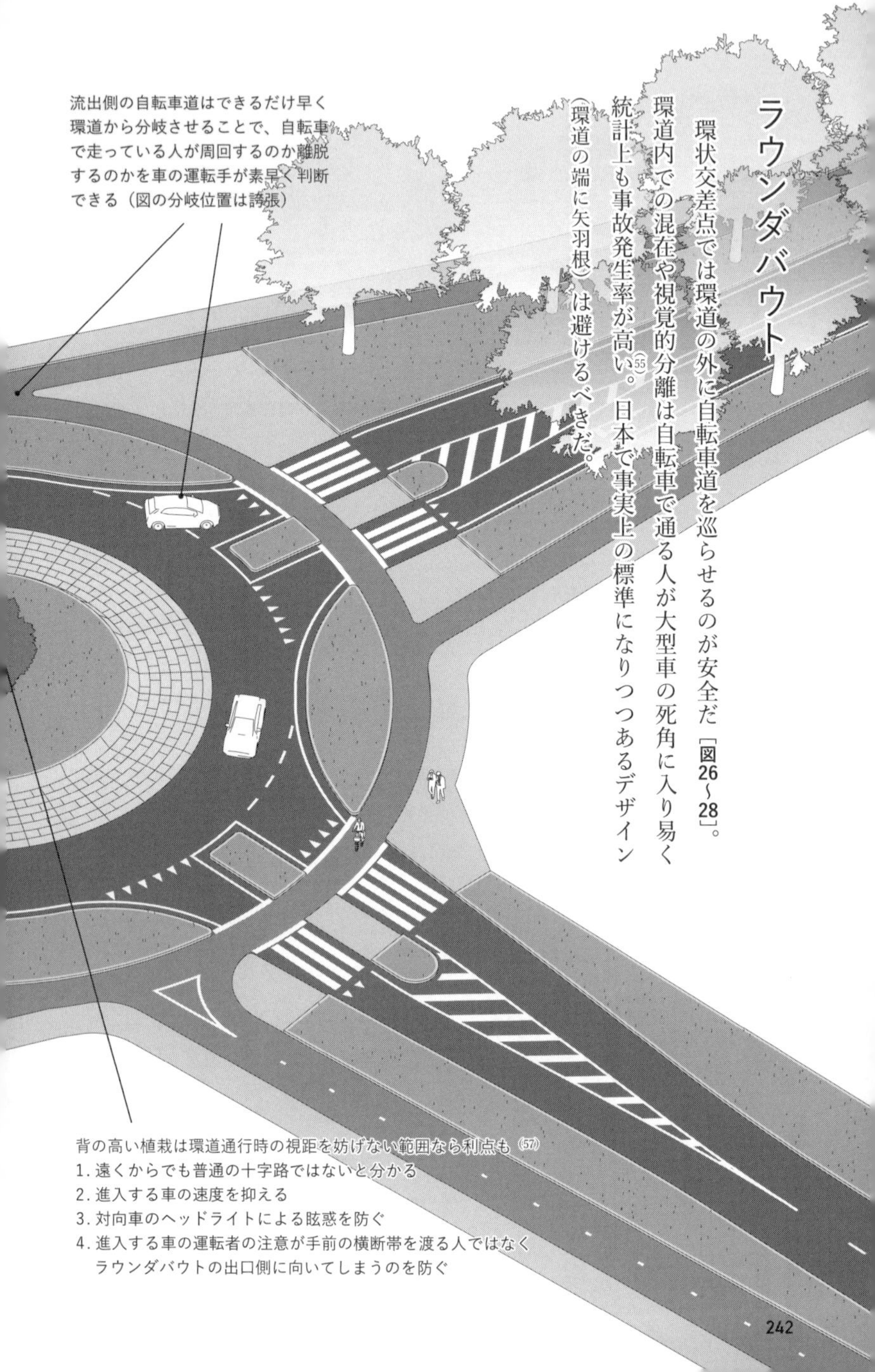

流出側の自転車道はできるだけ早く環道から分岐させることで、自転車で走っている人が周回するのか離脱するのかを車の運転手が素早く判断できる（図の分岐位置は誇張）
背の高い植栽は環道通行時の視距を妨げない範囲なら利点も[57]
1. 遠くからでも普通の十字路ではないと分かる
2. 進入する車の速度を抑える
3. 対向車のヘッドライトによる眩惑を防ぐ
4. 進入する車の運転者の注意が手前の横断帯を渡る人ではなくラウンダバウトの出口側に向いてしまうのを防ぐ

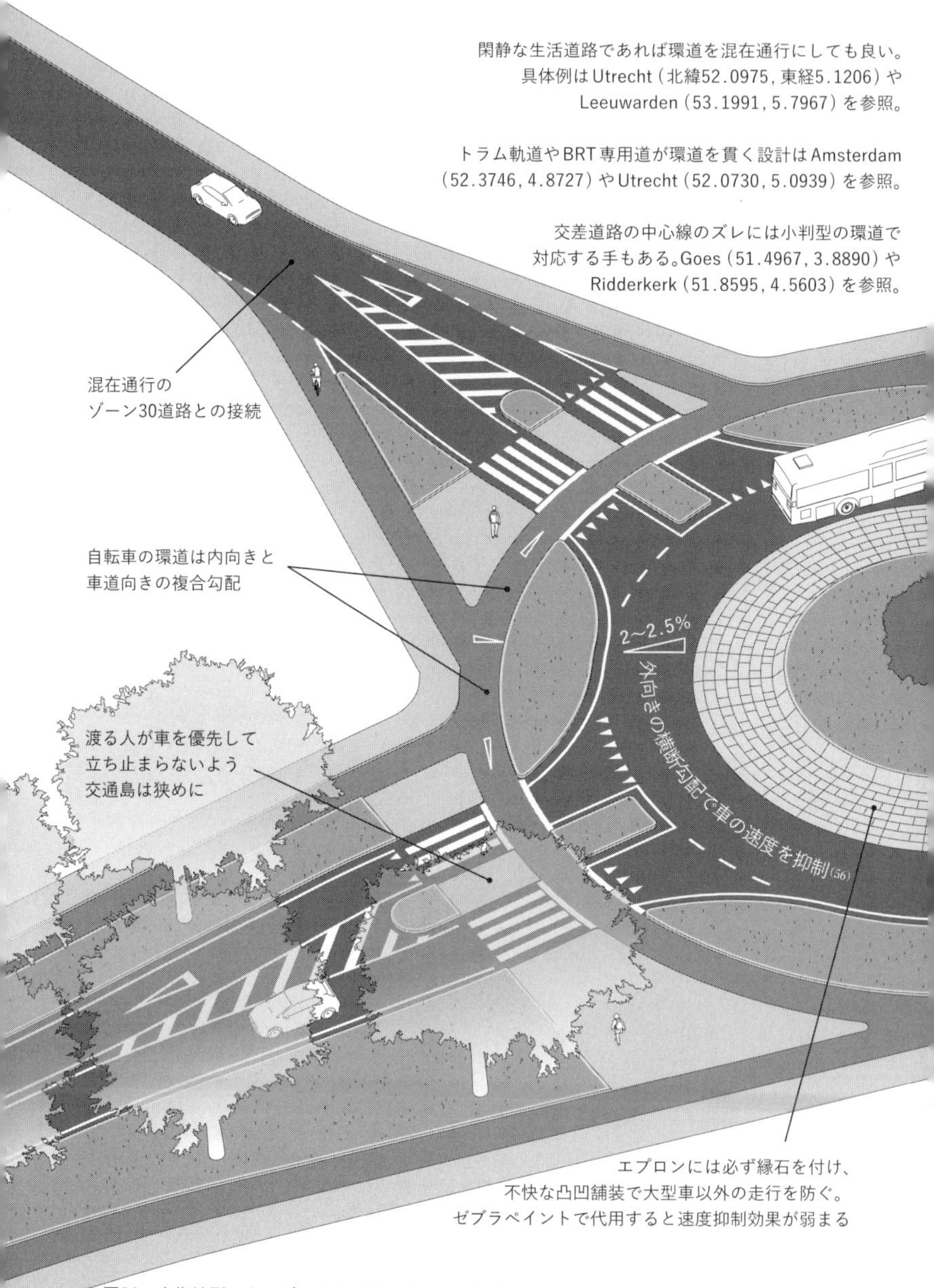
閑静な生活道路であれば環道を混在通行にしても良い。
具体例はUtrecht（北緯52.0975，東経5.1206）や
Leeuwarden（53.1991，5.7967）を参照。
トラム軌道やBRT専用道が環道を貫く設計はAmsterdam
（52.3746，4.8727）やUtrecht（52.0730，5.0939）を参照。
交差道路の中心線のズレには小判型の環道で
対応する手もある。Goes（51.4967，3.8890）や
Ridderkerk（51.8595，4.5603）を参照。
混在通行の
ゾーン30道路との接続
自転車の環道は内向きと
車道向きの複合勾配
2〜2.5%
外向きの横断勾配で車の速度を抑制(56)
渡る人が車を優先して
立ち止まらないよう
交通島は狭めに
エプロンには必ず縁石を付け、
不快な凸凹舗装で大型車以外の走行を防ぐ。
ゼブラペイントで代用すると速度抑制効果が弱まる

▲ **図26**　市街地型ラウンダバウト（横断帯が歩行者・自転車優先）

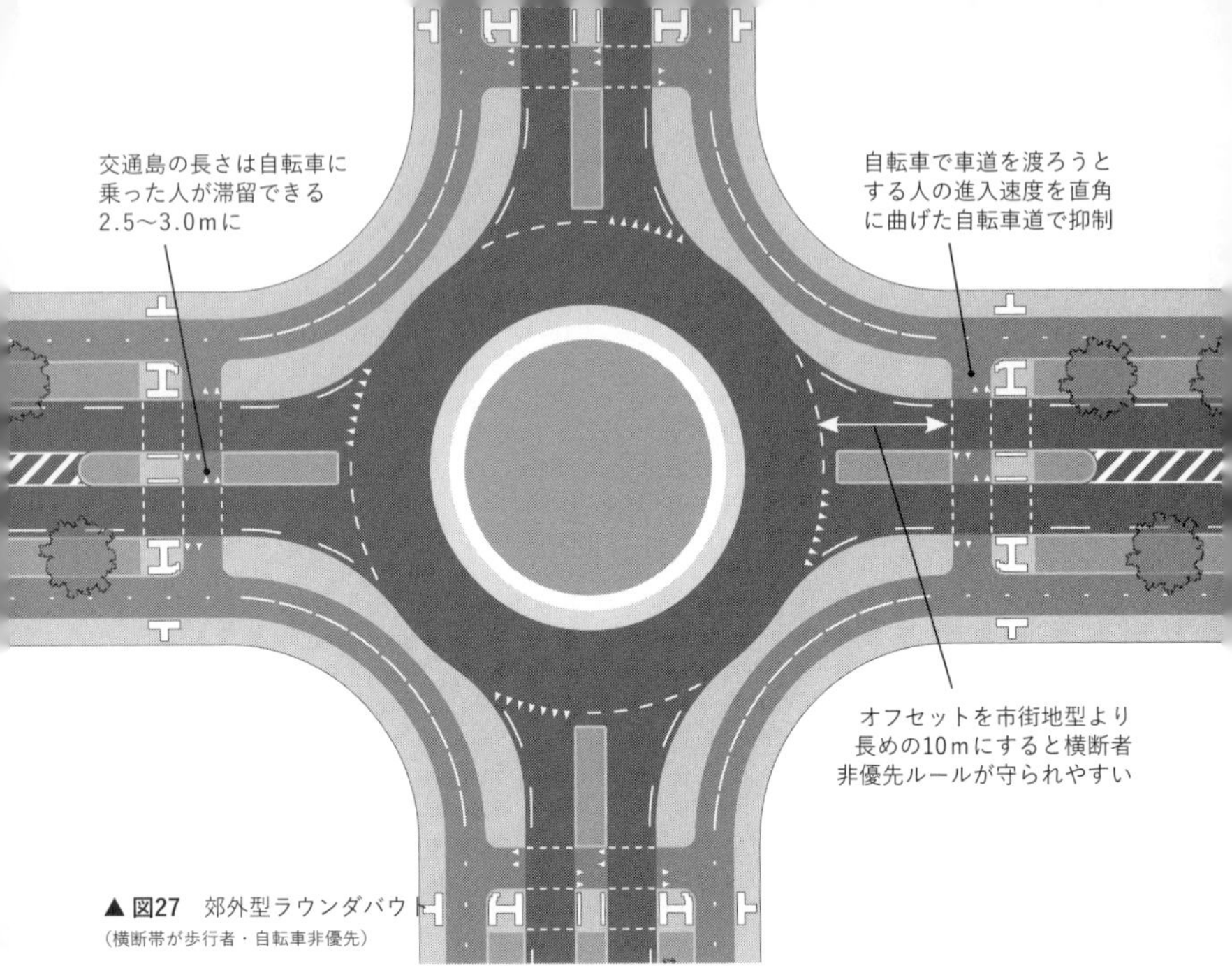
交通島の長さは自転車に
乗った人が滞留できる
2.5〜3.0mに
自転車で車道を渡ろうと
する人の進入速度を直角
に曲げた自転車道で抑制
オフセットを市街地型より
長めの10mにすると横断者
非優先ルールが守られやすい
▲ 図27　郊外型ラウンダバウト
（横断帯が歩行者・自転車非優先）

▼ 図28　ターボ・ラウンダバウト(58)

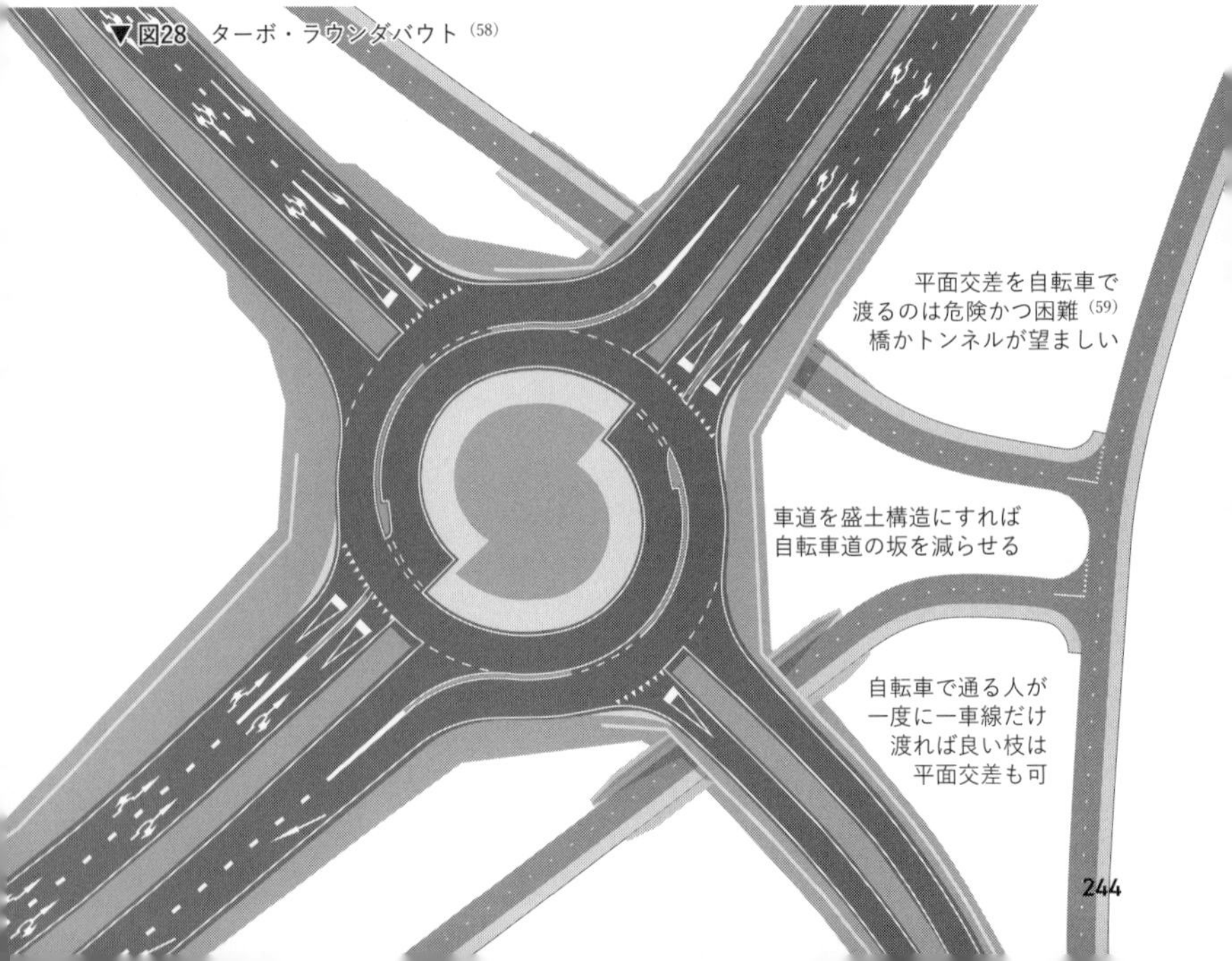
平面交差を自転車で
渡るのは危険かつ困難(59)
橋かトンネルが望ましい
車道を盛土構造にすれば
自転車道の坂を減らせる
自転車で通る人が
一度に一車線だけ
渡れば良い枝は
平面交差も可

コラム⑥ 自転車インフラの評価もユーザー目線で

自転車インフラ整備の効果はどう測定すべきか。本当に重要なのは車道通行率などよりも、実際の安全性も含め、ユーザーにとって自転車が魅力的な移動手段になったかどうか（それにより車利用の抑制に繋がったかどうか）だ。そこで参考になるのが、オランダの自転車利用者協会が政府からの委託で考案[60]した、まちの自転車環境を総合的に採点するFietsbalans［**表C1**］だ。この評価プロジェクトには競争を促す目的もあり、自治体同士を比較できるように指標が選ばれている。

▼表C1 Fietsbalansで評価される10分野と具体的項目（括弧内は標準値）[61]

到達の早さ	・発着点間の実走行距離÷直線距離（1.25） ・停止秒数/km（16.5秒） ・停止時間も含めた平均速度（15km/h）
円滑さ	・停止回数/km（0.75回） ・押し歩きや徐行（<10km/h）時間の割合（10％） ・混雑や幅員の狭さで他の自転車を追い越せない状況の程度 ・自転車側が非優先の交差点や横断帯の数/km（3箇所） ・右左折回数/km（2回）
路面の平滑さ	・調査用自転車の振動計の値
心地よさ	・ルート上の騒音レベルの値
安全性	・重傷者数/1億走行km（18人）
車に対する優位性	・所要時間（自転車÷車）比率（1.0） ・自転車の方が早い移動の割合（70％） ・車の駐車料金/トリップ[62]
駐輪施設	・収容台数、防犯性、配置などに基づく点数
交通分担率	・7.5km未満の全トリップに占める自転車の割合（40％）
まちの密度	・土地統計から求めた、自転車行動圏にある目的地の数/km^2
利用者満足度	・走りやすさ、安全性、駐輪施設、自転車盗難対策などについての利用者アンケートの結果
政策目標	・走行空間や駐輪施設の計画、目標、予算や、雇用者としての体制などに関する行政向けアンケートの結果

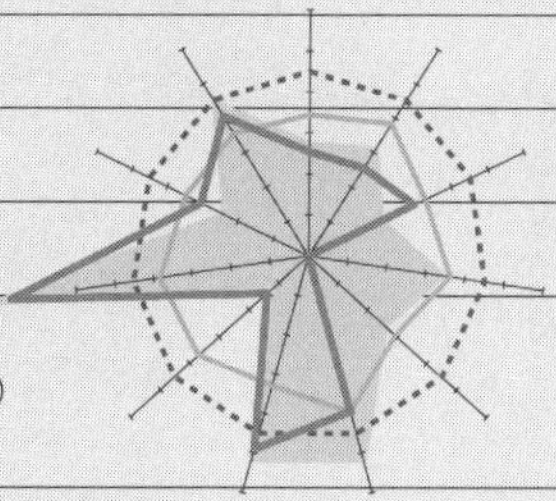

立体交差

橋やアンダーパスは設計の良し悪しが自転車の旅行速度や事故リスクを大きく左右する。安易に妥協せずできるだけ高品質な設計を追求しよう［図29・30］。

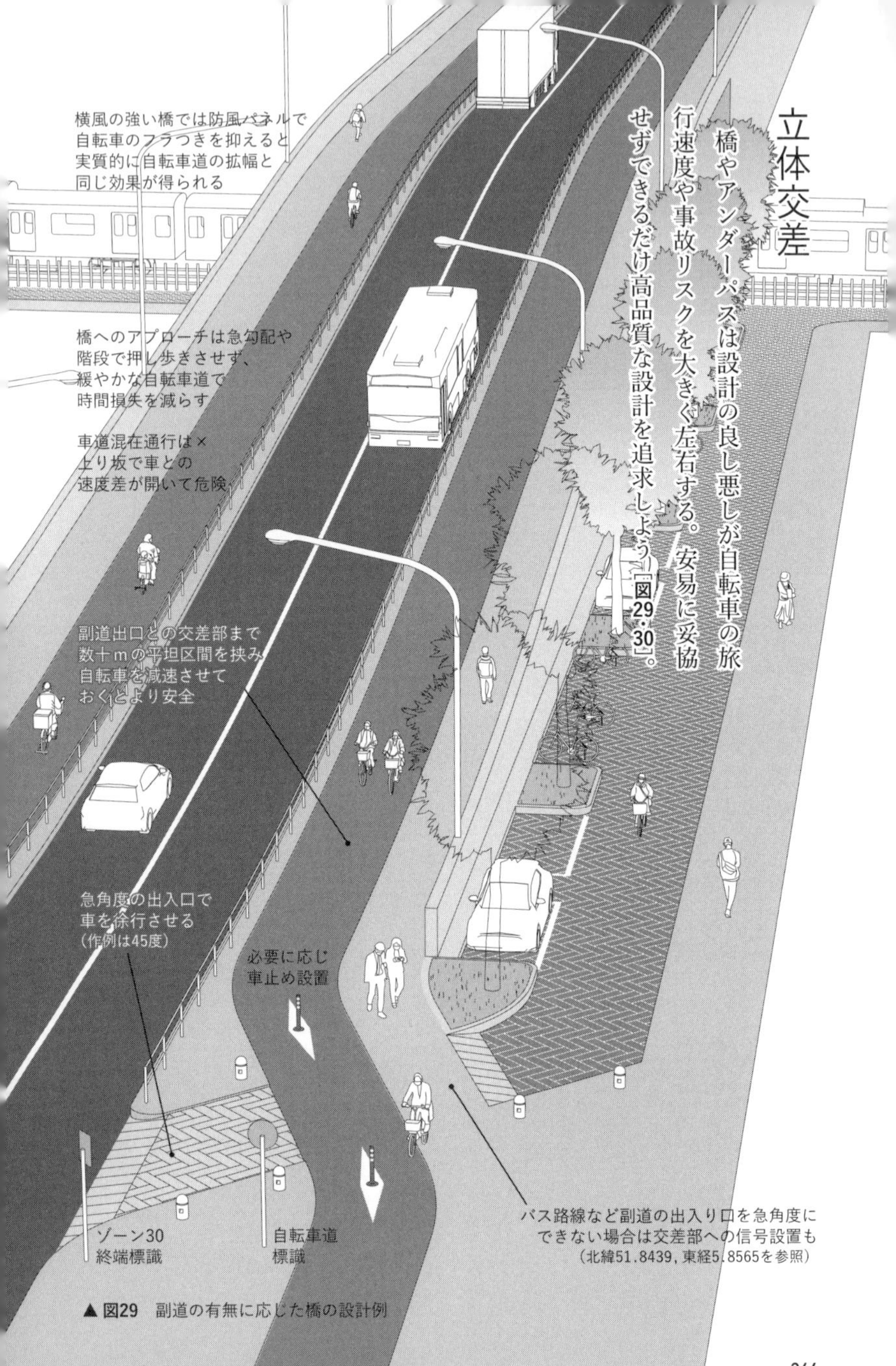

横風の強い橋では防風パネルで
自転車のフラつきを抑えると
実質的に自転車道の拡幅と
同じ効果が得られる
橋へのアプローチは急勾配や
階段で押し歩きさせず、
緩やかな自転車道で
時間損失を減らす
車道混在通行は×
上り坂で車との
速度差が開いて危険
副道出口との交差部まで
数十mの平坦区間を挟み
自転車を減速させて
おくとより安全
急角度の出入口で
車を徐行させる
（作例は45度）
必要に応じ
車止め設置
ゾーン30
終端標識
自転車道
標識
バス路線など副道の出入り口を急角度に
できない場合は交差部への信号設置も
（北緯51.8439，東経5.8565を参照）

▲ 図29　副道の有無に応じた橋の設計例

アンダーパスは入口の下り坂で付けた勢いで出口の坂を楽に登れることが利点だ。そのため、歩道と自転車道の分離、自転車道の十分な幅員、入口から出口が見通せる直線的な線形、トンネル内の死角（壁面の窪みなど）の排除が（防犯上も）重要になる。道路用地幅が足りない場合はそのアンダーパスを歩行者・自転車専用にして車は別のアンダーパスに分離することも検討しよう。トンネル内の曲線が避けられない場合は曲線内側の側方余裕を広げたり車道側の高欄を透明パネルにして視距を確保する手もある。[63]

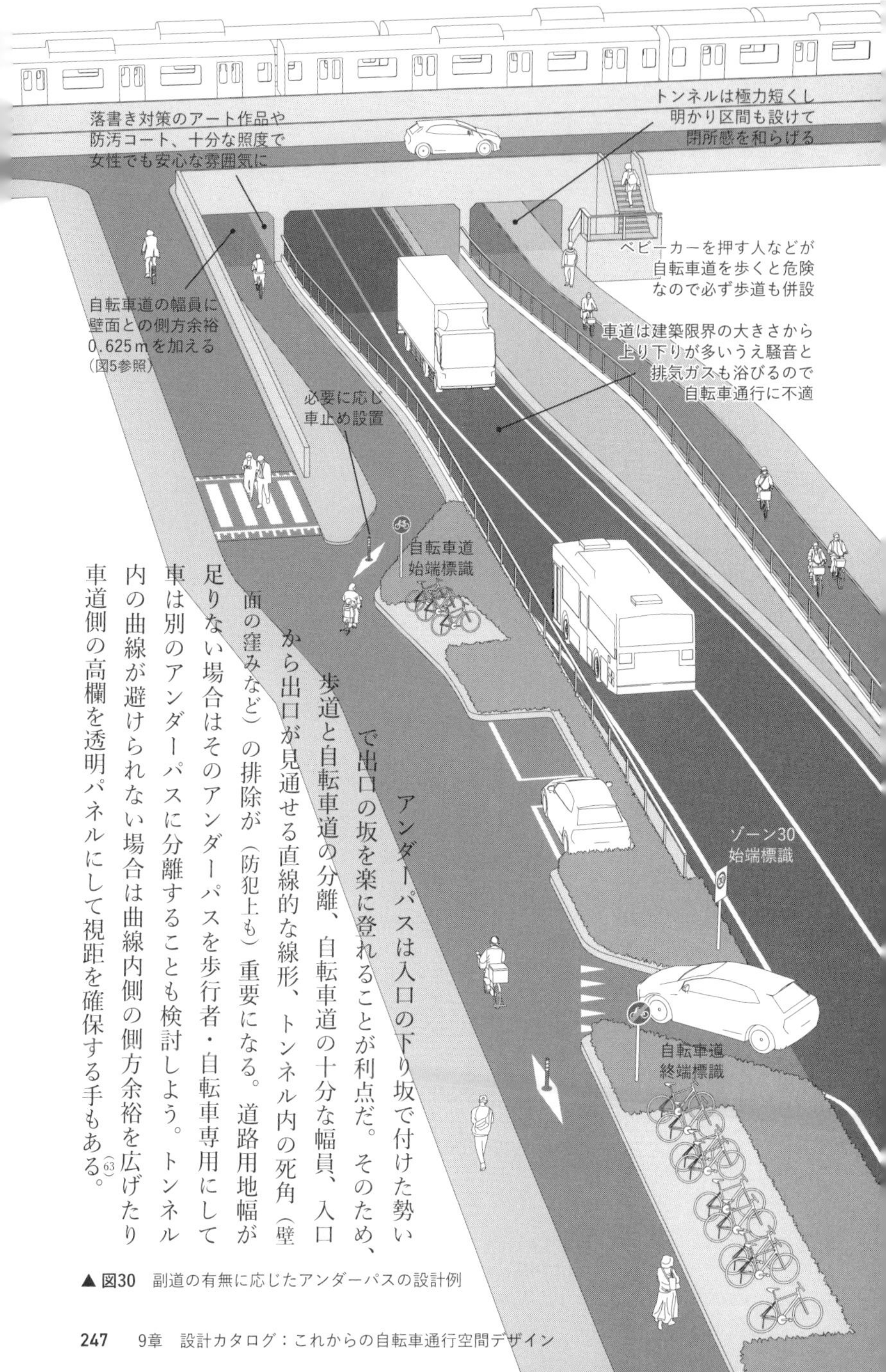

落書き対策のアート作品や
防汚コート、十分な照度で
女性でも安心な雰囲気に
トンネルは極力短くし
明かり区間も設けて
閉所感を和らげる
ベビーカーを押す人などが
自転車道を歩くと危険
なので必ず歩道も併設
自転車道の幅員に
壁面との側方余裕
0.625mを加える
（図5参照）
車道は建築限界の大きさから
上り下りが多いうえ騒音と
排気ガスも浴びるので
自転車通行に不適
必要に応じ
車止め設置
自転車道
始端標識
ゾーン30
始端標識
自転車道
終端標識

▲ 図30　副道の有無に応じたアンダーパスの設計例

注

（1）都市の自転車政策の本質は車の抑制策だ。中心部ほど／短距離移動ほど車が相対的に遅く高コストになるよう、環境・制度をデザインしよう。駐車料金の無料サービスの禁止や、附置義務《ミニマム》とは逆の上限規制《マキシマム》、パーキングメーター料金の従量化、駐車違反取り締まりの高頻度化などの手法がある。*

（*田中伸治「都市の駐車マネジメント」２０１７年　https://web.archive.org/web/20221023143401/https://www.jice.or.jp/cms/kokudo/pdf/reports/autonomy/roads/01/2017/siryo26.pdf）

（2）自転車利用者が専用レーンを使わない、歩道と車道を行き来するなどの事象は、五指標の総合点が最も高くなる通行位置が一貫しないことに原因がある。人の行動はそれを可視化しているに過ぎない。インフラ整備は人が自ずと選ぶ動線を１本の筋に収束させる作業なのだ。もちろん各指標の重みづけは人や場合で違う。万人受けするバランス配分で整備効果を高めよう。

（3）駐輪場も設計上の配慮で時間損失を減らせる。目的地への近さ、駐輪場だと一目で分かる外観（入り口が地味だと利用者が気づかず迷う）、空きラックを示す表示灯、改札やフロアへの直結通路などだ。

（4）NIOSH, "Workplace Safety & Health Topics: Hierarchy of Controls," *Centers for Disease Control and Prevention*, 2023-01-17, https://web.archive.org/web/20230620220631/https://www.cdc.gov/niosh/topics/hierarchy/

（5）ANWB et al., "Verkeer in de stad: Een nieuwe ontwerpaanpak voor de stedelijke openbare ruimte," 2020, https://web.archive.org/web/20211202073101/https://www.anwb.nl/binaries/content/assets/anwb/pdf/belangenbehartiging/verkeer/verkeer-in-de-stad/verkeer_in_de_stad_2020.pdf, pp. 15-19
新たなモビリティが登場する度にその通行空間を検討する必要がなく、統一的に扱えるのも利点。

（6）衝突時の車が時速30㎞超だと、歩いていた人と同じく自転車に乗っていた人の死亡率も急上昇する。*「時速40㎞まで混在可」とする国のガイドラインは不適切だ。

（*Kim Joon-Ki et al., "Bicyclist injury severities in bicycle-motor vehicle accidents," *Accident Analysis & Prevention*, vol. 39, no. 2, pp. 238-251, 2007, doi: 10.1016/j.aap.2006.07.002）

（7）Sustrans, "Sustrans Design Manual: Handbook for cycle-friendly design," 2014, https://web.archive.org/web/20180918162535/http://www.sustrans.org.uk/sites/default/files/file_content_type/sustrans_handbook_for_cycle-friendly_design_11_04_14.pdf, p. 8

（8）並進の許容に標識設置を要する道路交通法は、その場の交通状況次第で並進を認めるジュネーブ条約*の趣旨から外れており、諸外国の交通法よりも抑圧的だ。この規定はまた、自転車通行空間の切り詰めと車への過剰な空間配分という不公平さの温床にもなり得る。条約に則って並進許容をデフォルト化すべきだ。

（*United Nations, "Convention on Road Traffic," 1949, https://web.archive.org/web/20221106145506/https://treaties.un.org/doc/Treaties/1952/03/19520326%2003-36%20PM/Ch_XI_B_1_2_3.pdf, p. 19）

（9）寺崎健雄・田中淳「岡山市内国道５３号における自転車道利用促進の

ための施策と効果」*Civil Engineering Consultant*, vol. 248, pp. 46-49, 2010, https://web.archive.org/web/20221125151924/https://www.jcca.or.jp/kaishi/248/248_pro1.pdf, p. 49

（10）Rik de Groot, *Design manual for bicycle traffic*, CROW, 2017, p. 49, 105, 123, 185

（11）車道の左カーブは車の運転席視点では良くても自転車視点では見通し（視距）が不足しがちだ。縁石から60㎝の位置で改めて点検しよう。街路樹や歩道橋、店舗の幟には要注意。

（12）徒歩や自転車では通り抜けられるようにして短距離移動での優位性を車より高める。緊急車両や路線バス、居住者の車はライジング・ボラードで選択的に通す手も。

（13）Struyk Verwo Infra, "CROW plateaus 30 km/h | Verkeersplateaus," https://web.archive.org/web/20230705110725/https://www.struykverwoinfra.nl/productselector/verkeerselementen/verkeersplateaus/crow-plateaus-30-km-h.html

（14）山岡俊一「対策内容を考慮したゾーン30の評価に関する研究」『2019年度公益財団法人タカタ財団助成研究論文集』2019年 https://web.archive.org/web/20230705142630/https://www.takatafound.or.jp/support/articles/pdf/200601_01.pdf 13ページ

（15）*Design manual for bicycle traffic*, p. 102
ただし急坂では車と自転車の速度差が開いて危険なため上り坂になる側だけでも分離した方が良い。

（16）*Design manual for bicycle traffic*, pp. 108, 233-235

（17）センターラインがあると車の運転者がそれを目安に走り、自転車で走っている人との間隔を十分取らなくなる傾向がある。*
（* *Design manual for bicycle traffic*, p. 112）

（18）Kay Teschke, et al., "Route Infrastructure and the Risk of Injuries to Bicyclists: A Case-Crossover Study," *American Journal of Public Health*, vol. 102, no. 12, pp. 2336-2343, 2012, doi: 10.2105/AJPH.2012.300762, p. 2340

（19）Piers MacNaughton, et al., "Impact of bicycle route type on exposure to traffic-related air pollution," *Science of The Total Environment*, vol. 490, pp. 37-43, 2014, doi: 10.1016/j.scitotenv.2014.04.111, p. 39

（20）*Design manual for bicycle traffic*, pp. 102, 110

（21）道路両側に一方通行の自転車道を設ける場合。

（22）道路交通法では自転車同士の追い越しでも隣の一般車線に移ることになるが、それでは「速度・質量差の大きな車両の分離」という安全原則が崩れる。

（23）*Design manual for bicycle traffic*, p. 111

（24）たった1台の車にレーンを塞がれただけでも、自転車の運転タスクは一気に複雑化し危険になる。幅広い自転車利用者を呼び込むには、駐車であれ停車であれ自転車レーンに車を止められないようにすることが必須だ。

（25）Theo Zeegers, "Breedtes en andere aspecten van fietsstroken," *Ketting*, vol. 174, pp. 16-18, 2004, https://web.archive.org/web/20211203153752/https://www.fietsberaad.nl/Kennisbank/Breedtes-en-andere-aspecten-van-fietsstroken

(26) 緩衝帯を省略して代わりに自転車レーンを広くする設計はＮＧ。自転車利用者が走行中の車から距離を取ろうとして駐車車両のドアゾーンに入ってしまう。[*]

(＊Darren J. Torbic et al., "Recommended Bicycle Lane Widths for Various Roadway Characteristics," *NCHRP Report*, no. 766, 2014, doi: 10.17226/22350, p. 49)

(27) David Hembrow, "A 'Pinch-Point' design which slows cars without 'pinching' bikes," *A view from the cycle path...*, 2015-07-06, https://web.archive.org/web/20230529154454/https://www.aviewfromthecyclepath.com/2015/07/a-pinch-point-design-which-slows-cars.html

(28) *Design manual for bicycle traffic*, pp. 102, 111-112

(29) *Design manual for bicycle traffic*, p. 110

(30) 類型別事故件数でトップ３に入る都市も多い。[*] 日本で統計上ドア事故が少ない背景には、自転車で走っている人が進路を路駐車両に阻まれるとその手前で（または最初から）歩道に上がるという実態がある。

(＊Dutch Reach Project, "Dooring Statistics & Measurement Issues," https://web.archive.org/web/20230509144307/https://www.dutchreach.org/dooring-problem-prevalence/)

(31) Marc Caswell, "America Could Have Been Building Protected Bike Lanes for the Last 40 Years," *Streetsblog USA*, 2015-06-30, https://web.archive.org/web/20230323083015/https://usa.streetsblog.org/2015/06/30/america-could-have-been-building-protected-bike-lanes-for-the-last-40-years/

(32) *Design manual for bicycle traffic*, p. 237

(33) *Design manual for bicycle traffic*, pp. 50-52

(34) 初速を設計速度とし、反応時間２秒、減速度１・５ m／s^2 の条件で算出した値。[*] 日本の基準[**]は反応時間１秒、減速度４・３〜５・８ m／s^2 と条件が厳しく、障害物を発見したら直ちに、後輪が浮くほど急制動しないと（対面通行なら反応する間もなく）衝突する。快適とは程遠い。

(＊*Design manual for bicycle traffic*, p. 52)

(＊＊日本道路協会『自転車道等の設計基準解説』１９７４年　42〜43ページ)

(35) *Design manual for bicycle traffic*, pp. 53-55

(36) 勾配１：１の縁石は乗り上げが簡単そうに見えて実際はハンドルを取られ易いので絶対に使うべきではない。

(37) Dylan Passmore, "Making Protected Bike Lanes and Protected Intersections Work for All Pedestrians," 2018, https://web.archive.org/web/20230426095555/https://ecf.com/sites/ecf.com/files/Passmore_D._Making_protected_bike_lanes_and_protected_intersections_work_for_all_pedestrians.pdf

(38) 国土交通省「『安全で快適な自転車利用環境創出ガイドライン』についてよくあるご質問と回答」２０２２年　https://warp.ndl.go.jp/info:ndljp/pid/12366680/www.mlit.go.jp/road/road/bicycle/policy/faq/category/all.html#linkp

(39) 消費者安全調査委員会「消費者安全法第23条第１項の規定に基づく事故等原因調査報告書：幼児同乗中の電動アシスト自転車の事故」

２０２０年　https://warp.ndl.go.jp/info:ndljp/pid/12649205/www.caa.go.jp/policies/council/csic/member/assets/csic_member_201225_02.pdf

(40) J. P. Schepers et al., "Road factors and bicycle-motor vehicle crashes at unsignalized priority intersections," *Accident; Analysis and Prevention*, vol. 43, no. 3, pp. 853-861, 2011, doi: 10.1016/j.aap.2010.11.005

(41) 小川　圭一「車道横断回数を考慮した自転車の通行位置と通行方向による交通事故遭遇確率の比較分析」『土木学会論文集Ｄ３（土木計画学）』72巻４号　２８８～３０３ページ　２０１６年　doi: 10.2208/jscejipm.72.288

(42) Struyk Verwo Infra, "Inritbanden," 2023, https://web.archive.org/web/20230329195321/https://www.struykverwoinfra.nl/assortiment-banden-inritbanden.html

(43) 乗り入れ部の傾斜ブロックは、自転車道の直前ではなく５ｍ手前に設置すると車をより効果的に減速させる。*

(＊C. D. Van Goeverden & T. Godefrooij, "The Dutch Reference Study: Cases of interventions in bicycle infrastructure reviewed in the framework of Bikeability," *TU Delft*, 2011, https://web.archive.org/web/20181015153234/https://repository.tudelft.nl/islandora/object/uuid:cc6d7d3b-6ebf-4ef7-a57c-2d4834bafe9d?collection=research, p. 28)

(44) 大型車の出入りが頻繁な場所以外、歩道の切り開き構造は全廃し、平面連続構造を標準化すべきだ。

(45) "Road factors and bicycle-motor vehicle crashes at unsignalized priority intersections"

(46) 車体の大きな車が自転車道を塞いで止まると死角が生まれ、自転車利用者同士の正面衝突の原因になる。

(47) Department for Transport, "Cycle infrastructure design (Local Transport Note 1/20)," 2020, https://web.archive.org/web/20230519131422/https://assets.publishing.service.gov.uk/government/uploads/system/uploads/attachment_data/file/951074/cycle-infrastructure-design-ltn-1-20.pdf, p. 107

(48) Mark Wagenbuur, "Dutch service streets and cycling," *BICYCLE DUTCH*, 2012, https://web.archive.org/web/20230207180332/https://bicycledutch.wordpress.com/2012/05/21/dutch-service-streets-and-cycling/

(49) これに比べ車道の自転車レーンの停止線前出し（１～２ｍ）は少なすぎて、自転車に乗った人が大型車の死角に入ってしまい易い（アンダーミラーにその姿は映るが、像が小さく運転者が見落とし易い）。

(50) 幹線道路のＸ字路は出口までが遠く、自転車では途中で赤信号になることもある。車道から独立した自転車道の必要性が特に高い。Enschede（北緯52.2053, 東経6.8542）やDen Haag（52.0565, 4.3024）の事例が参考になる。小規模なＸ字路をミニ・ラウンダバウト化した例はリトアニア（54.6733, 25.2656）に見られる。

(51) Mark Wagenbuur, "Traffic lights in 's-Hertogenbosch; an interview," *BICYCLE DUTCH*, 2016-06-21, https://web.archive.org/web/20230602194308/https://bicycledutch.wordpress.com/2016/06/21/traffic-lights-in-s-hertogenbosch-an-interview/

(52) Ontario Traffic Man, "How to shorten red light clearance times

without reducing safety," *YouTube*, 2022-09-12, https://*youtu.be*/7KPGVP85WpU
(53) Not Just Bikes, "Why the Dutch Wait Less at Traffic Lights," *YouTube*, 2020-07-27, https://*youtu.be*/knbVWXzL4-4
(54) NACTO「街路のパンデミック対応と復興」2020年　https://web.archive.org/web/20211008153551/https://globaldesigningcities.org/wp-content/uploads/2020/09/Japanese_Combined.pdf
(55) A. Dijkstra, "Rotondes met vrijliggende fietspaden ook veilig voor fietsers? : welke voorrangsregeling voor fietsers is veilig op rotondes in de bebouwde kom?," 2005, https://web.archive.org/web/20230518142442/https://swov.nl/nl/publication/rotondes-met-vrijliggende-fietspaden-ook-veilig-voor-fietsers
(56) D. P. Overkamp & W. van der Wijk, "Roundabouts-Application and design: Apractical manual," 2009, https://web.archive.org/web/20230119040439/http://nmfv.dk/wp-content/uploads/2012/06/RDC_Netherlands.pdf, p. 42
(57) Transportation Research Board, "Roundabouts: An Informational Guide, 2nd ed.," 2010, https://web.archive.org/web/20230221225108/https://nacto.org/docs/usdg/nchrprpt672.pdf, pp. 9-8, 9-9
(58) FHWA, "Advancing Turbo Roundabouts in the United States: Synthesis Report," 2019, https://web.archive.org/web/20230508182645/https://highways.dot.gov/sites/fhwa.dot.gov/files/2022-06/fhwasa19027_0.pdf
(59) florapleingevaar, "Floraplein eindhoven zeer gevaarlijk voor fietsers," *YouTube*, 2009-06-24, https://youtu.be/IRE1zGIXBIE
(60) Fietsersbond, "Evaluatie Fietsbalans onder gemeenten," 2004-04-28, https://web.archive.org/web/20230613045716/https://www.fietsberaad.nl/Kennisbank/Evaluatie-Fietsbalans-onder-gemeenten
(61) Fietsersbond, "Rapportage Fietsbalans-2 Gouda: Deel 1 Analyse en advies," 2009, https://web.archive.org/web/20230816111336/https://files.fietsersbond.nl/app/uploads/sites/7/2011/10/03171222/fietsbalans-2_gouda_rapport_deel_1_definitieve_versie1.pdf
(62) 車に5人で乗る場合と比較すると、ひとり1台の自転車は駐輪料金が車の5分の1未満で初めて優位になる。こまめに移動して都度駐輪という自転車特有の使い方にも配慮が必要で、無料時間がないと負担が極端に重くなる。料金設定次第で自転車文化はあっけなく衰退してしまうので要注意だ。
(63) Goes 駅西のアンダーパス（51.4982, 3.8888）を参照。

あとがき

初めて自転車に乗れた時のこと、左右のペダルの推進力をつなげ、ついに「離陸」した瞬間を覚えているだろうか。自転車は人にささやかな羽を与え、人を世界から切り離すことなく、世界を新たに発見させる。それは子どもでも使える身近な魔法であり、日常の中の祝祭である。

本書で目指したのは、「人」から出発して自転車のまちを語ることだ。ただ通り抜けるだけではない、人が世界に触れ社会に関わっていく場としての道を増やそうと考えた時、想像力のキャンバスに描かれる人々のそばには、おのずと自転車の姿が浮かび上がってくるはずだ。この視点から、暮らしの中の自転車のポテンシャルを最大限に活かしてきたまち、これからそこに近づこうとしているまちの実践を、一冊にまとめようと試みた。「人」から語るとはまた、人を安易にグループ分けしないという意味でもある。私たちの「公共」体験の大部分をなす日々の移動、その形態は、何よりもまちと社会の構造に強く決定づけられ、反復が他の可能性を忘れさせている。だからこそ、交通手段と人の関係を固定的にとらえ、不毛な「部族間対立」を生み、今とは違う未来への想像力にブレーキをかける、グループ化や非人間化の言葉（「ドライバー」や「歩行者」、自転車に乗った人を指しての、人を透明化した「自転車」など）はできる限り避けるようにした。語られ方（ナラティブ）の硬直を単語レベルから解いていくことは、社会のあり方を変えるための重要な戦いのひとつだ。

なすべきことはあまりにも多いが、漕いでいる限り倒れはしないし、どこかで追い風も吹き、光も射すだろう。本書を編むにあたって尽力・協力・応援して下さった内外の数多くの方々、そして世界のあちこちで私たちと並走してくれているあなたに、心からの敬意と感謝を表したい。

宮田浩介

［編著者］

宮田　浩介（みやた・こうすけ）

日本自転車大使館（Cycling Embassy of Japan）、バイシクルエコロジージャパン、自転車活用推進研究会所属。専門である語学や文学の経験を活かし、自転車利用を推進する世界各地の人々と交流。ニューヨークの街路改革に関わってきた市民団体が発行するビジョン・ゼロ・シティーズ・ジャーナルに "The Unique Safety of Cycling in Tokyo"（東京における自転車利用の安全面の特性）を寄稿するなど、国内外の自転車政策について発信している。

［著者］

小畑　和香子（おばた・わかこ）

ドイツ在住。移住以来、会社勤めの傍ら持続可能な交通転換を目指す市民活動に参加。3 件の自転車市民決議（州民／市民請求）に携わり署名活動キャンペーンや SNS などを担当。ADFC（ドイツ自転車クラブ）、VCD（ドイツ交通クラブ）会員。カーゴバイクシェアシステム運営スタッフ。自転車カーゴトレーラー企業勤務。

南村　多津恵（みなみむら・たずえ）

市民活動コーディネーター、環境カウンセラー。くうのるくらすの創造舎代表。輪の国びわ湖推進協議会運営委員。一般社団法人滋賀グリーン活動ネットワーク・エコ交通研究会の事務局を務め、エコ通勤や自転車通勤の普及に取り組む。共著書に『サイクルツーリズムの進め方』ほか、滋賀と京都で自転車のガイドブック 4 冊を制作。

早川　洋平（はやかわ・ようへい）

日本自転車大使館（Cycling Embassy of Japan）所属。自転車に関する政策や法律の国際比較、実地レポートをブログで発信。政策形成に影響を及ぼした研究の問題点の検証にも取り組んでいる。雑誌掲載論文に「世界の潮流から外れる日本の自転車政策」がある。

［イラスト制作協力］

Chad Feyen（チャッド・ファイアン）

世界に学ぶ自転車都市のつくりかた
人と暮らしが中心のまちとみちのデザイン

2023年11月10日 第1版第1刷発行
2024年 6月20日 第1版第2刷発行

編著者 宮田浩介

著者 小畑和香子・南村多津恵・早川洋平

発行者 井口夏実
発行所 株式会社 学芸出版社
京都市下京区木津屋橋通西洞院東入
電話075-343-0811 〒600-8216
http://www.gakugei-pub.jp/
info@gakugei-pub.jp

編集担当 岩切江津子・岩崎健一郎・安井葉日花

DTP 梁川智子・星野恵子
装丁 星野恵子
印刷・製本 モリモト印刷

ISBN978-4-7615-2866-9

関連書籍

サイクルツーリズムの進め方
――自転車でつくる豊かな地域

藤本芳一、輪の国びわ湖推進協議会 著
A5判・208頁・本体2300円＋税

サイクルツーリズム振興に取り組む自治体、観光業界、市民団体などに役立つ初めての手引書。これからコースづくり、イベント開催に取り組むとき、さらに広めよう、質を高めようと悩んでいるとき、役立つノウハウ満載。びわ湖を一周する「ビワイチ」10年の実践と、しまなみ海道や全国の事例調査から実例をまじえて具体的に解説。

ストリートファイト
――人間の街路を取り戻したニューヨーク市交通局長の闘い

ジャネット・サディク＝カーン、セス・ソロモノウ 著　中島直人 監訳
A5判・400頁・本体3500円＋税

歩行者空間化したタイムズスクエア、まちに溢れるプラザや自転車レーン。かつて自動車が幅を利かせていたニューヨークの街路は、歩行者と自転車が主役の空間へと変貌を遂げた。小さな実践を足掛かりに大きく都市を変え、人間のための街路を勝ち取った、元ニューヨーク市交通局長による臨場感とアイデアに満ちた闘いの記録。

アーバンストリート・デザインガイド
――歩行者中心の街路設計マニュアル

全米都市交通担当者協会 著　松浦健治郎＋千葉大学都市計画松浦研究室 訳
B5変判・188頁・本体3600円＋税

車社会・アメリカの街路がいかに変わりつつあるのか。効果的な道路空間の再配分や細かに配慮された設計基準を分かりやすい図解で示した、全米都市交通担当者協会（ＮＡＣＴＯ）による人間中心の街路設計ガイドライン。日本各地で進む歩きたくなるまちづくりや豊かな公共空間づくりにも欠かせない、アイデア満載の必携書！
